CO_2 전쟁

온실가스,
재앙인가? 돈인가?

CO₂ 전쟁

조현재 · 임상균 · 전병득 · 현경식 · 김기철

매일경제신문사

참고자료

- 〈기후변화협약과 우리의 대응〉 산업자원부/에너지관리공단기후대책총괄실, 2005년 2월
- 〈교토의정서 발효대비 선진국 대응 동향〉 KOTRA/통상전략팀, 2005년 2월
- 〈미래와의 약속, 기후변화협약 : 대응시스템의 구축방안과 과제〉 이광재 국회의원 국감자료, 2005년 10월
- 〈EU 환경규제 동향과 시사점〉 전국경제인연합회/CEO리포트, 2005년 8월
- 〈해외 무역-환경규제 시행현황〉 무역환경정보네트워크, 2005년 5월

CO_2 전쟁

초판	1쇄	2006년	7월	3일
	4쇄	2009년	8월	7일

지은이　　조현재 外
펴낸이　　김석규
펴낸곳　　매경출판(주)
등　록　　2003년 4월 24일 (No. 2-3759)
주　소　　서울 중구 필동 1가 30번지 매경미디어센터 9층
전　화　　02) 2000-2610~2, 2630~2632 (기획편집팀)
　　　　　02) 2000-2645 (마케팅팀)
팩　스　　02) 2000-2609
이메일　　publish@mk.co.kr

ISBN　89-7442-399-5
값　12,000원

머리말

1609년 영국 범선이 버지니아를 향해 가던 도중 침몰해 승객과 승무원 전원이 실종됐다. 하지만 2년이 지난 후, 죽은 줄 알았던 난파선 일행들이 카리브해 북부 버뮤다 섬에서 구조되었다. 이 소식으로 런던 시민 모두가 흥분에 휩싸였다. 놀랍게도 구조된 일행 중에는 셰익스피어도 포함되어 있었다.

셰익스피어는 그 사건에서 영감을 얻어, 희극 '템페스트'를 집필했다. 범선을 집어삼킨 템페스트는 우리말로 폭풍, 미국에서는 허리케인이라고 불린다. 셰익스피어는 낭만적으로 템페스트를 그렸고, 미국에는 고지대 호텔에서 차를 마시며 폭풍이 해안을 휩쓰는 광경을 감상하는 '허리케인 관광'까지 있었다고 한다.

고대 마야인들은 템페스트를 하늘의 신 '우라칸'이 일으키는 자연현상으로 여겼다. 신이 내리는 일이니 거역해서는 안 되고 차라리 순

응해야 한다는 게 그들의 생각이었다. 이렇듯 당시만 해도 허리케인은 낭만적인 소재이자 하늘의 뜻이었다.

하지만 오늘날 허리케인은 과학적 연구의 대상이며 극복해야 할 과제일 뿐이다.

허리케인은 바닷물이 증발할 때 대기권에 전달되는 열에 따라 그 힘이 결정된다. 높은 해수면 온도와, 그로 인해 뜨거워진 물이 바다 깊숙한 곳까지 존재하면 할수록 더욱 강력한 힘을 갖게 된다. 즉 지구가 따뜻해질수록 허리케인은 더욱 강해지고 자주 발생한다는 것이다.

미국은 2080년께 현재 최고등급인 5등급을 넘어선 5.5등급의 초특급 허리케인이 출현할 것이라고 예측했다. 하지만 미국 국방부 비밀 보고서는 더 무시무시한 예측을 내놓고 있다.

"2007년, 빙하가 녹아 해수면이 상승하면서 네덜란드 헤이그 등 유럽 해안 도시들이 물에 잠기고, 해류 순환 변화로 2010년에서 2020년 사이에 영국과 북유럽의 기온이 낮아져 시베리아처럼 된다. 추위를 피해 이 지역 주민들이 남유럽과 미국 대륙으로 몰려들면서 대규모 난민과 보트피플이 생긴다. 또한 이를 막기 위해 일부 국가는 요새화 되기도 한다. 또 전쟁과 가뭄, 폭동, 기근이 전 세계로 확산되어 무정부 상태로 들어가는 국가도 생겨난다."

기후 변화로 빙하기 시대가 도래한다는 내용의 영화 '투모로우(원제: The day after Tomorrow)'와 같은 상황이 발생한다는 얘기다. 신뢰성에 의문이 가기는 하지만 가능성을 완전히 배제할 수 없다는 점에서 충격적이다. 세계에서 가장 많은 온실가스를 배출하며 지구온난화의 주범이라는 비난을 받고 있는 미국이 이 같은 보고서를 만들었다는 점도 아이러니다.

미국에선 2005년 8월 말 허리케인 '카트리나'가 미국 동남부 '딥 사우스' 지역을 덮쳐 수천 명의 사망자가 발생했다. 그러나 카트리나는 더 이상 하늘이 만들어낸 자연 재앙이 아니다. 산업화로 급증한 온실가스로 인해 지구온난화가 진행되면서 인류가 자초한 인재라는 평가를 받고 있다.

조지 부시 미국 대통령은 카트리나로 인한 재해로 인해 허리케인급의 정치, 경제, 외교적 위기를 겪었다. 2001년 9월 11일, 미국을 강타한 알카에다 공격에도 끄떡없이 일어선 부시 대통령이 허리케인 앞에서는 속수무책이었던 것이다.

이러한 허리케인의 재해피해에 앞서, 2001년 루이지애나 재해관리 담당자들은 '발생 가능성이 높은 3대 재앙'이라는 보고서를 통해 뉴욕 테러뿐만 아니라 뉴올리언스의 대규모 허리케인 피해 가능성도 경고했다. 그러나 제방 강화와 홍수 예방을 위한 자금 지원은 테러 방지라는 명분에 밀려 절반 가까이 삭감되었고, 수해 방치책을 위한 연구 제안도 계속 무시됐다.

온실가스로 대표되는 환경 문제는 인류 생존의 문제이자 21세기 경제의 화두이다. 인류 생존을 위해 온실가스를 감축해야 한다는 당위성은 국제사회의 중요한 아젠다로 정착했다.

우리는 이를 해결해 가는 과정에서 국제사회가 어김없이 경제적 의

미를 부여하고 있는 점에 주목했다. 환경파괴의 주범인 온실가스가 '황금알을 낳는 신(新)경제'로 변신하고 있다. 이것이 바로 21세기를 '환경 경제'라고 일컫는 이유이다.

몇 조 달러가 될지 가늠조차 하기 어려운 새로운 시장이 열리고 있다.

하지만 우리에게 온실가스 감축은 아직까지 낯설고도 생소한 문제이다. 국민 개개인은 '내 생활과는 무관하다'는 이유로, 정부와 기업은 '당장 해야 할 의무가 없다'는 이유로 거대한 시장을 외면하고 있다.

매일경제는 온실가스의 심각성과 신시장 개척의 필요성을 간파하고 'CO_2 전쟁'이 펼쳐지고 있는 현장을 국민들에게 생생히 전달하기로 했다.

취재팀은 조현재 부국장겸 산업부장을 팀장으로 경제부의 임상균 기자, 산업부의 전병득 기자, 국제부의 현경식 기자(현재 과학기술부), 사회부의 김기철 기자로 구성됐다. 2005년 5월부터 2달간의 선행취재를 마치고 7월 유럽과 일본 미국에 파견, 직접 현장취재를 실시했다.

거대한 발전용 풍차 수십 대가 줄지어 늘어선 북해 해상의 장관에서부터 최첨단 금융기법을 동원해 클릭 한 번으로 탄소를 사고 팔며 수십만 달러를 벌어들이는 시카고 금융가의 딜링룸까지, 온실가스는 소설의 소재나 신의 저주는 물론 단순한 자연재해가 아닌 '돈' 그 자체였다.

같은 해 8월 초 9차례에 걸쳐 보도된 'CO$_2$전쟁 시작됐다'라는 기획시리즈는 정부, 국회, 기업, 학계 등에서 광범위하게 호평을 받았다. 2006년 2월 씨티그룹은 이 보도물의 국가 사회적 기여도와 깊이 있는 내용을 높이 평가해 '대한민국 언론인상 최우수상'을 수여하기도 했다.

한정된 지면 관계로 담지 못했던 풍부한 취재내용을 이번에 책으로 펴냄으로써 독자들에게 좀 더 많은 정보를 제공하게 된 점을 기쁘게 생각한다.

취재팀에 조언과 자료를 아끼지 않고 제공해 준 한국전력 한준호 사장, 삼성지구환경연구소 박종식 소장과 황진택 박사, 에너지관리공단의 노종환 기후대책총괄실장, 에코프런티어 관계자들 그리고 외교통상부와 산업자원부, 환경부 등 정부부처와 유엔환경변화협약(UNFCCC)을 비롯한 국제기구의 전문가들에게도 감사의 마음을 전한다.

아직은 널리 알려지지 않아 그 중요성을 인식하지 못하고 있는 기후변화협약과 교토의정서에 많은 관심을 보이고, 신문 시리즈와 책 제작에 지원을 아끼지 않은 매일경제 장대환 회장님께도 거듭 감사의 말씀을 드린다.

매일경제 편집국장 한명규

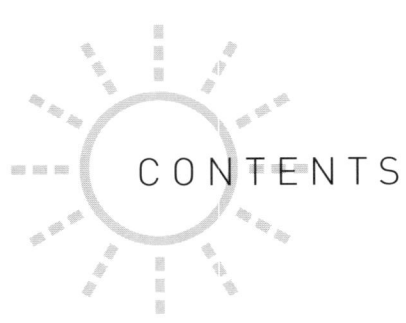

CONTENTS

1부 탄소 주도권 쟁탈전 **14**

기술 개발 vs 강제 감축 / EU "교토 체제는 생존의 문제" / 둘로 나뉜 미국 / 아태 6개국 파트너십 / 2013년 이후 의무감축 논의 시작 – 제11차 당사국 총회 / "개도국도 의무감축해라" – UNFCCC 24차 부속기구회의 / 기후협약은 경제 전쟁 / 온실가스 강제 감축은 거스를 수 없는 대세

2부 기후변화협약 **56**

우리 바다높이도 올라간다 / 선진국은 1980년대부터 준비 / 교토의정서, 온실가스 경제성 인정 / 교토의정서 발효요건 / 탄소의 국제거래시스템 구성 / 온실가스 저승사자, 당사국 총회 / 주요 국가들의 대응방안 / 한국의 양다리 걸치기 / 산업별로 이해 엇갈려

3부 CO_2는 돈이다 **84**

탄소가 비즈니스가 되는 5가지 이유 / 탄소경제 태동 / 탄소도 주식처럼 거래 / 탄소 배출권 시장 선점하는 일본 / 탄소배출권거래소 / 급성장하는 탄소시장 / 탄소가 금융 시장도 키운다 / 탄소 전문가들의 조언 / 국내외 배출권거래제 도입 필요

새 엘도라도, CDM 116

황금시장으로 떠오르는 중국 / 한국도 CDM사업 할 수 있어 / 온실가스 배출권은 '유가증권' / CDM 러브콜 받는 한국 / 북한 조림사업을 노려라 / 탄소펀드 쏟아진다 / 후진국의 CDM 투자유치 경쟁

기술로 시장 선점 148

탄소 배출량 '0'를 향해 뛰는 일본 / GE의 경영화두는 '환경' / 도요타 "환경기술로 GM 제친다" / 다가오는 녹색경제시대

환경장벽 168

기존산업도 '구조조정' 한다 / 탄소공개 프로젝트 / EU, 설계단계부터 환경 규제 / EU의 주요 환경규제법 / 주요 EU회원국의 국내법 이행현황 / 미국, 1970년대 이래 에너지공급 부족 국가로 변화 / 미국의 주요 환경 정책 / 일본의 환경규제법 / 중국의 환경규제법

뒤늦게 뛰어든 한국 230

신재생에너지에 승부수 / 대기업이 앞장선다 / 한국시장 넘보는 일본 / 정부, 기후변화협약대책위원회 구성 / 국내 기술개발 현황

기후변화에 관한 국제연합기본협약 274
기후변화에 관한 국제연합기본협약에 대한 교토의정서 294

PART 1

탄소 주도권 쟁탈전

'아세안(ASEAN)+3' 외무장관 회담이 열리던 2005년 7월 27일 저녁, 라오스의 수도 비엔티엔 외곽에 있는 영빈관. 회담에 참석한 한국, 중국, 일본의 외무장관이 묵고 있는 조용한 숙소가 갑자기 긴박한 움직임으로 가득찼다.

미국을 포함해 한국, 중국, 호주, 인도 등 5개국은 이튿날 교토의정서를 대체하는 '아시아태평양지역 기후신협약(Asia Pacific 6 Countries' New Partnership)' 체결을 발표할 예정이었다. 이 소식이 미리 외신(호주 언론)을 통해 흘러나오자 협약에서 배제돼 있던 일본이 뒤늦게 합류를 요청하며 5개국과 양자접촉에 나선 것이다.

일본은 한 달여 전부터 5개국 협상팀과 사전 접촉을 벌였지만 명확한 입장을 확정하지 못하고 있었다. 그동안 강제적인 온실가스 감축을 골자로 한 교토의정서 체제를 유럽연합(EU)과 함께 주도해온 국가가 바로 일본이었다.

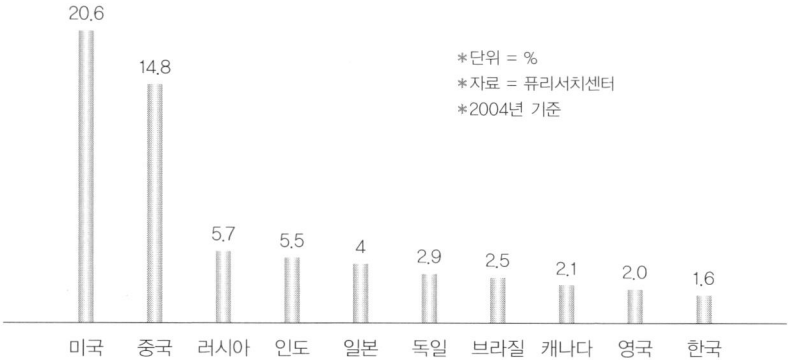

　일본은 전 세계 온실가스 배출량의 4%를 차지하는, 온실가스 배출량 세계 5위의 국가이다. 따라서 교토의정서를 거부하면서 자발적 감축을 주장하고 아시아 태평양 신협약을 물밑에서 준비해온 미국이나 호주, 비준은 했지만 강제할당 의무에서는 비켜난 한국과 중국, 인도와는 입장이 다르다고 할 수 있다.

　게다가 제조업 기반이 약화되며 온실가스 배출량도 점차 줄어들고 있는 유럽연합(EU)국가들과 공동보조를 취하기는 현실적으로 쉽지 않다. 오히려 제조업 중심 경제성장을 중시하는 미국, 한국, 중국 등과 등을 돌리는 것 자체가 더욱 부담될 수밖에 없다. 일본 내적으로도 교토의정서가 강제 할당하고 있는 1990년 배출량 대비 6%의 감축목표를 실현하는 것은 거의 불가능한 실정이다.

　"일본은 교토의정서 자체를 무효화하는 것을 원하지 않는다. 하지만 교토의정서를 보완하고 온실가스를 제대로 감축할 수 있는 장치를 마련해야 감축부담을 줄일 수 있다는 판단을 뒤늦게 했을 것이다."(아시아 태평양지역 기후 신협약 협상에 참여한 정부 고위 관리)

늦기는 했지만 일본의 합류로 아시아 태평양지역 기후 신협약은 세계 이산화탄소(CO_2) 배출량의 47.9%를 차지하는 막강한 세를 갖추게 돼 EU와의 결전을 앞두고 든든한 원군을 맞이한 셈이다.

막강한 세력을 형성한 미국 진영은 2013년 이후 '포스트 교토(Post Kyoto Protocol)' 체제를 만들기 위한 외교전을 전개하기 시작했다. 한국과 중국 등 5개국이 미국진영에 합류한 것은 어떤 이유에서도 경제성장만큼은 포기할 수 없다는 논리를 수용한 결과이다.

미국은 교토의정서에 가입할 경우 자국 경제활동이 35~40%까지 감소하고 수백만 개의 일자리가 줄어드는 엄청난 경제적 타격을 입게 된다는 점을 들어 교토체제를 받아들일 수 없다는 입장이었다. 지난 수십 년간 에너지 효율에 지대한 관심을 보이며 사실상 교토체제를 준비해온 EU와는 전혀 다르다는 점을 주장하는 것이다.

미국과 달리 EU는 그동안 에너지 효율을 극대화하는 기술 개발은 물론 수력과 풍력 등 대체 에너지 개발에 상당한 공을 들여와 이미 실현 단계에 들어선 것으로 파악된다.

미국은 대신 자체적으로 2012년까지 2002년 온실가스 배출량의 18% 이상 줄인다는 계획을 세워 놓았다. 기술개발을 통해 에너지 효율을 높이고 신재생에너지 개발 및 발전기술, 하이브리드 기술 등의 온실가스 저감기술에 이미 투자하고 있다. 이를 추진하기 위해 2005년 52억 달러(약 5조 2,000억 원)를 투자하고, 2006년 예산은 더욱 늘어난 55억 달러(약 5조 5,000억 원)를 책정했다.

이 같은 논리를 들어 미국은 2005년 초부터 세 규합을 시작한 것으로 관측된다.

"2005년 초 미국 정부 고위관리가 아시아 태평양지역 기후 신협약의 아이디어를 넌지시 비치더군요. 그리고 그 해 4월에 미국 대표가 한국에 찾아와 구체적인 제안을 했습니다. 이후 별도의 실무협의를 갖다가 5월 호놀룰루에서 전체회의를 열었고 7월 중순 워싱턴에서 마지막 점검협의를 가졌습니다."(외무부 고위 관리)

결국 2005년 4월 11일, 서울 하얏트호텔에서 열린 '아시아태평양경제협력체(APEC) 비즈니스 및 워크숍'이 세계적인 외교전의 시작이었던 셈이다.

당시 주제발표 연사로 나선 할렌 왓슨(Harlen L. Watson) 미국 국무부 기후변화협약 협상 수석대표는 "기후변화협약의 체결국들이 각자 온실가스를 줄이는 최상의 방안을 추구할 권리가 있다. 미국은 한국처럼 뜻을 같이하는 국가들과 협력해 신기술 개발로 온실가스를 줄여나갈 것"이라고 말했다.

호주를 대표해 참석한 앨런 옥슬리(Alan Oxley) 전 '관세 및 무역에 관한 일반 협정(GATT)' 호주대사도 "한국은 수입한 에너지와 원자재의 투입에 의존하고 있으며 에너지 집중도는 경제협력개발기구(OECD) 국가 중 최고 수준이다. 온실가스 배출 감축 목표치가 적용되면 한국은 상당한 악영향을 받을 것"이라고 거들었다.

미국과 호주는 이런 식으로 은근한 압력과 함께 동조세력을 규합해

나간 것이다. 한국 입장에서도 그들의 손길을 뿌리칠 이유가 없었다.

한국은 2004년 기준 이산화탄소 배출량이 4억 7,300만 톤으로 세계 10위권이었다. 하지만 2010년에는 5억 9,400만 톤으로 증가될 것으로 예상된다. 교토체제에 따라 1990년 대비 5%를 감축해야 하는 의무를 지게 될 경우, 2015년에는 국내총생산(GDP)성장률이 20%나 떨어질 수 있다는 우려도 나오고 있다. 우리와 비슷한 위치에 있는 멕시코, 스위스 등과의 동조화를 추진했지만, 이 또한 멕시코의 이탈로 뜻을 이루지 못한 상황이었다.

아시아 태평양 기후 신협약에 참여한 6개국은 교토체제를 대체하는 협정이 아니라고 주장하고 있다. 하지만 이제 지구온난화를 막기 위한 노력은 강제감축을 주장하는 EU와 자발적 노력을 추구하는 미국 진영으로 양분됐다고 할 수 있다.

1997년 자국 내에서 체결된 세계적인 온실가스 감축 강제조약을 뒤로 한 채 반대진영에 합류한 일본의 사례에서 알 수 있듯이 온실가스 감축을 둘러싸고 벌써부터 새판이 짜여질 조짐이 보이고 있다.

일본의 극적인 합류로 이루어진 '라오스 쇼크'는 CO_2를 둘러싼 총탄 없는 세계전쟁의 서막이다. 이날 라오스 영빈관에서 펼쳐진 외교전은 'CO_2 전쟁'이 얼마나 긴박하고 치열한지를 잘 보여준 것이다.

협약소식이 발표되자 전 세계 언론이 발칵 뒤집혔다. 특히 교토의정서 주도국인 영국의 파이낸셜타임스(FT)는 "6개국이 체결한 온실가스 대책은 명확한 목표를 제시하지 않았다. 교토의정서를 대신할 수 없을 것"이라며 비난을 퍼부었다.

환경론자들은 저마다 교토의정서가 제대로 실효를 거둘지에 대한 논란을 벌이고 있다. 특히 일본의 극적인 합류로 교토의정서 자체의 조기 와해론까지 조심스럽게 거론되고 있다. 온실가스 감축이라는 절대목표를 위해 열심히 뛰어온 EU국가들이 크게 당황한 것도 무리가 아니다.

EU는 이미 교토의정서를 토대로 각국에 부여된 온실가스 감축 강제할당량을 충족하기 위해 국가적 노력을 전개하고 있었기 때문이다.

기술 개발 vs 강제 감축

미국이 주도하는 아시아 태평양지역 신기후 협약에 합류한 6개국은 지구온난화 문제에서 공통의 이익과 환경을 갖고 있다.

우선 1997년 체결된 교토의정서의 미 비준국인 동시에 강제적인 온실가스 감축 할당을 받게 될 경우 경제성장에 큰 타격을 입게 된다는 공통점이 있다. 가급적 강제할당을 피하고 자발적인 기술개발을 통해 온실가스를 감축하는 길을 찾아야 하는 것이다.

아시아 태평양지역 6개국 신기후 협약은 강제적 온실가스 감축할당을 피하는 것을 주요내용으로 담고 있다. 감축할당 대신 기술개발을 통해 온실가스를 충분히 줄일 수 있다는 것이다. 이는 그동안 미국이 지속적으로 견지해온 입장이다. 반면 EU가 주도하는 교토의정서

진영은 국가별 강제할당만이 지구온난화를 막을 수 있다는 입장이다.

UN주도로 온실가스 감축을 위해 1992년 기후변화협약을 체결했으며 1997년 강제 의무를 할당한다는 교토의정서를 맺고 각국별로 온실가스 강제 감축 할당량을 배정했다.

2005년 2월 발효된 교토의정서의 강제 감축의무에는 OECD(경제협력개발기구) 27개국, 비OECD 12개국 등 총 39개국이 참여했다.

이들 국가는 2008년부터 2012년 사이에 온실가스 배출량을 1990년과 비교해 평균 5.2% 줄여야 한다. 감축 할당량은 국가별로 차이가 크다. 캐나다와 일본은 6%이지만 EU는 평균 8%, 덴마크는 무려 21%나 줄여야 한다.

하지만 대부분의 국가들에서 목표 감축량을 달성하기가 쉽지 않은 상황이다. 2012년까지 목표를 달성하지 못하면 막대한 벌금을 내거나, 2013년 이후 감축목표에 벌점이 부과되는 등 엄청난 패널티를 받게 된다.

이를 해결하기 위해 교토의정서는 선진국 간 또는 '선진국-개도국' 간에 온실가스 저감을 위한 투자를 통해 탄소배출권을 사올 수 있는 시스템을 마련했다.

하지만 미국 등 교토의정서 비준에 참여하지 않은 국가들은 이 같은 강제할당이 지구온난화 방지에 기여할 수 있기는 하지만 경제성장 자체에 악영향을 끼침으로써 결국 세계 경제 침체를 가져온다는 입장이다.

한국도 강제할당을 받게 될 경우 피해가 만만치 않다. 한국은 2004

년 기준 이산화탄소 배출량이 4억 7,300만 톤으로 세계 9위였다. 이는 2010년에는 5억 9,400만 톤으로 증가할 것으로 예상된다.

박종식 삼성지구환경연구소 소장은 "1990년 배출량과 비교해 5%를 감축할 경우 규모가 3억 6,600만 톤에 달한다"면서 "이를 최근 거래되는 탄소배출권 가격으로 환산하면 약 70억 달러 어치"라고 설명했다.

정부는 이 같은 논리로 2015년까지 5%를 감축하는 의무를 질 경우 국내총생산(GDP) 성장률이 20%까지 떨어지게 될 것으로 염려하고 있다. 이것이 온실가스 의무부담을 꺼리는 가장 큰 이유이다. 때문에 비슷한 상황에 있는 멕시코, 스위스 등과의 동조화를 추진했지만 이마저도 수포로 돌아갔다.

노종환 에너지관리공단 기후대책총괄실장은 "한국은 기술개발을 중시하는 미국은 물론 유사한 입장에 있는 중국, 인도 등과 보조를 맞춤으로써 경제성장을 위한 국가이익 보호와 범세계적인 환경보전 등 두 마리 토끼를 잡겠다는 전략을 택한 것"이라고 설명했다.

EU "교토 체제는 생존의 문제"

덴마크 국제공항에서 코펜하겐으로 들어가는 공항로. 오른편 바닷가에 거대한 전력 생산용 풍차들이 줄지어 서서 돌아가고 있다.

"덴마크에서는 흔한 풍경입니다. 풍력발전을 포함한 다양한 재생에

환경오염 주범인 탄소가 21세기 경제주역으로 등장하고 있다

너지를 사용하고 있어요. 석유나 석탄은 거의 사용하지 않죠."

온실가스 감축 실태를 취재하기 위해 방문한 기자에게 KOTRA 코펜하겐 무역관 현지 직원인 예스퍼(Jesper Kryer)씨는 자랑스런 표정으로 설명했다.

덴마크는 북해에서 석유를 생산하는 산유국 중 하나다. 하지만 전기나 난방용 에너지원으로 석유를 사용하는 비중은 극히 미미하다.

쓰레기소각장 발전, 밀짚을 태워 열을 내는 발전 등 신재생에너지의 형태도 다양하다. 당연히 원자력이나 화력에 비해서는 비용이 많이 드는 에너지원이다. 때문에 덴마크의 전기료는 아주 비싸다. 1kWh에 평균 1.6크로너(한화 약 272원)로 4인 가족 기준 중산층 가정이라면 월 30만 원 정도의 전기료를 내야 한다.

"실제 원가는 0.4크로너 정도이지만 세금 외에 미래에 대비한 리서치비용이 추가로 부과됩니다. 온실가스를 배출하는 화석연료를 그대로 썼다가는 온실가스 감축목표를 도저히 충족할 수 없습니다."

에릭 탕(Eric Tang) 덴마크 환경부 상임자문관의 설명이다.

덴마크는 1970년대만 해도 에너지의 석유의존도가 93%에 달해 일요일에는 자동차운행을 금지하기도 했었다. 이후 대체에너지에 대한 지속적인 개발에 나섰지만 교토의정서에 따른 온실가스 감축 할당치가 1990년 대비 21%로 엄청나게 높다.

탕 자문관은 "기업들에게도 강제할당을 했지만 역부족이어서 다른 국가에 온실가스 감축투자로 실적을 대신 가져오는 다양한 제도 등을 활용하고 있다"고 설명했다.

영국 국민들은 자동차를 움직이든, 가정에 난방을 넣든 에너지를 쓸 때마다 탄소세를 내야 한다. 석유와 석탄 등 온실가스를 배출하는 일반 에너지가 대상이다. 반면에 클린에너지인 신재생에너지에 대해서는 면세이다.

기업들에게는 세금을 아낄 수 있는 방법이 있다. 자체적으로 공정을 개선하든지 환경기술을 개발, 적용함으로써 온실가스를 줄이면 국가에서 인센티브를 준다.

사라 헨드리 영국 환경농림부 지구대기국장은 "영국에 할당된 탄소 감축량을 충족하려면 기업과 개인에게 당근과 채찍을 부과하여 강력한 제도를 시행할 수밖에 없다"며 "인센티브를 제공하기 위해 연간 4,000만 파운드(약 800억 원)의 예산을 투입하고 있다"고 설명했다.

네덜란드 암스테르담 외곽에 사는 주부 마리안느 폴플라이트

(Mariane Polfliet)씨는 외출을 할 때마다 그린휠스(Green Wheels) 홈페이지에 들어가 자동차용 전자키를 다운로드 받는 게 습관처럼 돼 버렸다. 자동차를 공동으로 사용하는 '카 쉐어링(Car Sharing)' 제도를 이용하기 위해서다.

암스테르담 도심의 정기주차권을 따내려면 최소 6개월은 기다려야 한다. 운하로 구성된 도심에 주차공간도 협소한데다 배기가스 감축을 위해 정부가 도심 내 차량통행을 엄격히 제한하고 있기 때문이다.

이러다보니 차량보유 비용 자체가 엄청나게 높아졌다. 이를 해결하기 위해 주민들은 '차량 공동소유제'라는 독특한 제도를 만들었다. 그린휠스라는 회사를 중심으로 차량을 공동소유 형식으로 구입, 필요할 때마다 돌려가며 사용하는 것이다.

KOTRA 암스테르담 무역관의 권오석 부장은 "다소 불편은 따르지만 막대한 세금과 운영비를 줄이고 온실가스 배출 감축에도 기여하기 위해 시민들의 자발적인 참여로 점차 확산되고 있다"고 전했다.

네덜란드 정부는 세계 환경보호를 위한 국제기구인 국제연합환경계획(UNEP, United Nations Environment Program)에 1,000만 달러(100억 원)를 기부했다. 이 기부금은 개발도상국에 청정개발체제(CDM, Clean Development Mechanism)의 교육을 위해 투입되는 예산으로 사용된다.

CDM이란 선진국이 개발도상국에서 온실가스 감축을 위한 투자를 실시해 개도국에 기술과 설비를 구축해주고 대신 탄소배출권을 확보할 수 있는 교토의정서에 규약된 제도이다.

네덜란드의 원조자금은 개도국에 CDM사업에 대한 인식도를 높이는 동시에, 제도를 갖추고 관련 전문가를 교육시키는데 사용된다. 네덜란드 입장에서는 당장에 수익을 내는 투자는 아니지만 장기적으로 CDM사업을 전개할 수 있는 터전을 확보하는 차원에서 거금을 원조한 것이다.

이렇듯 세계 각국이 CO_2와 전쟁을 벌이고 있다.

지구온난화의 주범인 온실가스, 그 중에서도 80% 이상을 차지하는 CO_2를 감축하는 것은 이제 단순한 환경보호가 아닌 국가이익을 지키기 위한 절대과제가 돼 버렸다.

교토의정서가 실제 발효되면 39개 회원국들이 2012년까지 1990년 대비 평균 5.2%의 온실가스를 줄여야 한다.

국가마다 감축목표치는 다르지만 대부분 지키기 쉽지 않은 높은 수준으로 할당이 되어있다. 대부분 국가들이 목표 감축량 충족이 쉽지 않은 상황이다.

"지구온난화를 방치할 경우 네덜란드의 수면이 앞으로 90cm 상승하는 것으로 연구되고 있습니다. 이 정도면 국가 자체가 없어질 수 있는 위기죠. 강제수단을 동원해서라도 온실가스 배출량을 줄여야 하는 이유입니다."

에드윈 퀘코엑(Edwin Koekkoek) 네덜란드 환경부 정책자문관은 "반대로 물이 모자라 국가가 위기에 처하는 등 지구온난화는 세계전체가 직면하게 될 위기"라며 "교토의정서 준수는 생존을 위한 과제"

라고 강조했다.

하지만 이 같은 필요성에도 불구하고 교토의정서는 아직 절름발이 신세이다. 세계에서 온실가스 배출량이 가장 많은 미국이 서명을 하지 않았기 때문이다.

할렌 왓슨(Harlan L. Watson) 미 국무부 기후변화협약 협상 수석대표는 "만약 미국이 교토의정서에 가입한다면 경제활동은 35~40% 감소하고 수백만 개의 일자리가 줄어드는 엄청난 경제적 타격을 입게 된다"고 설명한다.

왓슨 대표는 "유럽연합(EU) 국가와 미국은 다르다. EU는 지난 10년간 경제성장이 저조했고 실업률은 10% 이상 됐다. 이는 미국으로서는 용납할 수 있는 수준이 아니다"라고 덧붙였다.

이와 같이 미국은 교토의정서에는 비준하지 않았지만 기후변화협약에는 가입했다. 온실가스를 감축해 지구온난화를 막자는 데는 공감하지만 강제할당을 통한 감축이란 방법론에서는 동의할 수 없다는 것이다.

둘로 나뉜 미국

조지 부시 행정부가 교토의정서에 강하게 반발하고 있는 가운데 미국 동북부 9개주가 전력회사들의 온실가스 배출을 의무적으로 감축시키는 방안을 입법화하고 있다. 2005년 2월 16일 교토의정서 발효로

온실가스 감축나선 미국 동북부 9개주

대 상 주	내 용
코네티컷, 델라웨어, 메인, 매사추세츠, 뉴햄프셔, 뉴저지, 뉴욕, 로드아일랜드, 버몬트(9개주 600개 발전소)	• 전력회사의 온실가스 배출 현 수준으로 동결 　→2020년에는 현 수준의 10% 감축 • 연방법 제정 압력 가중

＊캘리포니아, 워싱턴, 오리건주는 의무감축 추진 중.

발생한 온실가스 의무 감축 폭풍에서 벗어나 있던 세계 최대 온실가스 배출국인 미국의 전력회사들이 뜻하지 않은 복병을 만난 것이다.

뉴욕 등 동북부 9개주는 온실가스 배출을 당시 수준으로 동결하고 2020년에는 2005년 수준의 10%를 감축시키기로 하는 협약에 기본적인 합의를 이뤘다. 앞으로 더 많은 주와 도시들이 의무감축에 동참할 가능성이 높다.

마르크스 라파엘 시카고 기후 거래소 부사장은 "시카고 등 이미 많은 도시의 시장 등이 모여 온실가스 강제 감축에 대한 논의를 하고 있으며 연방정부의 방침과는 상관없이 강제 감축 법안을 만들 것"이라고 전망했다.

이러한 동북부 9개주들의 온실가스 의무 감축은 온실가스를 규제하지 않겠다는 조지 부시 행정부의 확고한 입장에 적지 않은 부담으로 작용할 전망이다.

이번 협약에 참여하는 주는 코네티컷과 델라웨어, 메인, 매사추세츠, 뉴햄프셔, 뉴저지, 뉴욕, 로드아일랜드, 버몬트 등 총 9개주. 서부의 캘리포니아와 워싱턴, 오레곤주도 이미 협약 초기 단계에 있어 의무 감축을 실시하는 주는 12개로 크게 늘어나게 된다. 이러한 협약으로 인해 영향을 받게 되는 곳은 9개주에서 운영되는 약 600개 발전소이다.

온실가스 감축의 연방법 제정을 주장하는 환경론자들은 이번 9개주 협약이 다른 주에도 영향을 미쳐 결국 국가법 제정으로 이어질 것이라고 믿고 있다.

동북부 9개주 협약을 주도하고 있는 인물은 공화당 출신의 조지 파타키 뉴욕 주지사이다. 공화당의 유력한 차기 대선 후보로 지목되고 있는 파타키 주지사는 부시 행정부의 온실가스 대처에 공개적으로 반대하며 2003년부터 8개주에 온실가스 의무 감축을 설득해온 것으로 알려졌다. 따라서 차기 대선에서 민주당이 집권할 경우 미국은 자연스럽게 교토의정서에 가입할 것으로 전망하는 전문가들이 많다.

현재 알려진 협약 내용은 2000~2004년 중 가장 많은 탄소 배출이 이뤄진 3개년의 평균인 연간 1억 5,000만 톤을 '캡(한계)'으로 정해 2008년까지 유예기간을 둔 후 2009년부터 2015년까지 적용하는 것이다. 그리고 2016년부터 감축에 들어가 2020년에는 1억 5,000만 톤의 10%가 줄어든 1억 3,500만 톤으로 줄이는 것을 골자로 하고 있다.

의무 감축이 실시되면 에너지 가격은 필연적으로 급등할 것으로 예상된다. 주정부는 이에 따라 보조금을 지급하거나 탄소 저감 기술 개발 비용을 지원하는 방법으로 대처해 나갈 것으로 예상된다.

아태 6개국 파트너십

'아시아 태평양 6개국 신기후협약'을 교토의정서에 상응하는 수준으로 높이기 위한 미국의 움직임이 본격화되고 있다.

캐나다 몬트리올에서 열린 기후협약 제11차 당사국 총회에 미국 대표로 참석한 폴라 도브리안스키 미국 국무부 차관은 신기후협약 참가 5개국 대표를 초청해 비공식 리셉션을 갖고 당국간 협력을 강조했다.

폴라 도브리안스키 대표는 당시 한국측 대표였던 이재용 환경부장관과 고이케 유리코 일본 환경장관을 비롯한 호주와 중국, 인도 정부 대표단을 초청해 "민간 기업의 적극적인 참여를 유도해 실질적인 온실가스 저감 노력을 실행에 옮기자"고 제안했다.

도브리안스키 대표는 이 자리에서 "아태 파트너십에 한국이 참여한 것을 감사하게 생각하고 있으며 양국이 협력할 분야가 많다"고 말하며 "현실적인 면에서 탄소를 감축할 수 있도록 노력하자"고 제의했다고 간담회에 참석한 고위 정부 관리가 전했다.

정부 고위 관리는 또 "의무 감축을 규정한 교토의정서에 의한 당사국 협상보다는 비슷한 역 내에서 비슷한 이해를 공유하고 온실가스에 대해 같은 인식을 하고 있었기 때문에 훨씬 분위기가 좋았다"고 말했다. 특히 민간 기업의 참여를 적극 유도하자는 점에서 6개국 대표가 공감대를 이루었으며 참가국 대표들도 미국의 주장을 지지하는 분위기였다고 전했다.

◯ 아태 파트너쉽 조직 체계

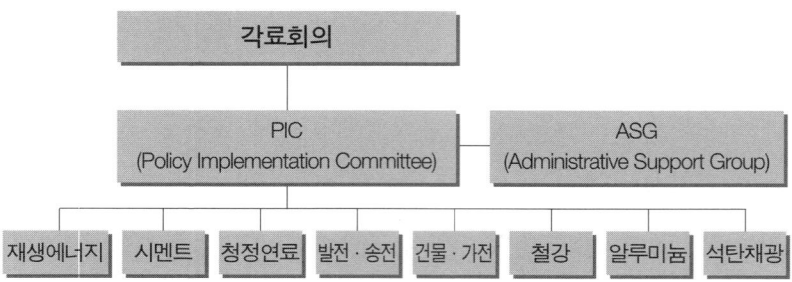

 미국이 교토의정서를 탈퇴한 이유는 이산화탄소 배출량을 양적으로 규제하는 강제 규제이기 때문이다. 세계에서 가장 많은 이산화탄소를 배출하고 있으나 미국 그 자신은 심각성을 깨닫지 못하고 있는 것이 첫 번째 이유이고 두 번째 이유는 조지 부시 미국 대통령의 주장대로 기업 활동에 큰 부담이 될 수 있기 때문이다.

 미국은 2005년 8월과 9월 두 차례 불어 닥친 '카트리나'와 '리타'의 초강력 태풍으로 수천 억 달러의 피해를 입었다. 하지만 부시 행정부는 여전히 교토의정서에 반대하는 입장을 거둬들일 움직임을 보이지 않고 있다.

 대신 미국은 2005년 '양적' 규제인 교토의정서에 상응하는 '질적' 규제를 의미하는 '아시아태평양지역 6개국 파트너십'을 구성했다.

 2005년 7월 28일 발표된 아태지역 6개국 파트너십은 기후변화 대응 체제에 대비해 교토의정서 체제하에서 의무 부담을 지지 않는 국가들을 중심으로 기후변화 공동대응에 다각적인 협력 가능성을 모색한 결과다.

세계 최대 온실가스 배출국이지만 온실가스 저감 노력에는 참여하지 않는다는 비난을 받아온 미국이 한국과 호주 등 대규모 온실가스 배출국들을 설득해 기술개발을 통한 온실가스 저감 노력의 틀을 만들어낸 것이다.

베트남 라오스에서 발표된 아태지역 6개국 파트너십 비전성명서는 기후변화협약과 부합하는 원칙 아래 에너지 안보와 대기오염 저감 및 기후변화 대응을 위한 기술개발과 이전 협력을 강화하겠다는 의지를 천명했다.

아시아 태평양 기후신협약은 교토의정서와 달리 참가국들의 온실가스 의무감축 시한이 정해져 있지 않다. 그리고 온실가스 감축에 필요한 첨단 차세대 기술의 개발과 이전을 통해 지구온난화에 적극 대응한다는 것을 골자로 하고 있다. 또 온실가스 저감기술 관련 기술 선진국들이 획기적인 온실가스 저감기술을 공동 개발해 그 기술을 무상 또는 저렴한 비용으로 다른 나라에 이전시켜 전세계 온실가스를 줄일 수 있도록 하겠다는 의도다.

반기문 외교통상부 장관은 2005년 7월 말 아태 기후신협약 체결을 발표하며 "에너지와 온실가스 저배출 기술의 국제적인 협력이 강화되고 기후변화 문제에 대응할 수 있는 계기가 마련됐다"고 평가했다.

반 장관은 "교토의정서를 대체하거나 무효화시킨다는 것이 아니다"라며 "교토의정서를 보완하는 파트너십에 참여하는 것이 국익에 도움이 될 것으로 판단했다"고 말했다.

아태지역 6개국 파트너십에 대해 정부는 CO_2 강제 감축을 내용으로 하는 교토의정서를 보안하는 의미로 추진됐다고 밝혔지만 전문가들은 EU가 주도하는 교토의정서 체제에 대해 미국이 본격적으로 목소리를 내기 시작한 것으로 분석했다.

노종환 에너지관리공단 기후대책총괄실장은 일본의 파트너십 참여에 대해 "교토의정서의 중심은 유럽연합(EU)과 일본이 양대축이다"라면서 "앞으로 기후협약의 무게추가 미국 쪽으로 급격히 이동될 가능성이 높다"고 전망했다.

6개국은 당시 에너지 효율을 향상시키고 탄소배출을 줄이며 탄소저장과 메탄 활용 등 기존 또는 단기간에 개발할 수 있는 기술을 개발할 것이라고 발표했다.

또 차세대 에너지 기술로 분류되는 핵분열과 융합에너지 등 장기적인 관점에서 기술개발을 추진하겠다는 뜻도 밝혔다. 물론 6개국간 에너지 개발과 발전에 대한 경험 교환은 당연히 포함됐다.

○ 아태 기후변화 파트너십 주요 결정내용

목 적	청정기술 개발과 확산을 통해 온실가스 감축
참여국가	한국 · 미국 · 일본 · 호주 · 중국 · 인도
기술개발 대상분야	에너지효율 향상, 탄소저배출, 탄소저장, 메탄활용, 수소, 차세대 핵분열 · 융합 에너지 등
비 용 재 산 권	지적재산권은 사안별로 해결 재원은 기술개발 제안 회원국이 부담
실무기구	아 · 태 에너지 기술협력센터 설치 재생에너지 · 발전 · 송전 등 8개 기술개발 TF 설치 정책 · 이행위원회와 행정지원 그룹 구성

아태지역 6개국 파트너십은 큰 틀은 마련했지만 세부사항은 아직 논의사항으로 남겨져 있다. 앞으로 비전성명 내용과 그 이행방안을 구체적으로 규정하는 비구속적인 협정(compact)을 작성하고 다른 관심 국가를 참여시키는 제도를 포함한 파트너십의 기본틀도 검토 대상으로 여지를 남겨 놨다.

아태지역 6개국 파트너십 비전 성명은 기후변화협약과의 부합 원칙 하에 6개국간 에너지 안보와 대기오염 저감 및 기후변화 대응을 위한 기술개발과 이전 협력 강화를 주요 내용으로 하고 있다.
또 6개국간 지속가능한 발전과 에너지 전략 개발을 위한 경험을 교환하기로 했으며 교토의정서를 보완하는 조치임을 강조했다.

다음은 비전성명 요지(영문)이다.

Vision Statement of Australia, China, India, Japan, the Republic of Korea, and the United States of America for a New Asia-Pacific Partnership on Clean Development and Climate

Development and poverty eradication are urgent and overriding goals internationally. The World Summit on Sustainable Development made clear the need for increased access to affordable, reliable and cleaner evergy and the international community agreed in the Delhi Declaration on Climate Change and Sustainable Development on the importance of the development agenda in considering any climate change approach.

We each have different natural resource endowments, and sustainable development and energy strategies, but we are already working together and will continue to work to achieve common goals. By building on the foundation of existing bilateral and multilateral initiatives, we will enhance cooperation to meet both our increased energy needs and associated challenges, including those related to air pollution, energy security, and greenhouse gas intensities.

To this end, we will work together, in accordance with our respective national circumstances, to create a new partnership to develop, deploy and transfer cleaner, more efficient technologies and to meet national pollution reduction, energy security and climate change concerns, consistent with the principles of the U.N. Framework Convention on Climate Change(UNFCCC).

The partnership will collaborate to promote and create an

enabling environment for the develpment, diffusion, deployment and transfer of existing and everging cost-effective, cleaner technologies and practices, through concrete and substantial cooperation so as to achieve practical results. Areas for collaboration may include, but not be limited to: energy efficiency, clean coal, integrated gasification combined cycle, liquefied natural gas, carbon capture and storage, combined heat and power, methane capture and use, civilian nuclear power, geothermal, rural/village energy systems, advanced transportation, building and home construction and operation, bioenergy, agriculture and forestry, hydropower, wind power, solar power, and other renewables.

The partnership will also cooperate on the development, diffusion, deployment and transer of longer-term transformational energy technologies that will promote economic growth while enabling significant reductions in greenhouse gas intensities. Areas for mid-to long-term collaboration may include, but not be limited to: hydrogen, nanotechnologies, advanced biotechnologies, next-generation nuclear fission, and fusion energy.

The parnership will share experiences in developing and implementing our national sustainable development and energy strategies, and explore opportunities to reduce the greenhouse gas intensities of our economies.

We will develop a non-binding compact in which the elements of this shared vision, as well as the ways and means to implement it, will be further defined. In particular, we will consider establishing a framework for the partnership, including institutional and financial arrangements and ways to include other interested and like-minded countries.

The partnership will also help the partners build human and institutional capacity to strengthen cooperative efforts, and will seek opportunities to engage the private sector. We will review the partnership on a regular basis to ensure its effectiveness.

The partnership will be consisten with and contribute to our efforts under the UNFCCC and will complement, but not replace, the Kyoto Protocol.

2013년 이후 의무감축 논의 시작 – 제11차 당사국 총회

"교토체제는 완전 가동에 들어갔다."(스테판 디온 제11차 당사국총회 의장)

"미국은 교토의정서의 '교' 자도 꺼내지 않더라."(에너지경제연구원 오진규 박사)

교토의정서가 발효(2005년 2월 16일)된 이래 처음으로 열린 2005년 캐나다 몬트리올 제11차 당사국 총회(COP11)에서 온실가스의 의무 감축을 둘러싼 유럽연합 EU와 미국간 신경전이 팽팽하게 진행됐다.

COP11 폐회 3일을 앞둔 2005년 12월 6일 홀도르 토게이손(Halldor Thorgeirsson) 당사국총회 코디네이터는 공식 기자회견을 갖고 "온실가스 저감을 위한 장기적인 관점에는 공감을 얻고 있지만 당장의 합의를 이뤄내는 것은 쉽지 않다"고 어려움을 토로했다.

토게이손 코디네이터는 '당장의 합의'를 도출해내기 힘들다는 말을 다섯 번이나 반복, 강조해 교토체제 이후 처음으로 맞은 당사국 총회에서 강경한 미국 설득의 어려움을 나타냈다.

기후협약 당사국이지만 자국 산업에 막대한 피해를 준다는 명목으로 교토의정서 가입을 거부한 미국은 2005년 7월 28일 기술 개발을 목적으로 하는 '아시아 태평양 지역 6개국 파트너십'을 주도하며 '교토체제 반대' 이미지를 깊게 했다.

물론 아시아 태평양 6개국 신기후협약에 참여한 미국과 한국 등 6개

미국의 교토의정서 체제 참여를 촉구하는 환경론자들의 목소리가 커져가고 있다

국은 모두 교토체제를 보완하는 파트너십임을 강조한다.

우리나라 정부 대표로 총회에 참석한 외교통상부의 신부남 환경과학심의관(현 환경부 국제협력관)도 "아태 파트너십은 교토체제를 보완하는 것"이라면서 "기본 목적은 교토체제처럼 기술 협력을 통해 온실가스를 감축시키는 것"이라고 강조했다.

그럼에도 불구하고 아태 지역 파트너십을 주도한 미국에 대한 당사국의 의구심은 더욱 커져가고 있는 분위기다.

국제 환경단체 소속의 빌 헤어는 "행사장을 돌아다니다 보면 180여 개국 대표들의 한 가지 공동 현안을 알 수 있다"면서 "그것은 바로 미국"이라고 말했다. 미국이 교토 체제에 서명했지만 아시아 태평양 6개국 신기후협약에 참여하지 않은 당사국뿐만 아니라 전 세계 환경단체들에게 있어 '공공의 적'이 되고 있는 것이다.

제 11차 총회가 열린 몬트리올의 아침 온도는 영하 5도. 구름이 잔뜩 낀 찌푸린 날씨에 바람도 세게 불어 체감온도가 영하 10도 이상은

2005년 12월 캐나다에서 열린 제11차 당사국총회 장면

충분히 돼 보였다.

행사장(빨레 디 콩그레, Palas des Congres)으로 걸어가는 미국인 두 사람은 기자가 걸고 있는 당사국 총회 출입증을 보더니 "어딘지 찾고 있는데 같이 가자"며 말을 붙였다.

미국에서 왔다는 말에 "나는 한국 기자"라고 밝히며 "이번 총회에서 미국의 입장은 무엇인가"라고 묻자 "우리는 유엔개발프로그램(UNDP) 사람으로 미국 입장을 말할 위치가 아니다"며 단번에 굳은 얼굴로 외면했다. 기후협약과 관련한 미국의 미묘한 입장을 단적으로 볼 수 있었다.

토게이손 코디네이터는 "당장의 합의는 이뤄내지 못했지만 2012년 이후 온실가스 감축을 위한 첫 논의를 시작한 것은 큰 의미가 있다"고

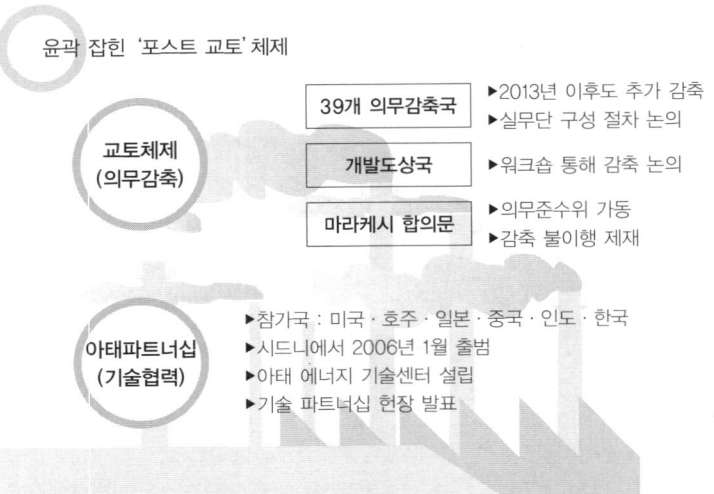

의미를 부여했다.

교토의정서에 따른 제1차 의무감축 기간은 2008년 시작돼 2012년 끝나고 제2차 의무감축 기간은 2013년부터 2017년까지 진행되지만 이때까지 공식적으로 제2차 의무감축에 대한 논의는 이루어진 적이 없다.

더크 포리스터(Dirk Forrister) 냇소스 자산운용 책임자도 "신생에너지 개발의 중요성을 절감하며 2013년 이후 온실가스를 어떻게 감축시킬 것인가와 금융 산업의 역할이 강조된 점이 이번 당사국 총회의 가장 큰 성과"라고 꼽았다.

총회 의장을 맡은 캐나다는 제11차 총회를 시작하며 새로운 절충안을 내놓았다.

캐나다는 교토의정서 제3조 9항에 의한 선진국 감축안에 대한 절충

2005년 12월 캐나다 몬트리올에서 열린 당사국총회장 앞에 걸린 부시 반대 벽보

안으로 "기후협약 체제 내에서 개발도상국도 의무 감축을 논의하는 새로운 협의를 시작하자"고 제안했다.

기후협약 틀 안에서 선진국들만 의무감축을 규정한 교토의정서를 수정해 개발도상국들도 의무감축 대상에 포함시키자며 사실상 미국의 동참을 촉구한 것이다.

그러나 미국은 캐나다의 수정안 제안을 사실상 무시하며 꿈쩍도 하지 않았다.

실제로 총회에 참가한 미국은 2013년 이후 온실가스 감축 노력을 지속하겠다는 추가 약속을 거부했다.

할런 왓슨(Harlan Watson) 미국 대표는 대표 연설에서 "교토의정서와 같은 합의가 꼭 필요하다는 약속을 할 수 없다"고 교토체제 당사국들에게 선제 펀치를 날렸다.

미국은 기술 개발과 이전이 개발도상국 등 전 세계 기후변화대응을 위한 중요한 과제임을 천명하고 기술 개발과 확산을 위한 민관 합동

체제구축 등을 제안하고 있다.

그러면서도 온실가스의 강제감축을 규정한 '교토의정서'에 대해서는 아무런 언급도 하지 않으며 '아태지역 6개국 파트너십'이 천명한 질적 기술 개발로 지구온난화를 막을 수 있다는 점을 강조하고 있다.

한국 대표단의 고위 관계자는 "미국은 당사국이 1990년 온실가스 배출 대비 평균 5.2%를 줄여봤자 전 세계적으로 감축되는 온실가스는 1%에 미치지 못하기 때문에 기술 개발이 더 유력한 지구온난화 대비책이라는 점을 강조하고 있다"고 말했다.

"개도국도 의무감축해라" – UNFCCC 24차 부속기구회의

한국이 2013년 이후 온실가스 강제감축대상국이 될지의 여부에 대한 국제사회 논의가 2006년부터 본격화되었다.

2013년 이후 개도국의 강제감축대상국 여부에 대한 논의가 처음 이루어진 것은 2006년 5월 15일부터 26일까지 독일 본에서 열린 제24차 기후변화협약 부속기구회의에서이다. 160개 유엔기후변화협약 당사국과 국제기구, 비정부기구 등에서 총 1,753명이 참석한 대규모 국제회의였다. 기후변화협약에 관한 세계적인 전문가들은 모두 모였다고 할 수 있다. 우리나라도 외교통상부와 산자부, 환경부, 기상청 등의 정부 부처와 민간 전문가 등 32명으로 구성된 대표단이 참가했다.

회의는 기후변화대응 장기협력 행동방안에 대한 제1차 대화협의체회의, 교토의정서하의 부속서 I 국가들의 추가의무 공약에 관한 1차 특별작업그룹회의(AWG), 제24차 과학기술자문기구회의, 제24차 이행부속기구회의 등 총 4가지 회의로 구성됐다.

첫 번째 회의는 평온하게 진행됐다.

2005년 말 캐나다 몬트리올에서 열린 제11차 기후변화협약 당사국총회에서 채택된 결정문을 토대로 대기 중 온실가스 농도를 안정적으로 관리하기 위한 방안이 주로 논의됐다. 주제도 지속가능발전의 제고, 기후변화 적응, 기술 활용, 시장기회의 활용 등 평범한 것들이었다.

각국 대표들은 기후변화가 시급한 해결과제라는데 동의하고 CDM이나 탄소배출권 거래시장 등이 온실가스 감축에 효용이 크기 때문에 더욱 활성화하자는 논의를 했다. 기후변화에 대응한 기술개발이 절실하다는데도 공감하는 등 화기애애한 분위기 속에 진행됐다.

하지만 EU측이 산업화 이전보다 지구표면온도 상승을 2도 이내로 억제하는 방안을 논의하자고 제안한 것에 대해서는 선진국과 개도국간에 대립만 보이다 별 소득 없이 마무리됐다.

그리고 AWG 회의부터는 사뭇 분위기가 달라졌다.

온실가스 배출량을 2012년까지 평균 5.2% 감축하기로 합의한 교토의정서 1차 이행기간에 이어 2013년 이후 온실가스 감축을 어떤 식으로 이끌어갈지에 대한 논의가 본격적으로 시작된 것이다. 논의의 중심은 현재 의무감축대상국 즉, 선진국들에게 2013년 이후에도 의무를 부과할지의 여부였다.

하지만 이미 1차 이행기간 동안 온실가스 감축의무로 충분히 시달려온 선진국들은 몸을 사렸다. 그 결과 2006년 11월 개최될 제12차 당사국총회에서 대기 중 온실가스 안정화 시나리오, 선진국의 배출추이 및 감축 잠재량, 감축에 따른 비용과 편익 등을 구체적으로 다뤄보자는 정도의 합의가 이뤄졌다.

어차피 2차 이행기간에 대한 합의는 2007년 말까지만 이루면 되는 터였다. 추가로 6~7차례의 회의를 가질 기회가 있는 만큼 신중하게 출발하자는 공감대가 형성됐다.

하지만 러시아 대표가 개도국들의 지위를 부속서Ⅰ 국가로 바꾸고 자발적인 감축의무를 부과하자는 제안을 내면서 한국, 중국, 인도 등 감축의무가 부과되지 않은 개도국 대표들이 긴장하기 시작했다. 유럽의 일부 환경단체에서도 선발개도국들이 의무부담국 대열에 참여해야 한다고 주장하면서 한국과 싱가포르를 구체적으로 지목하기도 했다.

평온히 끝나길 기대했던 한국 대표단에게는 긴장의 순간이었다.

한국은 2005년 기준으로 온실가스 배출량 세계 10위 국가이다. 지구온난화를 초래하는 국가 서열 10등이라는 얘기다. 하지만 그 동안은 감축 대상국이 아니었다. 경제개발협력기구(OECD) 국가 중에는 멕시코와 우리나라만이 의무부담국가에서 벗어나 있다. 그렇기 때문에 2013년 이후에는 한국도 강제감축대상국이 될 가능성이 매우 높다는 우려 속에 회의에 참석했었다.

더구나 멕시코는 이전부터 자발적 감축목표를 수용할 수 있다는 뜻을 시사해 왔기 때문에 모든 시선은 한국으로 쏠릴 수밖에 없는 국면이었다.

한국 정부는 감축 대상국 지정을 최대한 늦추기 위해 기후변화협약 대응을 위한 중·장기 대화협력체제가 2013~2017년의 2차 의무공약 기간 의무부담 논의의 전제가 돼서는 안 된다는 점을 강조했다. 한국이 참여하고 있는 아·태 6개국 기후변화 파트너십이 본격 가동되면서 기술개발을 통한 온실가스 감축에 기여하고 있음도 부각시켰다.

온실가스 의무감축이라는 폭탄을 한국이 어떻게 소화하게 될지의 여부가 2007년까지 세계 CO2 시장 변화의 핵심 관전 포인트 중 하나가 되었다.

기후협약은 경제 전쟁

미국의 미래학자 앨빈 토플러가 시대 흐름을 규정짓는 다음 용어들을 만들었다. 제1의 물결 '농업혁명', 제2의 물결 '산업혁명', 제3의 물결 '정보화물결' 등이다. 21세기를 맞은 우리는 이제 제4의 물결을 추가해야 할 것 같다. '환경혁명'이 바로 그것이다.

1992년 6월 리우 유엔환경개발회의에서 지구온난화 문제를 해결하기 위한 목적으로 기후변화협약이 탄생한 데 이어 1997년 교토의정서가 채택되고 2005년 2월 16일 교토의정서가 공식 발효에 들어갔다.

2005년 1월 개장한 유럽기후거래소(EU ETS, EU Emissions

Trading Scheme)를 중심으로 '탄소경제', '탄소시장', '탄소펀드' 등의 신조어가 쏟아져 나오며 탄소는 환경 상품을 넘어 금융상품으로까지 새로운 경제개념을 만들어내고 있다.

1992년 6월 리우 유엔환경개발회의에서 지구온난화 완화를 목적으로 탄생한 기후변화협약이 1997년 교토의정서라는 실행서를 채택할 때만 해도 가장 큰 문제는 환경이었다. 이에 따라 각 나라별 CO_2 감축량을 강제 할당해놓고 이를 좀더 쉽게 달성하게 하기 위해 교토메커니즘이 만들어지면서 '탄소에 가격을 매기는' 획기적인 안이 도출되었다.

온실가스를 상품으로 거래할 수 있는 제도(교토메커니즘)는 환경을 축으로 한 세계 경제 질서의 재편을 예고하면서 새로운 경제전쟁으로 발전되었다.

교토메커니즘을 구성하고 있는 제도는 배출권 거래제(ET, Emission Trading)와 공동이행제도(JI, Joint Implementation), 청정개발체제(CDM, Clean Development Mechanism) 등 세 가지이다.

각 국가별로 감축량을 줄이지 못하면 벌금(패널티)을 내던지 배출권 거래소에서 배출권을 그만큼 사야한다(ET). 다른 나라에서 사업을 벌여 온실가스를 줄이면 그것도 실적에 포함된다(JI, CDM).

박종식 삼성지구환경연구소 소장은 "배출권을 사는 것이 유리한지 벌금을 내는 것이 유리한 지 국익 차원에서 따져봐야 할 문제"라며 "결국 환경 문제가 경제문제가 돼 버렸다"고 말했다.

이렇듯 교토의정서를 바라보는 세계 각국의 시선은 바로 '국익'

이다.

　제조업이 붕괴되고 서비스업이 발달돼 있는 EU는 내심 CO_2를 둘러싼 세계경제의 재편을 이용해 제2차 세계대전 이후 빼앗겼던 세계경제의 주도권을 다시 찾아오겠다는 야심을 갖고 있다. 이미 감축분 달성이 가능한 EU가 가장 관심을 갖고 노리고 있는 분야는 배출권 매매 시장과 관련된 제도이다.

　런던의 금융 네트워크 인프라를 이용해 중개와 거래 시장을 장악하려는 것이라는 분석이 전문가들의 의견이다. 세계 각국이 배출권을 살 수밖에 없는 상황이 되면 금융의 중심지는 시카고, 뉴욕에서 런던으로 옮겨질 수밖에 없기 때문이다.

　EU는 벌써 환경을 무기로 한 무역장벽을 만들어 놓고 있다. EU에 수출하는 자동차는 탄소 배출량을 규제하거나 반도체산업의 불화탄소(PFC)를 규제하는 것 등이 그것이다. 사라 헨드리 영국 환경노동부 국장은 이와 관련해 "개발도상국 입장에서는 무역장벽일지 모르겠지만 EU 입장에서는 시장의 새로운 제도(스탠더드)를 만드는 일"이라고 일축했다.

　일본도 교토메커니즘을 통해 무섭게 떠오르고 있는 중국으로부터 아시아 경제의 주도권을 지켜내겠다는 생각을 숨기지 않고 있다. 온실가스를 감축하는 새로운 신기술을 무기로 동남아 경제권을 장악하겠다는 전략이다.

　에너지 첨단기술과 탄소배출 거래 시장을 장악하는 나라가 향후 세계 경제주도권을 잡게 된다는 생각을 갖고 있는 것이다.

에너지 다소비국으로 전 세계 탄소 배출량 1위를 기록하고 있는 미국이 교토의정서에 반대하는 것은 당연하다. 대신 신기술을 개발해 자율적으로 온실가스를 줄이고 신기술 공유·이전을 한꺼번에 해결하자는 논리다.

온실가스 강제 감축은 거스를 수 없는 대세

앞으로 기후협약의 핵심은 두 가지로 요약된다.

2013년 이후에는 미국을 교토의정서 체제로 끌어 들이느냐, 그리고 새로운 규제에 강제성과 자율성의 비중을 어떻게 조정할 것이냐이다.

때마침 유럽이 주도하는 교토의정서를 거부하고 있는 미국을 중심으로 아시아 태평양 지역 6개국이 기술 개발을 중심으로 하는 파트너십을 내놨다. 이를 두고 UN을 포함한 교토의정서 비준국들은 일단 환영의 뜻을 보이고 있다.

첫 번째 과제이자 과장 중요한 숙제인 미국의 합류가 가시권에 들어왔다는 해석을 바탕에 둔 것이다.

유엔기후변화협약(UNFCCC)은 매일경제신문에 보내온 공식 입장을 통해 "아태지역 6개국 파트너십은 온실가스 위험 수준을 낮추기 위한 UNFCCC의 목적과도 일치한다"며 "기후 온난화에 공동 대처하겠다고 나선 점에 환영을 표한다"고 밝혔다.

사하 헨드리 영국 환경부 국장도 "파트너십은 세계 각국의 협력을 보여주는 역사적인 첫 발자국"이라고 말했다.

하지만 새로운 규제의 방향은 오히려 더욱 복잡해졌다. 그동안은 강제적인 감축을 규제하고 있는 현 방식을 유지하자는 유럽연합(EU) 진영의 목소리가 컸지만 미국과 5개국이 참여하면서 하나의 '진영'을 구축한 것이다.

바바라 헬페리히 EU 환경담당 집행위원은 "아시아 태평양 기후 신협약이 교토의정서를 대신하는 것이 아니라 이를 보완하는 것이라는 전제하에 환영한다. 하지만 청정기술은 중요하지만 온실가스 배출저감에 대한 구속적인 공약의 대체물은 될 수 없다"는 다소 비판적인 반응을 보였다.

헨드리 국장도 "아시아 태평양 기후 신협약이 교토메커니즘을 대체할 수는 없을 것"이라는 입장을 분명히 했다. 미국 등 6개국이 온실가스 감축노력에 동참하는 것은 환영하지만 방법론 면에서는 분명한 입

아태 파트너십 6개국 CO_2 배출 비율

*단위 = %
*6개국이 배출하는 CO_2양은 전체 47.9%
*자료 = 퓨센터 기후통계 2004년 12월

장차가 좁혀지지 않고 있는 것이다. 앞으로 새로운 규제체제를 정립하는 협상테이블이 뜨거워질 것을 예고하는 대목이다.

기후변화협약과 관련해 2005년 12월 캐나다 몬트리올에서 개최된 제11차 당사국총회까지 한 번도 빠짐없이 참가해 온 이명균 계명대학교 교수는 "미국이 주도하는 협약이 발표되면서 불확실성이 더욱 높아졌고 이에 따라 탄소(Carbon) 시장이 혼란스러워질 수 있다"면서 "앞으로 어떤 일이 벌어질지 정말 예단하기 힘들다"고 밝혔다.

노종환 에너지관리공단 기후대책실장은 "교토의정서는 2012년까지 한시적으로 발효된다는 원천적인 한계가 있다"며 "따라서 교토 메커니즘은 방향성을 잃고 단명할 것이라고 걱정하는 전문가들이 많다"고 전했다.

다만 2013년 이후에는 지금과 같은 무조건적인 강제규제보다 각 국가별 상황을 감안한 유연성이 더 가미될 것이라는 데는 이견이 적다. 미국, 중국, 한국 등과 EU국가들의 경제구조와 성장속도가 엄연히 다르기 때문에 이를 감안해 감축목표가 달라져야 한다는 미국 진영의 목소리가 어느 정도 반영된다는 것이다.

UNFCCC 리차드 킨리 사무차장은 "파트너십이 발표한 '비전 성명'은 UNFCCC와 교토의정서간에 분명한 고리를 만들었다"고 평가했다. 이번 파트너십이 지금 진행되고 있는 교토 메커니즘 중 미흡한 부분들을 보완하는 역할을 할 것이란 기대를 보인 것이다.

국가가 아닌 업종별로 온실가스 감축목표를 부과하는 방안도 부상하고 있다.

2005년 6월 초 경제협력개발기구(OECD) 지속가능발전 각료회의에서는 국가 전체적으로 감축량을 부과하지 말고, 발전, 정유, 철강 등 온실가스 과다배출 업종을 대상으로 배출감축 목표를 설정해 각 기업들이 솔선수범으로 온실가스 배출을 줄여야 한다는 방안이 논의됐다. 킨리 사무차장은 "2013년 이후 새로운 온실가스 감축규제는 다양한 의견이 반영된 새로운 형태가 될 것임에 틀림없다"며 "제일 중요한 것은 기업들에게 불확실성을 서둘러 없애줘야 한다는 것"이라고 지적했다.

결국 어떤 방향으로든 2013년 이후에도 온실가스 배출에 대한 규제는 이어질 수밖에 없다. 온실가스 감축을 위한 전 세계의 노력은 계속될 것이기 때문에 배출권거래, 청정개발체제(CDM), 각종 탄소 금융상품 등 탄소 관련 시장도 계속 확산될 전망이다.

데이비드 핀들래이 국제배출권협회(IETA) 상임고문은 "교토 메커니즘을 주축으로 계속되거나 미국 주도의 파트너십이 힘을 얻어 질적인 기술 개발 중심으로 진행되더라도 환경 문제에 대한 적극적인 대처는 기업들에게 이익이 될 것"이라고 강조했다.

황진택 삼성지구경제연구소 상무도 "2012년 이후 유럽의 교토 메커니즘과 미국의 파트너십이 제시하는 규제의 중간 수준에서 새로운 기후협약이 만들어질 것"이라며 "기업들도 대책 마련을 게을리하면 안 된다"고 조언했다.

I n t e r v i e w

"한국 전자·자동차 환경기술개발로 시장선점해야"

리차드 킨리
(Richard Kinley)
UNFCCC 사무차장

"정부 뿐 아니라 기업들의 참여도 활발해지고 있습니다. 이를 확산시키기 위해서라도 2013년 이후 새로운 온실가스 규제방안은 종전보다 더욱 장기적인 대책으로 만들어질 겁니다."

독일 본의 라인강변에 위치한 유엔기후변화협약(UNFCCC) 사무국. 세계 각국의 온실가스 감축활동을 총괄하는 본부이다.

2005년 7월 초 현지에서 매일경제과 단독 인터뷰를 가진 리차드 킨리(Richard Kinley) 사무차장은 1992년 기후변화협약이 체결되기 전인 1988년부터 캐나다 정부에서 환경보호 분야에 참여해온 최고의 전문가이다.

인터뷰 이틀 후엔 영국 글렌이글에서 G-8 정상회담이 열려 미국의 교토의정서 참여여부를 핵심의제로 다룰 예정이었다.

"그동안 온실가스 감축문제는 논의조차 힘들 정도로 관심을 받지 못했지만 이제는 세계적인 관심사가 됐습니다." 킨리 사무차장은 "기업들도 환경친화 경영이 주주들에게 많은 이익을 가져다주는 기회라는 점을 인지하고 있습니다"고 전했다.

그는 "지구의 기상급변으로 인한 자연재난은 금전적으로도 엄청난 손실을 가져옵니다. 온실가스 감축을 위한 활동은 결국 미래의 경제적 피해와 손실을 줄이는 경제적 투자"라고 강조했다.

물론 2005년 2월 교토의정서가 발효된 이후 각국의 활동이 본격화

됐기 때문에 아직은 초기단계라고 그는 평가한다.

"배출권거래소, CDM(청정개발체제) 등 탄소를 매개로 한 시장이 활발히 성장하고 있는 것 자체가 범세계적으로 기후환경 보호를 위한 참여가 확대되고 있다는 의미입니다."

그는 "초기부터 탄소배출권 거래가 활발한 것은 기업들이 경험을 쌓고 미래에 대비하기 위해 시장에 참여하고 있다는 의미"라고 평가했다. 하지만 온실가스 감축활동이 지나치게 시장 중심으로 전개되는데 대해 킨리 사무차장은 경계를 늦추지 않는다.

"가장 필요한 것은 기술의 발전입니다. 신재생에너지, 에너지효율 향상기술, 공산품의 에너지절감 기술 등 다양한 분야에서 적극적인 투자가 이뤄져야 합니다."

그는 "굳이 새로운 기술이나 에너지만 찾을 필요도 없습니다. 현존하는 기술과 에너지로도 효율을 높임으로써 온실가스 배출을 줄이고 부가가치를 얻는 방법이 아직 무궁무진합니다"라고 설명했다.

킨리 사무총장은 "기후변화협약에 기여하는 기술과 혁신은 미래를 위한 투자"라며 "이미 선진국이 선점했다는 소극적인 자세부터 버려야 합니다"라고 말했다.

1960, 70년대 연비향상과 매연저감기술에 적극 투자했던 자동차 회사들은 석유파동 때도 흔들림 없이 성장한 것이 대표적인 예라는 것이다.

그는 한국이 아직 교토의정서의 강제할당 부담을 받고 있지는 않지만 미래를 위한 투자를 서둘러야한다고 권고한다.

"국가의 탄소배출량에 대한 정확한 통계확보부터 필요합니다. 무엇이 문제인지를 알아야 대비책과 해결방안이 나옵니다."

온실가스 분야의 기술개발도 한국에게는 유망한 분야라는 게 킨리 사무총장의 진단이다.

그는 "한국은 전자와 자동차 분야에서 세계적인 수준에 올라있습니다. 특히 교통 분야는 앞으로 인구증가에 비례해 지속적으로 기술개발이 요구되고 있습니다"고 설명했다.

킨리 사무총장은 "온실가스 감축을 위한 기술개발은 시장 선점이 필수"라며 "한국은 의무감축 대상은 아니지만 미래의 수익원을 확보하기 위해서라도 적극적으로 참여할 필요가 있다"고 조언했다.

PART 2 기후변화협약

2005년 8월 말과 9월 중순 사이에 초특급 허리케인 2개가 연이어 미국 남부를 강타하자 지구온난화 논란이 다시 가열되었다.

당시 두 개의 허리케인으로 인해 미국이 입은 피해는 약 2,000억 달러. 우리나라 1년 수출치에 근접하는 수치로 우리나라 정부의 1년 예산과 비슷하며 삼성전자 시가총액의 2배에 육박하는 수치다. 따라서 두 번의 허리케인이 삼성전자 정도의 대기업 2개를 없앤 것과 비슷한 효과를 낸 것이다.

교토의정서에서 탈퇴한 조지 부시 미국 행정부의 정책을 비난하는 목소리도 부쩍 커졌다. 대형 허리케인이 발생한 이유가 부시 대통령이 지구온난화를 방치했기 때문이라는 이유에서이다.

'카트리나(8월 말)'와 '리타(9월 중순)'의 주요 이동경로인 멕시코만의 수온은 당시 예년온도보다 1도 이상 높은 섭씨 31~32도에 이르

2005년 여름 초특급 태풍 '카트리나'가 지나간 후 홍수가 나 물에 잠긴 뉴올리언스

렸던 것으로 알려졌다. 허리케인이 섭씨 26도 이상의 바다를 지나면서 수증기라는 에너지원을 공급받아 세력이 급속하게 강해진 것이다.

미국의 ABC방송은 "2005년 8월 현재 멕시코만 해수면 온도가 25년 만에 최고치를 보였으며 점점 더 올라가고 있다"고 전문가의 말을 인용해 보도했다.

허리케인 리타는 멕시코만의 난류인 '루프 해류'를 통과하면서 강풍의 속도가 시속 280km까지 강해졌다. 허리케인 카트리나 역시 루프 해류 상공을 통과하면서 단 9시간 만에 3등급에서 5등급의 초특급 허리케인으로 돌변했다.

잔 이글랜드 유엔 긴급구호조정관은 "기후가 바뀌고 있으며 2개의 허리케인이 연이어 미국을 강타해 모든 사람들에게 경종을 울렸다"고 말했다. 핵폭탄 수십 개의 위력을 보이는 '괴물' 허리케인이 지구온난화로 인해 발생했다는 주장이다.

존 로턴 영국 왕립환경공해위원회 위원장도 "카트리나와 리타는 지구온난화의 확실한 증거(Smoking Gun)"라고 말했다.

과학전문지 〈네이처〉와 〈사이언스〉도 미국을 덮친 카트리나와 리타는 분명 30~35년 전보다 훨씬 강한 허리케인이었다고 밝혔다. 독일의 일간지 〈쥐트 도이체 차이퉁〉은 당시 사설에서 "카트리나급 허리케인이 몇 개 더 미국을 덮쳐야 미국은 환경정책을 바꾸게 될 것"이라고 비꼬았다.

이러한 기후변화는 미국만의 현상이 아니다.

20세기 동안 지구 평균기온이 0.6도 상승한 가운데 1998년에는 인도에서 폭염으로 2,300여 명이 사망했고, 2003년에는 유럽 폭염으로 1만 5,000명이 목숨을 잃었다. 북극과 남극의 극지방 얼음두께는 최근 수십 년 동안 40%나 얇아졌으며 특히 북반구의 빙산은 1950년 이래 약 10~15% 정도 감소된 것으로 파악된다.

우리 바다높이도 올라간다

'기후협약에 관한 국가간 협의체(IPCC)'는 2001년 지난 100년간 지구 해수면의 높이가 10~25cm 정도 높아졌다는 내용의 보고서를 발표한 바 있다.

우리나라 해수면도 앞으로 100년 후에는 1m 이상 상승할 것이라고 환경정책평가연구원이 2003년 발표한 바 있듯이 지구온난화 문제는 우리나라에서도 이제 미룰 수 없는 현안으로 떠오르고 있다. 지난 100년 동안 평균기온 상승폭은 1.5도에 달해 전세계 평균기온 상승폭보다 크기 때문이다.

기후변화로 인한 영향은 해수면 상승처럼 일반인이 느끼기 힘든 현상도 있지만 여름 전염병의 봄철 발생률이 증가하고 왜가리와 백로, 황로 등 여름철새의 텃새화, 겨울이 한달 정도 짧아진 계절기간의 변화, 빨라진 봄꽃 개화 시기와 대나무 서식지의 북상 및 사과 등 과일의 주산지가 북상하는 현상 등은 누구라도 쉽게 몸소 느낄 수 있는 변화이다.

1990년대 겨울은 1920년대에 비해 약 30일 정도 짧아진 반면 여름과 봄은 20일 정도 길어져 개나리와 벚꽃 등 봄꽃의 개화시기가 빨라졌다. 또 제주도 고산의 이산화탄소(CO_2) 농도가 1991년 357.8ppm에서 2000년에는 373.6ppm으로 증가했다.

이렇듯 뚜렷하지는 않지만 몸소 느낄 수 있는 변화도 적지 않다. 우선 봄과 가을은 짧아지고 겨울과 여름이 길어지는 현상은 누구라도 쉽게 체감할 수 있다. 또한 중국 대륙으로부터 불어오는 황사는 이제 주기적인 골칫거리로 자리 잡았다.

지구온난화 현상은 지구를 둘러싼 대기층의 '온실효과'가 커졌기 때문에 발생한다. 지구 온도는 지구를 둘러싸고 있는 대기층에 의해 조절되는 데 온실가스가 많아지면서 대기는 태양으로부터 오는 강한 열을 받고 열을 빼앗기지 않도록 막아 지구 전체 온도가 높아지고 있는 것이다. 이는 비닐막이 비닐하우스 내부 온도를 올리는 현상처럼 지구 표면온도를 상승시킨다는 이유로 '온실효과(Greenhouse Effect)'라고도 한다.

온실가스의 종류

단위 = 천 kw

배 출 원	CO_2	CH_4	N_2O	HFCs,PFCs,SF_6
배 출 원	에너지사용 / 산업공정	폐기물 / 농업 / 축산	산업공정 / 비료사용	냉매 / 세척용
지구온난화 지수(CO_2=1)	1	21	310	1,300~23,900
온난화기여도 (%)	55	15	6	24
국내총배출량 (%)	88.5	4.6	2.8	4.2

온실가스는 대기를 구성하는 여러 기체들 가운데 온실효과를 일으키는 기체이다. 이산화탄소(CO_2)가 대표적이며 메탄(CH_4), 아산화질소(N_2O), 수소불화탄소(HFCs), 과불화탄소(PFCs)와 육불화황(SF_6) 등 모두 6가지가 있다. 이중 이산화탄소가 대부분을 차지하고 있어 보통 온실가스라고 하면 이산화탄소를 뜻한다.

이들 온실가스들이 지구온난화에 기여하는 정도는 IPCC가 제시한 지구온난화지수(Global Warming Potential, GWP)를 통해 알수 있다. 이산화탄소를 1로 봤을 때 메탄은 21, 아산화질소는 310, 프레온 가스는 1,300~2만 3,900이다.

우리가 숨을 내쉴 때마다 나오는 이산화탄소는 나무와 석유, 석탄 등 화석연료가 탈 때 탄소가 공기 중에 있는 산소와 결합해 생긴다. 지구온난화 지수는 낮지만 규제 가능한 가스(Controllable Gas)로서 전체 온실가스 배출량 중 약 80%를 차지하고 있기 때문에 가장 중요한 온실가스로 분류된다. 자연계에서 이산화탄소는 식물이 광합성작용을 할 때 사용되고 바다에 흡수되고 남은 양은 대기 중에 계속 쌓이게 된다. 산업혁명 이후 지난 100여 년간 화석연료 사용이 급속히 증가하며 이산화탄소 배출량도 크게 늘어났다.

메탄은 천연가스의 주성분이며 음식물 쓰레기가 부패할 때나 소나 닭 등 가축의 배설물에서도 발생한다. 메탄 발생량은 이산화탄소에 비해 아주 적은 양이지만 메탄 1분자가 일으키는 온실효과는 이산화탄소의 약 20배가 넘어 지구 전체 온실효과의 15~20%를 차지하는 것으로 알려졌다.

아산화질소는 석탄을 채광 할 때, 연료가 고온에 타면서 발생하며

알고 갑시다

온실효과(Greenhouse Effect)는 태양으로부터 지구에 들어오는 단파장의 태양 복사 에너지를 통과시키면서 지구로부터 방출되는 장파장의 복사에너지를 흡수함으로써 지표면을 보온하는 역할을 하는 현상을 말한다. 달의 표면이 태양이 비추는 쪽은 100도가 넘고 반대쪽은 영하 200도로 떨어지는 것은 대기가 없어 온실효과 현상이 나타나지 않기 때문이다.

태양에서 지구로 오는 빛 에너지중 약 34%는 구름이나 먼지 등에 의해 반사되고 지표면에는 약 44% 정도만 도달한다. 지구는 태양으로부터 받은 이 에너지를 파장이 긴 적외선으로 방출하는 데 이산화탄소 등의 온실가스가 적외선 파장의 일부를 흡수한다.

수소불화탄소는 불연성 무독성 가스라서 취급이 쉽고 화학적으로 안정돼 냉장고와 에어콘의 냉매로 사용된다.

과불화탄소는 탄소와 불소의 화합물로 전자제품과 도금 산업 등에 세정용으로 사용되며 우리나라에서는 전량 반도체 제조공정에 사용되고 있다.

육불화황은 전기제품이나 변압기 등의 절연체로 사용되는 기체다.

2002년을 기준으로 우리나라의 온실가스 배출양은 에너지 연소로 발생하는 온실가스가 국내 온실가스 배출량의 83.4%를 차지하고 산업공정에서 10.9%, 나머지는 농업과 축산(2.9%), 폐기물(2.8%)에서 나오는 것으로 조사됐다.

선진국은 1980년대부터 준비

1972년 로마클럽에서는 〈성장의 한계〉라는 보고서를 발표, 기하급수적으로 성장하는 산업에 비해 자원을 제공하는 자연 환경은 한계가 있으며 환경이 파괴되고 나면 경제 성장은 의미가 없다고 주장했다.

1980년대 들어 이상기후로 인한 자연재해가 세계 각지에서 발생하며 지구온난화에 대한 환경론자와 경제학자들 사이에 치열한 논쟁이 시작됐고, 1988년 미국 전역을 휩쓴 극심한 가뭄으로 미국 상원 공청회에서 지구온난화 문제가 처음으로 제기됐다.

지구온난화 문제가 지구에 대한 위협으로 인식되기 시작하면서 1988년 국제연합환경계획(UNEP)은 세계기상기구(WMO)와 공동으로 국제 과학자 그룹인 IPCC를 설립했다. 이어 1989년 UNEP 각료이사회에서 조약교섭, 1990년 세계기후회의 각료선언으로 이어졌다.

이어 UN 주관으로 1992년 브라질 리우데자네이루에서 열린 환경회의에서 '기후변화에 관한 국제연합기본협약(UNFCCC)'이 채택돼 1994년 3월 발효됐다.

UNFCCC에는 2005년 9월 현재 186개국이 가입해 있으며 우리나라는 1993년 12월 47번째로 가입했다.

UNFCCC는 차별화된 공동부담 원칙에 따라 가입 당사국을 부속서 I 국가와 부속서 II 국가, 비부속서 I 국가로 구분해 각기 다른 의무를 부담하기로 합의, 결정했다.

UNFCCC는 차별화된 공동부담 원칙에 따라 가입 당사국을 부속서 I (Annex I) 국가와 비부속서 I 국가로 구분해 각기 다른 의무를 부담하기로 결정했다.

부속서 I 국가는 협약체결 당시 OECD 24개국과 동구권 11개국을 포함해 35개국과 EU로 구성됐으나 제3차 당사국총회(COP3)에서 5개국(크로아티아, 슬로바키아, 슬로베니아, 리히텐스타인, 모나코)이 추가로 가입해 현재 38개국과 EU로 구성돼 있다.

부속서 II(Annex II) 국가는 부속서 I 국가에서 동구권 국가가 제외된 국가들로 OECD24개국과 EU들을 의미한다. 부속서 I 국가는

2000년 온실가스 배출량을 1990년 수준으로 안정화시키되 강제 사항은 아니며 부속서Ⅱ 국가는 개발도상국에 대한 재정과 기술 이전의 의무를 갖는다.

기후변화협약은 지구의 기후 시스템이 인위적인 활동에 의해 변화하지 않도록 온실가스의 농도를 안정화시키는 것을 궁극적인 목적으로 하고 있다.

협약 제3조는 기후변화의 예측·방지를 위한 예방적 조치의 시행, 모든 국가의 지속가능한 성장 보장 등을 기본원칙으로 하고 있다. 기후변화에 대한 과학적 확실성이 부족하다고 해서 지구온난화 방지조치를 연기하는 이유가 될 수 없음을 강조한 것이다.

여기서 선진국과 다른 국가들의 지구온난화 책임문제가 제기될 수 있다. 따라서 협약 제4조는 공동의 '차별화된' 책임과 능력에 입각한 의무부담을 부여했다. 선진국은 오랜 기간동안 산업을 발전시켜오면서 엄청난 양의 온실가스를 배출한 책임을 가지고 있기 때문에 선도적인 역할을 수행하도록 하고 개발도상국은 현재의 개발 상황에 대한 특수 사정을 배려하도록 한 것이다.

선진국과 개발도상국에 공통으로 적용되는 공통의무사항으로는 모든 온실가스 배출량 통계와 국가이행사항을 당사국총회에 제출해야 하고 기후변화방지에 기여하는 국가정책을 수립하고 시행해야 한다는 점이다.

차별화 원칙에 따라 협약 당사국 중에서 부속서Ⅰ, 부속서Ⅱ, 비부속서 국가로 구분해 각기 다른 의무를 부담토록 규정하고 있다.

부속서Ⅰ 국가는 온실가스 배출량을 1990년 수준으로 감축하기 위해 노력해야 하고, 부속서Ⅱ 국가는 감축 노력과 함께 온실가스감축을 위해 개발도상국에 대한 재정지원과 기술 이전의 의무를 가지도록 했다.

교토의정서, 온실가스 경제성 인정

기후변화협약은 전 세계 국가들이 기후변화 방지를 위해 노력하겠다는 것을 선언한 약속이라면 교토의정서는 기후변화협약을 이행하기 위해 누가, 얼마나, 어떻게 줄이는가에 대한 문제를 결정한 합의라고 볼 수 있다.

교토의정서는 1997년 12월 일본 교토에서 개최된 기후변화협약 제3차 당사국총회에서 선진국에게 구속력 있는 온실가스 감축 목표를 부여한 구체적인 강제 의무 지침으로서 탄생했다. 쉽게 말하면 기후변화협약은 교토의정서의 기본이 되는 '법'의 역할을 하는 것이고 교토의정서는 협약을 시행하기 위한 세부 규칙을 규정한 '시행령'에 해당한다고 할 수 있다.

교토의정서는 부속서Ⅰ 국가 중에서 터키와 벨라루스(협약 미비준국)를 제외한 국가와 협약에 의거해 통고한 당사국 등 38개국과 EU의 차별화된 감축 목표와 온실가스 대상물질 등을 명시했다. 또한 온실가스 감축을 위한 경제적이고 유연성 있는 수단을 인정하고 있다. 이로 인해 교토의정서는 무역규제 조치를 포함하고 있는 대표적인 다자간 환경 협약이라는 평가를 받고 있다.

교토의정서는 1998년 3월 16일부터 1999년 3월 15일까지 1년간 뉴욕의 유엔본부에서 서명을 받아 채택, 각 협약 당사국들이 의정서가 발효될 수 있도록 비준을 위해 노력했다.

그러나 2001년 3월 온실가스 최대 배출국인 미국이 교토의정서가 발효되면 자국의 경제에 심각한 피해를 줄 수 있다는 이유를 내세워 반대 입장을 표명했다. 미국은 당시 중국과 인도 등 대규모 온실가스 배출 국가들이 의무감축대상에서 제외돼 있다는 이유도 내세웠다.

미국의 탈퇴로 인해 교토의정서는 심각한 타격을 입었지만 EU와 일본이 중심이 돼 협상을 지속했고, 2004년 11월 러시아가 비준서를 제출하면서 조건을 충족시켜 2005년 2월 16일 발효됐다.

우리나라는 비부속서 I 국가이므로 1차 이행기간 동안 공통의무만을 이행하면 된다. 또 2018년부터 2022년까지 3차 공약기간에 자율적으로 참여한다는 공식 입장을 밝힌 바 있지만 경제개발기구(OECD) 가입국으로서 개도국 지위를 주장하기 어려워 제2차 이행기간(2013~2017년)에 본격적으로 온실가스 감축 부담을 갖게 될 가능성을 배제할 수 없다.

교토의정서 발효요건

교토의정서가 발효되기 위해서는 최소 55개국 이상 협약 당사국들이 비준서를 기탁해야 한다. 그리고 비준서를 기탁한 부속서Ⅰ 국가들은 1990년 기준 온실가스 배출량의 합이 전체 부속서Ⅰ 국가들의 1990년 기준 온실가스 배출량의 55%를 넘어야 한다. 국가수와 배출량, 이 두 가지 조건이 충족되면 그로부터 90일이 경과한 후 발효하게 된다.

 협약 vs 의정서

협약(Convention)은 일반적인 원칙을 의정서(protocol)를 통해 구체적인 지침을 수립한다. 의정서는 법률에 대한 시행령의 관계와 마찬가지로 협약을 구체적으로 이행하기 위한 내용을 담은 문서다.

기후변화협약은 모든 당사국이 부담하는 공통 의무사항과 부속서Ⅰ 국가만이 부담하는 특정 의무사항으로 구분해 회원국에 부담한다.

공통 의무사항으로는 온실가스 배출량 감축을 위해 국가 전략을 자체적으로 수립해 시행하고 이를 공개해야 한다. 동시에 온실가스 배출량과 흡수량에 대한 국가 통계와 정책 이행에 대한 국가보고서를 작성해 당사자 총회에 제출하도록 규정하고 있다.

특정 의무사항으로는 협약의 차별화 원칙에 따라 협약 당사국을 부속서Ⅰ, 부속서Ⅱ로 구분해 각기 다른 의무를 부담하도록 규정했다.

부속서Ⅰ 국가의 경우 강제적이지는 않지만 2000년 온실가스 배출량을 1990년 수준으로 안정화하도록 노력해야 하며 부속서Ⅱ 국가는 개발도상국에 대한 재정과 기술이전의 의무를 가지도록 했다.

또 서명(Signature)은 협약이나 의정서의 채택사항을 단순히 확인하는 절차이고 비준(Ratification)은 서명과 달리 협약이나 의정서의 법적 의무를 수행하겠다는 선언을 의미한다.

1990년을 기준으로 부속서Ⅰ 국가 중 주요국 배출비중을 보면 미국이 36.1%로 가장 많고 EU가 24.2%, 러시아 17.4%, 일본 8.5%, 캐나다 3.3%, 호주 2.1% 등이다.

비준국 수의 조건은 만족됐지만 최대 배출비중을 차지하고 있는 미국이 2001년 3월 교토의정서 비준을 거부함으로써 의정서 발효 여부가 불투명해졌었다. 그러나 2004년 11월 러시아가 비준함으로써 교토의정서가 극적으로 발효되게 된 것이다.

2005년 9월 기준으로 의회 비준을 마친 국가는 총 155개국이고 이 중 의무부담을 가진 부속서Ⅰ 국가들의 이산화탄소 배출 총량은 1990년 기준 전체 부속서Ⅰ 국가들이 배출한 양의 61.6%에 해당한다.

선진 38개국(부속서Ⅰ 국가 중 터키와 벨라루스 제외)은 제1차 이행기간(2008~2012년) 동안 1990년 이산화탄소 배출량과 비교해 전체 평균 5%를 감축하되 각국의 경제적 여건에 따라 −8~10%까지 차별화된 감축량을 할당받았다.

온실가스 감축의무를 지는 국가가 감축의무를 이행할 수 있는 방법으로는 독일의 환경세처럼 각종 규제나 세금 등을 부과하거나 기업이나 가계, 그리고 교통수단 등에서 규제나 보조금제도를 통해 온실가스를 적게 발생하는 연료로 연료를 전환, 또는 풍력이나 태양력 등 대체에너지 이용, 각종 설비의 효율향상을 유도하는 방법 등이 있다. 이 방법들이 안 될 경우에는 교토메커니즘을 도입하는 수밖에 없다.

탄소의 국제거래시스템 구성

교토의정서는 온실가스를 효과적이고 경제적으로 줄이기 위해 3가지 체제를 도입했다.

공동이행제도(JI, Joint Implementation)와 청정개발체제(CDM, Clean Development Mechanism), 그리고 배출권거래(ET, Emission Trading) 등이며, 이를 교토메커니즘(Kyoto Mechanism)이라고 한다.

선진국들이 온실가스 감축의무를 자국 내에서만 모두 이행하기에는 한계가 있다는 점을 인정한 것으로 해석될 수 있다. 이로 인해 배출권을 거래하거나 공동 사업을 실시해 감축분의 이전 등을 가능하게 함으로써 유연한 체제를 도입한 것이다.

공동이행제도(JI)는 교토의정서 6조에 근거해 부속서 I 국가들 사이에 온실가스 감축 사업을 공동으로 수행하는 것을 인정하는 것으로 한 국가가 다른 국가에 투자해 감축된 온실가스 감축량의 일부분을 투자국의 감축 실적으로 인정하는 체제다. 다시 말해서 선진국 간 온실가스 거래 제도를 규정해 놓은 제도로 보면 된다.

EU는 동유럽국가와 공동이행을 추진하기 위해 활발히 움직이고 있다. 현재 비부속서 I 국가인 우리나라는 활용할 수 있는 제도가 아니지만 선진국의 의무 부담 압력이 가중되는 현실을 감안할 때 공동이행제도의 논의 동향을 주의 깊게 볼 필요가 있다.

청정개발체제(CDM)는 교토의정서 12조에 근거해 선진국(부속서Ⅰ국가)이 개발도상국(비부속서Ⅰ국가)에서 온실가스 감축사업을 수행해 달성한 실적의 일부를 선진국(부속서Ⅰ국가)의 감축량으로 허용하는 것을 뜻한다. 다시 말해서 선진국들이 자국의 온실가스 절감 기술을 개도국이나 후진국에 이전하고 그로 인해 줄어드는 온실가스 양만큼을 선진국이 줄인 양(Credit)으로 인정받을 수 있도록 한 제도다.

선진국은 CDM을 통해 온실가스 감축량을 인정받을 수 있고 개발도상국은 선진국으로부터 기술과 재정지원을 얻을 수 있다. 선진국의 기술을 개도국에 이전함으로써 선진국과 개도국의 기술 격차를 줄이고 선진국과 개도국이 모두 효율적으로 온실가스를 감축하자는 의도에서 만들어졌다.

2001년 7차 당사국총회에서 CDM집행위원회(Executive Board)가 구성된 이래 세부적인 사업 추진절차가 마련됐다.

CDM은 공동이행제도와 달리 1차 의무기간(2008~2012년) 이전의 조기감축활동을 인정해 2000년에서 2007년까지 얻은 감축량(CERs, Certified Emission Reductions)을 소급해 인정하도록 함으로써 현재 비준국들의 관심을 가장 많이 받고 있는 체제다.

CDM 사업을 진행하는 경우 여러 단계의 절차를 거치게 되기 때문에 UNFCCC는 소규모 사업에 대해서는 승인 절차를 간소화해 사업이 활성화되도록 하고 있다.

소규모 CDM 사업 종류에는 최대발전용량이 15MW(또는 상당량)까지의 신재생에너지 사업, 에너지 공급과 수요 측면에서는 에너지

소비량을 최대 연간 15GWh(또는 상당량)를 저감하는 에너지 절약사업, 인위적인 배출 감축 사업으로는 이산화탄소로 1만 5,000톤 미만의 사업이 있다.

CDM의 경우 우리나라도 적극적으로 참여할 수 있는 메커니즘이다.

국내에서는 울산에서 최초로 HFG를 소각해 온실가스를 감축하는 사업이 추진돼 등록 절차를 밟고 있으며 이 외에도 풍력발전과 매립지가스 자원화 사업 등의 신재생에너지 부문, 철강과 석유화학, 시멘트 등 에너지다소비 부문의 에너지 효율 향상 사업들이 추진 가능한 사업으로 논의되고 있다.

특히 에너지 효율에서 세계적인 기술력을 인정받고 있는 한국전력의 경우 선진국에 진출한 법인을 통해 개도국에 기술개발을 장려함으로써 배출권을 확보하는 방안을 적극 고려 중인 것으로 알려졌다.

배출권거래(ET)는 교토의정서 17조에 근거해 온실가스 감축의무 보유국가(Annex B : 부속서 I 국가 중 동구권 국가)가 의무 감축량을 초과해 달성할 경우 초과분을 부속서 상의 다른 국가(Annex B)와 거래할 수 있고 반대로 의무 달성을 실천하지 못하는 경우에는 부속서 상의 다른 국가로부터 구입할 수 있도록 허용한 것이다. 온실가스 감축량도 시장의 상품처럼 서로 사고 팔 수 있도록 허용한 것이다.

이 제도가 시행되면 각국은 배출량을 최대한 줄여 배출권 판매수익을 올릴 수 있다. 또 배출량을 줄이는 데 비용이 많이 드는 국가는 상대적으로 저렴한 배출권을 구입해 감축비용을 줄일 수 있기 때문에 전체적으로 감축 비용을 최소화하는 효과를 낼 수 있을 것으로 기대된다.

우리나라는 아직 기후변화협약 상에서 온실가스 감축의무를 부과받지 않고 있지만 이미 자동차와 반도체 등 일부 산업분야에서는 선진국 수준의 온실가스 감축압력에 직면하고 있다.

이에 우리나라도 온실가스를 비용적인 측면에서 효과적으로 감축하기 위해 정책적인 노력이 필요하며 적절한 국내 배출권거래제도 도입 방안도 제기되고 있다.

국내에서 배출권거래를 추진할 경우 국내 감축사업을 효율적으로 추진하고 국제 온실가스 배출권 시장에 대한 적응능력을 높일 수 있는 효과를 거둘 수 있을 것으로 기대된다. 국내 활용 방안은 적용분야에 따라 에너지 공급과 유통단계까지 포함해 관리하는 방안과 최종 소비단계에만 적용해 온실가스 배출을 직접 관리하는 방안 등 두 가지를 생각할 수 있다.

온실가스 저승사자, 당사국 총회

기후변화협약에 가입한 국가를 당사국(Party)이라 하며 이들 국가들은 매년 한 번씩 모여 협약의 이행방법 등 주요 사안들에 대해 결정하는 자리로 당사국총회(COP, Conference of the Parties)를 개회하고 있다. 당사국총회는 협약에 대한 최고 의사결정기구라고 할 수 있다.

제1차 당사국 총회(1995년 3월 독일 베를린): 2000년 이후 온실가스 감축을 위한 협상그룹(Ad hoc Group on Berlin Mandate)을 설치하고 논의결과를 제3차 당사국 총회에 보고하도록 하는 베를린 위임(Berlin Mandate) 사항을 결정했다.

제2차 당사국 총회(1996년 7월 스위스 제네바): 미국과 EU는 감축목표에 대해 법적 구속력을 부여하기로 합의했다. 또 기후변화에 관한 정부간협의체(IPCC)의 2차 평가보고서 중 "인간의 활동이 지구 기후에 명백한 영향을 미치고 있다"는 주장을 과학적 사실로 공식 인정했다. 이로 인해 환경론자들의 주장은 더 이상 주장이 아니라 사실로 받아들여 논쟁의 종지부를 찍게 된다.

제3차 당사국 총회(1997년 12월 일본 교토): 부속서 Ⅰ 국가들의 온실가스 배출량 감축의무화, 공동이행제도(JE), 청정개발체제(CDM), 배출권 거래제(ET) 등 시장원리에 입각한 새로운 온실가스 감축 수단 도입 등을 주요내용으로 하는 '교토의정서(Kyoto Protocol)'를 채택했다.

제4차 당사국 총회(1998년 11월 아르헨티나 부에노스아이레스): 교토의정서의 세부이행절차 마련을 위한 행동계획을 수립했으며 아르헨티나와 카자흐스탄은 비부속서 Ⅰ 국가로서는 처음으로 온실가스 감축 의무부담 의사를 표명했다.

제5차 당사국 총회(1999년 11월 독일 본): 아르헨티나가 자국의 자발적인 감축목표를 발표함에 따라 개발도상국의 온실가스 감축의무부담

문제가 부각됐다. 아르헨티나는 자국의 온실가스 감축의무 부담 방안으로 경제성장에 연동된 온실가스 배출목표를 제시했다.

제6차 당사국총회(2000년 11월 네덜란드 헤이그): 2002년 교토의정서를 발효하기 위해 교토의정서의 상세 운영규정을 확정할 예정이었지만 미국과 일본, 호주 등 우산그룹(Umbrella Group, EU를 제외한 선진국들의 모임으로 흡수원의 확대를 인정하고 교토의정서의 적용확대 등을 주장)과 EU 간의 입장차이로 협상은 결렬됐다.

제6차 당사국총회 속개회의(2001년 7월 독일 본): 교토의성서, 흡수원 등에서 EU와 개발도상국의 양보로 캐나다와 일본이 참여하면서 협상이 극적으로 타결, 미국을 배제한 교토의정서 체제에 대한 합의를 이루어냈다.

제7차 당사국 총회(2001년 11월 모로코 마라케쉬): 지난 제6차 당사국총회 속개회의에서 해결되지 않았던 교토의정서, 의무준수체제, 흡수원 등에 있어 정책적 현안에 대한 최종합의가 도출됨으로써 청정개발체제 등 교토의정서 관련 사업을 추진하기 위한 기반을 마련했다.

제8차 당사국 총회(2002년 10월 인도 뉴델리): 통계작성과 보고, 메커니즘, 기후변화협약, 교토의정서의 향후 방향 등을 논의하고 당사국들에게 기후변화에의 적응(Adaptation), 지속 가능발전 및 온실가스 감축 노력 촉구 등을 담은 뉴델리 각료선언(The Delhi Ministerial Declaration)을 채택했다.

제9차 당사국 총회(2003년 12월 이탈리아 밀라노): 기술이전 등 기후변화협약의 이행과 조림, 재조림의 CDM 포함을 위한 정의와 방식 문제 등 교토의정서의 발효를 전제로 한 이행체제 보안에 대한 논의가 진행됐다. 또 기술이전전문가그룹회의의 활동과 개도국의 적응 및 기술이전 등에 지원될 기후변화특별기금(Special Climate Change Fund)과 최빈국(LDC, Least Developed Countries) 기금의 운용 방안이 타결됐다.

제10차 당사국 총회(2004년 12월 아르헨티나 부에노스아이레스): 과학기술자문부속기구(SBSTA)가 기후변화의 영향, 취약성 평가, 적응 수단 등에 관한 5년 활동계획을 수립했으며 1차 공약기간(2008~2012) 이후의 의무부담에 대한 비공식적 논의가 시작됐다.

주요 국가들의 대응방안

온실가스로 인한 경제 부담이 현실화하면서 세계 각국들은 에너지 사용량을 줄이기 위한 에너지 절약과 이용 효율 향상에 전력을 기울이고 있는 모습이다.

더욱이 유가가 배럴당 70달러대를 넘나들면서 석유를 대체할 수 있는 대체에너지 개발이 더 이상 선택의 여지가 없는 시대가 시작됐다.

이에 대부분의 선진국들도 기후변화 방지를 위해 에너지 절약사업과 효율향상 위주로 정책의 틀을 짜고 있으며 신재생에너지(풍력·태양에너지 등), 저탄소연료 사용확대 등에도 관심을 갖고 적극적으로 추진하고 있다.

EU는 공동대응을 원칙으로 하고 유럽회의 차원에서 공동정책을 구상하고 있다. 기후변화문제를 1980년대부터 '주요지구 환경 문제'로 분류해 유럽이 주도권을 행사해야 한다는 입장이다.

선진국은 5.2%의 온실가스 삭감을 결정했지만 대기중 온실가스를 안정화시키기 위해서는 50~70% 수준의 삭감이 필요하다고 주장하고 있다. '유럽의 에너지 2020' 정책을 수립해 6% 이산화탄소 감축계획을 수립했다.

유럽 자동차제조자협회(ACEA)는 2008년까지 신규 자동차 이산화탄소 배출량을 1990년과 비교해 25% 감축(140g/km)하고 2012년까지는 신규 자동차 이산화탄소 배출량을 120g/km 이하로 줄이기로 합의한 상태다.

프랑스는 총리실 산하에 '온실가스 대응 범정부 위원회'를 설치해 2000년 1월에 '기후변화 대응 국가프로그램'을 발표했으며 제조업체들이 새로운 시장환경에 적응하도록 하기 위해 탄소세를 도입하고 최대 탄소세액을 500프랑(약 7만 6,000원)/TC로 결정했다.

영국은 2000년 3월 기후변화 프로그램(UK Climate Change Program)을 발표해 2010년까지 CO_2 배출 20% 감축을 목표로 했다.

독일은 1990년 6월 연방정부에 의해 설립된 범정부 CO_2 감축 실무반(IWG: CO_2 Reduction Inter-Ministerial Working Group) 주관으로 기후변화관련 정책을 마련했다. 에너지 부문은 전력소비 감소와 석탄소비감소, 신재생에너지 이용촉진방안과 천연가스 시장의 활성화를 통해 온실가스 감축을 추진하고 있다.

일본은 내각에 '지구온난화 대책 추진본부'를 설립하고 1998년에는 지구온난화방지대책법을 제정했다. 일본의 감축 목표는 2008~2012년에 1990년 대비 6%로 청정 연료와 신재생에너지 사용량을 증가시키고 원자력 발전소를 추가 건설함으로써 이산화탄소 배출 안정화를 꾀하고 있다.

한국의 양다리 걸치기

한국 정부는 기후협약을 실천해 가는 가운데 가능한 많은 국가들과 파트너십을 결성하고 협력에 적극 참여한다는 전략이다. 따라서 교토체제와 '아시아 태평양 6개국 파트너십'에 가입한 것이 일부에서 지적하는 것처럼 한국 정부의 입지를 줄인다는 지적은 잘못된 것이라고 정부 관계자들은 강조한다.

신부남 환경부 국제협력관은 "아시아 태평양 6개국 파트너십 참여는 효율적인 기술 개발을 진행하고 이에 따라 온실가스 감축 성과도 이뤄 앞으로 기후 변화 협상에 유연하게 대처하기 위한 것"이라고 말했다.

국제 사회에서 한국의 힘으로만 우리가 원하는 대로 협상을 이끌어 가기 힘들기 때문에 여러 국가들과 힘을 합치는데 거절할 이유가 없다는 설명이다.

이 같은 전략 아래 한국은 호주와 캐나다 등과 양자협력을 추진하고 있으며 멕시코, 스위스, 리히텐슈타인, 모나코 등과 이미 환경협력 그룹(EIG, Environmental Integration Group)를 결성했다. 또 이미 기술력을 확보하고 있는 유럽 선진국과 기술협력을 추진하는 한편 개도국이지만 국제 사회에서 상당한 발언권을 갖고 있는 중국, 인도 등과도 정례 협의를 갖고 있다.

신 협력관은 "2013년 이후 기후변화 체제는 온실가스의 양적 규제라는 일방통행에서 벗어나 '멀티 트랙 접근' 방식으로 진행될 전망"

 **UNFCCC 관련 국제기구**

세계기상기구(WMO, World Meteorological Organization)와 국제연합환경계획(UNEP, United Nations Environment Program)은 1988년 기후변화에 관한 정부간 협의체(IPCC, Intergovernmental Panel on Climate Change)를 설립했다.

IPCC는 최초의 평가보고서를 근거로 세계기후회의에서 제안됐다. UN총회는 공식적으로 기후변화에 관한 기본협약(FCCC, Framework Convention on Climate Change) 협상에 착수하고 협상을 이행하기 위해 INC(Intergovernmental Negotiating Committee)를 설립했다.

INC는 1991년 2월 첫 모임을 갖고 1992년 5월 9일 리우회의에서 유엔기후변화협약(UNFCCC, United Nations Framework Convention Climate Change) 설립을 결정했다.

유엔기후변화협약은 최고 의사결정기구로 당사국 총회를 두고 있으며 협약의 이행과 논의는 당사국의 합의로 의사가 결정된다.

또 당사국 총회의 올바른 의사결정을 돕기 위한 부속기구로 과학기술자문부속기구(SBSTA, Subsidiary Body for Scientific and Technological Advice)와 이행부속기구(SBI, Subsidiary Body for Implementation)를 두고 있다.

당사국 총회에서는 정치적 타결을 위한 과정이 진행되며 실질적인 협상은 대부분 부속기구 회의에서 진행된다.

이라면서 "기술협약과 철강, 시멘트, 자동차, 전력 등 산업별 규제를 복합한 온실가스 감축 노력으로 이뤄지고 있다"고 말했다.

한편 기후협약이 새로운 경제 체제로 굳어지고 있음에 따라 산업계 위기감도 높아지고 있다.

매년 개최되는 제11차 당사국 총회에는 대한상공회의소와 GS칼텍스정유, 한국가스공사, SK, POSCO 등 20여 명의 산업계 대표가 참여해 기후협약에 대한 관심을 반영했다. 반면 금융계 대표단이 제외돼 아쉬움을 남겼다.

제11차 당사국 총회에서는 처음으로 보험세션이 개최되는 등 온실가스가 경제에 미치는 범위가 넓어지고 일본과 영국 등 온실가스 선진국들의 관심이 높아지고 있는 가운데 한국만 뒤쳐지고 있다는 점이 아쉽다고 한국측 참석자들은 지적했다.

더크 포리스트 넷소스 자산운용 책임자도 한국 금융인이 한 명도 참석하지 않았다는 사실에 놀라움을 금치 못하면서 "금융계가 교토의정서 체제에서 새로운 '블루오션'으로 등장하고 있다"고 말했다.

산업별로 이해 엇갈려

기후변화협약에 가입했지만 온실가스 감축목표를 부여받지 않은 경제개발기구(OECD) 국가는 우리나라와 멕시코 등 2개국뿐이다. 교토의정서가 만들어질 1997년 당시 우리나라는 외환위기에 봉착해 국가 위기 상황이었기 때문에 예외를 인정받은 것이다.

그러나 우리나라의 연간 이산화탄소 배출량은 2001년 기준으로 세계 9위다. 또 석유소비는 2003년 기준으로 세계 7위를 차지하고 있어 온실가스 감축 노력에 빠질 수 있는 위치가 아니다.

우리나라의 온실가스 배출량은 그 증가율이 둔화되고 있기는 하지만 1990년부터 2002년 사이에 연간 온실가스 총배출량 증가율은 평균 5.1%에 달한다. 2002년 우리나라의 1인당 에너지 소비량은 4.4TOE(Tons of Oil Equivalent, 석유환산톤)이며 1인당 온실가스 배출량은 2.67TC(Tons of Carbons, 탄소톤)를 나타내고 있다.

이러한 상황에서 선진국처럼 온실가스 감축 목표를 받게 되면 에너지 사용규제는 필연적이다.

산업자원부와 에너지관리공단은 지난 1995년과 비교해 배출량을 5% 감축할 경우 실질 국내총생산(GDP) 성장률은 오는 2015년 0.78% 포인트 감소할 것으로 예상하고 있다. 금액으로는 11조 3,000억 원에 달한다.

전국경제인연합회도 에너지 가격이 더욱 상승하고 특히 발전용 연료단가가 인상되면 산업용 전력단가가 인상돼 모든 산업계의 경쟁력 악화가 불가피하다고 보고 있다. 특히 큰 타격을 입을 산업 분야로는 철강과 시멘트, 석유화학, 정유, 제지 등 에너지 다소비업종과 발전, 항공 등은 어려움이 예상된다. 자동차업계도 장기적으로 수출에 막대한 차질을 빚을 가능성이 높다.

결국 선진국의 안정적인 경제 산업구조와는 달리 아직까지 성장 단계에 있는 우리나라는 의무부담을 결정하기에 불확실성이 크다. 이행 가능한 감축량을 파악하거나 이를 이행하기 위한 체계가 아직까지 확충되지 않고 산업계 등 이해당사자의 동의와 합의를 구하기 쉽지 않다는 부담을 갖고 있다.

또 선진국의 경우 1992년부터 기후협약에 대한 준비를 시작하고 1997년 교토의정서 체제가 알려지며 11년 동안 준비를 거친 반면 우리나라는 2007~2008년 사이에 협상안이 결정되면 5~7년간의 준비기간을 가질 수밖에 없기 때문에 그만큼 불리한 상황에서 경쟁을 하지 않을 수 없게 된다.

PART 3

CO_2는 돈이다

탄소가 비즈니스가 되는 5가지 이유

영국은 2005말 캐나다 몬트리올에서 열린 제11차 당사국 총회 당시 부대 행사로 '기후변화에서 사업만들기: 영국 사례(Making business sense of climate change: UK story)'를 발표했다.

1. 기후변화는 거스를 수 없는 대세
2. 저(低)탄소 경제 체제로의 변화 이미 시작
3. 기존 경제에 큰 타격 없다
4. 탄소 저감 방법의 비즈니스 본격화
5. 장기간에 걸친 정부 정책의 뒷받침

교토체제에 의한 배출권거래 등에서 한발 앞서 나가고 있는 영국이 '탄소가 비즈니스가 되는 이유'를 구체적으로 규정한 것이다.

마가렛 베켓(Margaret Beckett) 영국 환경장관은 "기후변화가 일어나고 있으며 이제는 더

영국 베켓 장관

이상 미룰 수 없는 긴급한 상황으로 발전했다"는 점을 탄소가 비즈니스가 될 수밖에 없는 가장 큰 이유라고 지적했다.

베켓 장관은 "지구온난화에 대한 설명은 더 이상 필요하지 않다"면서 "당사국 총회 기업인 중 4분의 3은 이미 온실가스 배출과 관련해 대책을 마련했다"고 말했다.

또 저탄소 경제로의 변화를 추구하는 기후협약은 거대한 비즈니스 기회를 제공하고 있다고 베켓 장관은 설명했다. 탄소를 저감시키는 기술 개발을 위한 투자가 이뤄지고 있으며 탄소 거래를 위한 거래소와 거래제도, 청정개발체제(CDM)를 실시하기 위한 투자와 금융이 발생하는 것이 단적인 예다.

베켓 장관은 이어 "청정에너지 시장은 매년 20~25% 성장을 보이며 2020년에는 1조 9,000억 달러의 시장으로 성장할 가능성이 높다"고 말했다. 에너지 시장과 관련해 우선 2010년까지 350억 달러의 투자가 이뤄질 것이라고도 전망했다.

베켓 장관은 또 "기존의 경제 전망을 훼손시키지 않으면서 기후 변화에 대처할 수 있다는 점도 비즈니스 기회 창출에 큰 역할을 한다"고 말했다.

기후변화에 관한 정부간 협의체(IPCC)와 유럽위원회(European Commission)는 이미 경제 성장률을 거의 손상시키지 않으면서 온실가스를 크게 감소시킬 수 있다는 공감대를 형성하고 있다고 밝힌 바 있다. 온실가스를 감소시키기 위한 다양한 방법이 존재하고 있다는 점도 비즈니스 기회를 만들어내고 있다.

　　탄소를 줄일 수 있는 다양한 기술뿐만 아니라 상업적으로도 사고 팔 수 있는 많은 대안이 구상, 마련되고 있기 때문이다.

　　마지막으로 기후 정책은 정부가 탄소를 많이 배출하는 기업에게는 세금을 많이 부과하고 이를 일관되게 장기간에 걸쳐 법에 근거한 방식으로 진행돼야 한다는 점이다.

○ 기후변화협약 조직 및 관련기관

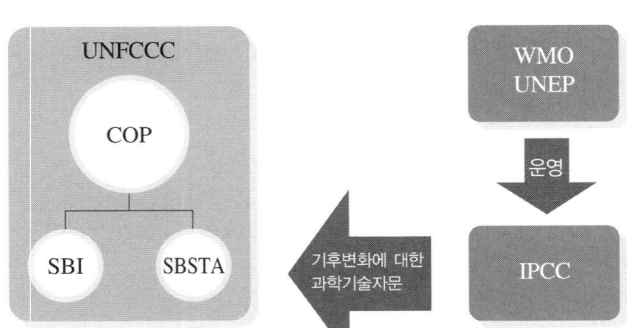

탄소경제 태동

2005년 7월 초, 프랑스 유력 금융기관인 깨스 데빠뉴(Caisse D'epargne) 은행 8층.

파리를 가로지르는 세느강이 내려다보이는 작은 방에 '유러피안 카본 펀드(ECF)'란 푯말이 붙어있다. 민간자본으로 형성된 최초의 탄소투자펀드를 움직이는 헤드쿼터이다. 컴퓨터 몇 대와 서너 명의 직원이 전부이지만 이곳에서 굴리는 돈이 자그마치 1억 500만 유로(1,260억 원)에 달한다.

말 그대로 투자펀드이지만 투자대상은 주식, 채권, 부동산 등의 일반적인 자산이 아니다. 펀드이름처럼 '탄소'에 투자해 이익을 거두기 위해 만들어졌다. 전혀 자산으로 인정받을 것 같지 않은 탄소에 투자하겠다는 데 유럽의 유수 은행 9곳이 돈을 대 2005년 6월에 출범했다.

UN은 교토의정서를 체결하면서 소위 'CDM(청정개발체제)'이란 사업을 고안해냈다. 온실가스 감축할당 목표를 충족하지 못하는 선진국들을 위해 후진국에 온실가스 저감투자를 한 후 여기서 거둔 감축분을 시장에 팔아 투자금을 회수하거나 자국의 감축실적으로 인정받을 수 있도록 한 제도이다.

ECF는 이 제도를 이용해 수익을 건진다. 투자금으로 CDM사업에 3년 정도 투자를 한 후 '탄소배출권'이란 온실가스 감축실적을 확보, 이를 유럽시장에 내다 팔아 투자금을 회수하는 게 목적이다.

로랑 세갈렌(Laurent Segalen) 대표는 "현재 80여 개의 CDM 사업을 투자대상으로 검토 중"이라며 "ECF의 성공가능성을 내다보고 다른 펀드나 금융기관의 문의가 빗발치고 있다"고 전했다.

이것이 바로 온실가스 규제가 새로운 시장과 산업을 만들어낸 하나의 사례다.

교토의정서의 중심지 유럽연합(EU)에서는 아직 초기상태이지만 탄소배출권 거래소가 가동되면서 탄소 거래를 위한 크레딧 인증업체, 컨설팅업체, 배출권 획득 대행업체 등 새로운 산업들이 우후죽순처럼 생겨나고 있다.

영국의 환경부의 사라 헨드리(Sarah Hendry) 지구대기국장은 "탄소를 매개로 한 각종 파생 산업이 영국 금융산업의 부활을 가져올 정도"라고 설명한다.

영국은 교토의정서가 발효되기도 전인 2000년부터 탄소배출거래소를 운영하는 등 각종 제도를 연구해왔고 파생하는 금융산업을 새롭게 만들어 가고 있다. 배출권 거래가 이뤄지면서 전 세계를 상대로 한 탄소배출의 컨설팅업체가 모습을 드러내고 있다. 배출권이나 CDM사업에 투자하는 펀드도 만들어지고 있다.

은행도 배출권을 금융상품으로 거래하는 창구가 생겨나고 있으며 탄소에 대한 각종 정보를 얻기 위한 박람회 산업도 크게 일어나 이미 조 단위 시장을 형성하고 있다.

탄소도 주식처럼 거래

미국 시카고 오헤어 공항에서 40여 분간 택시를 타고 도착한 시카고기후거래소(CCX, Chicago Climate Exchange).

'시카고의 오아시스'로 불리는 그랜드파크(Grand Park)를 옆에 두고 시카고상품거래소와 각종 금융기관들이 밀집해 있는 금융 중심지에 자리 잡고 있다.

주식거래소 같은 모습을 상상했다면 일단 실망이다. 일반 컨설팅 회사 사무실과 다를 바 없다. 사무실과 회의실이 한두 개 정도가 고작. 주식 거래소 같은 곳에서 찾아볼 수 있는 커다란 전광판도 없다.

라파엘 마르크스(Rafael Marques) 부사장에게 "시세판은 어디 있나요?"하고 물으니 빙긋 웃으며 안내 데스크 앞에 있는 모니터를 가리킨다.

"저 자그마한 모니터 안에서 모든 거래가 이뤄집니다."

거래에 참여하는 기업은 줄잡아 100여 개. 적은 숫자지만 참여하는 기업들은 포드자동차와 모토롤라, IBM, 듀폰 등 미국의 대표기업들이 총망라돼 있었다. 유럽에서 톤당 28유로에 거래되는 것과는 달리 시카고기후거래소의 탄소거래가격은 자발적인 참여를 유도하기 위해 2달러 수준으로 책정됐다.

그는 "매매를 통해 가격결정에 참여하고 대금을 지불하는 등 탄소거래 시스템 전반을 익히기 위해 글로벌 기업들이 앞 다퉈 회원으로 가입하고 있다"고 말했다. 국가는 교토의정서를 거부하고 있지만 세계 산업을 이끄는 최고의 미국 기업들은 탄소거래에 필요한 예습을 하고 있는 것이다.

거래 시간은 오전 10시부터 오후 12시 30분까지 2시간 반. 기자가 방문했을 당시 탄소 가격이 톤당 2.15~2.17달러 사이에서 수시로 움직였다. 활발한 거래는 그만큼 참여기업이 많다는 의미다.

사실 CCX는 미국 기업이지만 대주주는 영국 상장기업인 '기후거래소 PLC(Climate Exchange PLC)'다. 영국 기업이 미국 시장을 선점하기 위해 CCX를 설립한 것이다.

마르크스 부사장은 "2003년 12월 설립돼 1년 6개월 동안 거래된 탄소는 200만 톤에 불과하다"며 "미국의 10개가 넘는 주와 시카고, 포틀랜드 등 수많은 시가 온실가스 의무 규제에 나서고 있어 탄소배출권 거래는 곧 폭발적으로 늘 것"이라고 전망했다.

세계은행에 따르면 2003년 7,800만 톤이던 세계 탄소배출권 거래는 교토의정서가 발효되지도 않은 2005년에 이미 1억 700만 톤까지 38%나 성장했다. 2005년 들어 5월 중반까지도 4,300만 톤이 거래됐다.

배출권거래제(ET, Emission Trading)는 교토메커니즘의 핵심 제도다. 각 국가별로 감축량을 할당해놓고 줄이지 못하면 패널티를 내던지 배출권 거래소에서 배출권을 그만큼 사도록 했다. '탄소에 가격을 매겨' 온실가스를 상품으로 거래할 수 있도록 한 것이다. 탄소배출권은 예치가 가능하고 거래도 가능한 금융상품인 셈이다.

유엔기후변화협약(UNFCCC)의 리차드 킨니 사무차장은 "탄소 거래를 통해 지구 전체의 총량적 감축목표를 저렴한 비용으로 달성할 수 있다"며 "거래를 통해 온실가스 감축의 지구 전체 비용은 50~90% 이상 줄어들 것으로 예측된다"고 말했다.

전 세계적으로 탄소배출권 거래가 본격화 될 경우, 거래시장 규모는 2005년 100억 달러(약 10조 원)를 돌파하고 2007년께 1,000억 달러(약 100조 원)를 넘어설 것으로 추산하고 있다. 배출권 가격도 톤당 200달러까지 치솟을 것이라는 예상도 나오고 있다.

탄소배출권 거래가 가장 활발한 곳은 역시 교토의정서를 주도하고 있는 유럽연합(EU)이다.

EU는 2005년 1월 1일부터 역내 국가들이 탄소배출권을 사고팔 수 있는 '유럽 배출권거래제도(EU ETS, EU Emissions Trading Scheme)' 시스템을 가동했다. 참여 기업수는 EU 25개국의 1만 5,000개에 이른다.

EU에서 탄소거래는 주식 시장 만큼이나 역동적이다. 2005년 초 톤당 8유로에 거래됐던 탄소는 2005년 7월 초 29유로까지 급등했다. 미국이 주도한 '아태지역 파트너십'을 발표하기 직전인 2005년 6월 25일께는 18유로까지 급락할 정도로 시장변화에 민감하게 움직였다.

아태지역 파트너십이 교토의정서를 보완하는 하나의 방법론이란 해석이 확산되자 탄소가격은 나흘 만에 톤당 22.10유로까지 가격이 다시 상승했다. 거래량도 폭발적이다. EU ETS는 출범 4개월 만에 탄소 거래량이 3,700만 톤을 넘어섰다. 넉 달 만에 거래된 양이 2005년 전체 거래량(1,900만 톤)의 두 배에 달한다. 최근에는 하루 거래량이 100만 톤에 육박하고 있는 것으로 알려져 거래는 더욱 탄력을 받고 있다.

EU는 등록된 배출권이 25~40억 톤에 달하고 연간 거래 규모가 최소 17억 유로(한화 약 2조 3,000억 원)에 이를 것으로 전망하고 있다.

영국은 2002년부터 탄소배출권거래제도(UK ETS, UK Emissions Trading Scheme)를 시행해 왔다.

"기업들이 더 적극적입니다. 경험을 먼저 쌓고 스탠다드를 만드는 작업입니다. 정부는 과다 이용된 에너지에 대해 세금을 매기고 할당량보다 더 줄이면 인센티브를 지급하는 측면지원을 하고 있죠." 영국 환경부 사라 헨드리(Sarah Hendry) 지구대기국장의 설명이다.

UK ETS는 기업과 정부의 일종의 계약인 셈이다. 기업은 자발적으로 감축량을 신고하고 정부는 목표초과 달성에 인센티브를 주는 방식이다. 영국 정부는 인센티브를 주기 위해 연간 4,000만 파운드(약 8,000억 원)의 예산도 별도로 책정하고 있다.

영국은 2001년 '기후변화세'를 도입하고, 2002년 4월 '배출권거래제'를 도입해 31개 기관이 2006년까지 약 1,180만 톤의 CO_2 추가 저감을 목표로 하고 있다. 사라 헨드리 국장은 "먼저 시작해 경험을 쌓으면 앞으로 전 세계에 탄소거래가 활성화 됐을 때 영국 기업들의 경쟁력은 크게 앞서 있을 것"이라고 말했다.

축적된 노하우를 바탕으로 런던을 국제배출권거래센터로 육성한다는 전략이 여기서 나왔다.

 일본에서도 배출권 거래는 서서히 활성화되고 있다. 일본 환경성 관계자는 "일본 정부는 이미 감축 목표 6% 중 1.6%를 이미 배출권거래제를 통해 확보할 것이라고 공언했기 때문에 이것이 일본 금융분야의 중요한 부문이 될 가능성이 높다"고 내다봤다.

 냇소스 재팬의 가타키리 대표도 '2006년 안에 배출권 거래 사업의 규모가 적어도 2배 이상 성장을 할 것으로 본다'며 "일본의 배출권 거래 사업은 해뜨기 바로 직전의 상황"이라고 말했다.

탄소 배출권 시장 선점하는 일본

 일본 기업의 탄소배출권 확보는 아이디어도 기발하고 기술도 다른 국가가 따라올 수 없을 정도로 앞서 있다. 아시아 지역과 남미, 아프

◯ 일본의 주요 배출권 확보사례

구분	내용
도쿄전력 등 6개사	- 칠레 수력발전 사업지원 3만톤 배출권 확보
스미토모상사	- 인도 프레온가스 회수사업에서 338만톤 확보
중부전력	- 태국 소규모 발전 사업에서 연간 8만톤 확보
이네오스케미칼	- 한국 울산화학 설비개선으로 연간 140만톤 확보
일본정부	- 카자흐스탄 정부와 08~12년 매년 6만2,000톤 배출권 취득 계약
공동기금 조성	- 온실가스 감축기금(JGRF), 탄소자금융자회사(JCF) 등 설립

리카 등 세계 곳곳이 일본 기업이 배출권을 확보하기 위한 텃밭이 되고 있다. 지금까지 확보한 배출권만 시장에 내다 팔아도 수조 원에 이를 것으로 전문가들은 내다보고 있다.

세계 최초로 배출권 획득을 인정받은 곳도 일본 기업이다. 2003년 도쿄전력 6개사가 칠레의 소형 수력발전 사업을 지원한 것을 인정받아 세계 최초로 3만 톤의 이산화탄소배출권을 확보한 것이다. 또 스미모토상사도 영국 기업 등과 함께 인도에서 대체 프론가스를 회수해 파괴하는 사업을 실시해 모두 338만 톤의 배출권을 확보했다.

중부전력은 태국에서 온실가스 배출이 거의 없는 왕겨를 연료로 이용한 소규모 발전 사업을 통해 연간 8만 톤의 배출권을 확보했고, 아시아 지역의 탄광지대에서 메탄가스를 회수해 이를 재활용하는 사업 등도 검토하고 있다.

일본 기업들은 배출권 확보를 위해 우리나라 시장에도 벌써 진출했다. 화학회사인 이네오스케미칼이 울산화학의 설비를 개선해 주는 사업을 통해 일본이 가져갈 탄소배출권이 연간 140만 톤에 이른다. 또 도쿄전력은 전남지역에 풍력발전을 짓기로 하고 최근 실사까지 마쳤다.

일본은 정부차원에서도 대규모 배출권 확보 사업을 벌이고 있다. 일본 정부는 카자흐스탄 정부와 2008~2012년에 매년 6만 2,000톤의 이산화탄소배출권을 취득키로 계약을 맺었다. 정부 산하기관인 '신에너지산업기술 종합개발기구'가 서부 카자흐스탄의 화력발전소를 개수해 주고 줄어드는 이산화탄소량을 전량 일본의 삭감량으로 전환하는 계약이다. 일본정부는 또 일본의 이산화탄소 배출량의 3.9%를 흡수할 수 있는 조림 사업을 해외에서 시행 중에 있다.

일본 기업들은 아예 공동으로 기금을 만들어 배출권을 확보하는 방식도 진행하고 있다. '일본 온실가스 감축기금(JGRF)'과 '일본 탄소자금융자회사(JCF)' 설립이 그것이다.

JCF가 배출권을 구입해 JGRF(펀드규모 1억 4,150만 달러)에 전매하고, 이를 출자자 간에 배분하는 방식으로 거래가 이뤄진다. 이 펀드는 안정적인 자금 운용과 해외 배출권 확보를 통해 기업과 국가의 배출량 의무감축 부담을 축소하는 것이다.

탄소배출권거래소

온실가스(CO_2)가 18세기 산업혁명에 비교되는 파괴력을 준다는 점은 탄소거래소가 우후죽순으로 생겨나고 있다는 점에서 명백하게 나타난다. 산업혁명으로 촉발된 자본주의의 꽃이 주식시장이라는 점에서 탄소거래소의 탄생은 그만큼 의미가 크다고 전문가들은 평가한다.

2005년 현재 가동 중인 탄소거래소는 모두 9곳. 이 중 8곳이 유럽에 집중돼 있으며 미국에 유일하게 만들어진 시카고기후거래소(CCX) 역시 유럽의 영국 자본으로 설립됐다. 유럽이 21세기 산업혁명을 이끌어나가겠다는 의지를 보여주는 단면이다.

유럽의 배출권거래제(EU ETS, EU Emissions Trading Scheme)는 2005년 1월 1일부터 시행돼 에너지 사용량 20MW(메가와트) 이상인 전력과 정유, 철강, 시멘트, 제지, 유리 산업 등 25개 유럽연합(EU) 내 1만 5,000개 사업장을 대상으로 하고 있다.

EU ETS는 우선 2007년까지 탄소만을 대상으로 각 국가별 할당계획에 따라 해당 국가 내 개별 기업에 대한 감축 목표를 부여하고 2단

○ 세계 탄소거래소 현황

거래소 이름	위치	회원수	출범일
오스트리아에너지거래소(EXAA)	오스트리아 그라즈	29	2005. 5
시카고 기후거래소(CCX)	미국 시카고	100	2003.12. 3
클라이멕스(Climex)	네덜란드 암스테르담	20	2005.4.14 (연기상태)
노르드 풀	노르웨이 리사커	33	2005. 2. 11
파워넥스트 카본	프랑스 파리	50	정부 허가 대기
센데코2	스페인 바르셀로나	25	2005. 4
유럽기후거래소(ECX)	네덜란드 암스테르담	-	2005. 4. 22
유럽 에너지거래소(EEX)	독일 라이프찌히	88	2005. 3. 9
온실가스거래소(GHGx)	캐나다 토론토	35	2004. 12. 21

*자료 : 에코프론티어

계로 2008년부터 2012년까지는 CO_2를 포함한 모든 온실가스로 확대할 예정이다.

유럽에서 탄소거래는 주식 시장 만큼이나 역동적이다. 2005년 초, 톤당 8유로에 거래됐던 탄소는 그해 7월 초 29유로까지 급등했다가 미국의 '아태지역 파트너십' 발표 직전인 7월 25일께 18유로까지 급락했다.

그러나 아태지역 파트너십이 '교토의정서'를 보완하기 위한 방법론이라는 해석이 확산되고 탄소거래는 지속될 것이라는 공감대가 확산되면서 2005년 7월 29일 현재 톤당 22.10유로까지 가격이 다시 상승했다.

EU에서 탄소배출권은 장외시장과 함께 현재 EU에 있는 5개의 거래소를 중심으로 현물과 선물 형태로 거래되고 있다. 감축목표를 이행하지 못하면 CO_2 톤당 40유로의 벌금이 부과된다. 2단계로 접어들면 벌금이 100유로까지 올라간다.

세계은행은 2005년 5월 '2005 세계 이산화탄소시장 현황' 보고서를 발표, EU ETS가 출범 4개월 만에 탄소 거래량이 3,700만 톤에 이르러 2004년 전체 거래량 1,900만 톤의 두 배에 육박했다고 밝혔다.

체계가 잡힌 유럽을 제외한 다른 지역에서는 거래가 아직 미미하다. 2003년 12월에 개장한 미국 시카고의 CCX는 2005년 6월까지 1년 6개월간 200만 톤 거래에 불과하고 탄소 가격도 톤당 2달러 수준에 그치고 있다. 철강과 발전, 반도체 제지 및 펄프 등 관련업종 100

여 개 기업이 자발적으로 참여하는 시장이다. 강제적 저감 의무와 감축목표를 이행하지 못하더라도 벌칙이 없는 시험가동 형식이다.

하루 탄소 거래 시간이 오전 10시부터 오후 12시 30분까지 2시간 30분에 불과하지만 기자가 방문했을 당시 탄소 가격은 톤당 2.15~2.17달러까지 끊임없이 움직이고 있어 거래가 활발하다는 인상을 받기에 충분했다.

EU회원국이 아닌 노르웨이는 자국 내 사업장의 사전학습과 경험축적, 전략수립의 기회를 제공한다는 목표로 2005년 1월부터 배출권거래제를 도입했다. 대상은 에너지와 정유, 철강, 시멘트, 유리산업 사업장이다. 유럽 배출권거래제와 연동시켜 가격은 EU ETS와 비슷하고 미준수 시 CO_2 1톤당 40유로의 벌금이 부과된다.

"이산화탄소가 새로운 시장을 만들고 있다."

2005년 7월 초, 독일 본의 라인강변에 위치한 UNFCCC본부에서 만난 리차드 킨리(Richard Kinley) 사무차장의 진단이다.

UNFCC는 세계 온실가스 감축을 책임지고 있는 국제기구. 환경 부문에만 17년째 참여하고 있는 세계 최고 전문가인 킨리 사무차장의 눈에도 온실가스 규제를 활용해 신산업을 만들어가는 사업가들이 경이로울 뿐이다.

영국 중심가 빅토리아 스트리트에 위치한 사라 헨드리(Sarah Hendry) 환경농림부 지구대기국장의 말도 마찬가지다.

"탄소를 매개로 한 각종 파생 금융산업이 생겨나고 있습니다. 새로

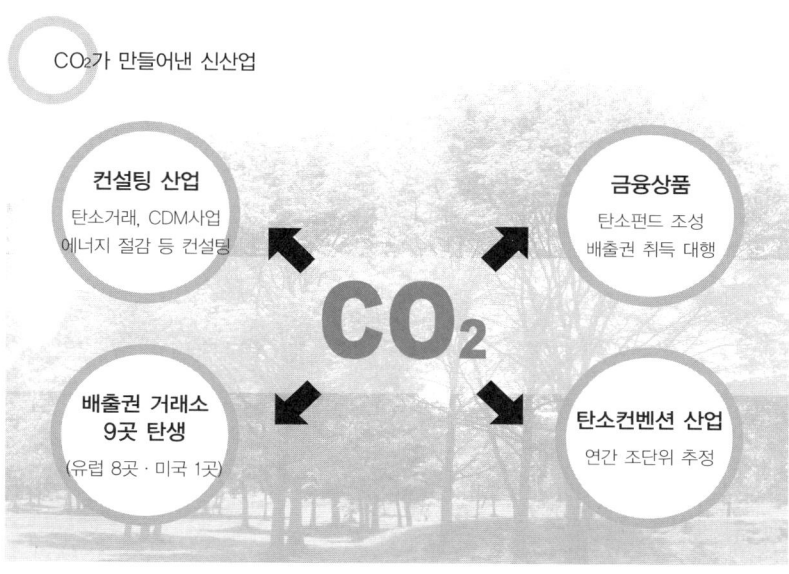

운 영역이 개척되고 비즈니스는 다시 활기를 되찾고 있죠."

교토의정서의 중심지 유럽연합(EU)은 물론 미국에서도 아직 초기 상태이지만 탄소배출권 거래소, 탄소 거래를 위한 크레딧 인증업체, 컨설팅업체 등 새로운 산업들이 우후죽순처럼 생겨나고 있다.

특히 유럽에서는 탄소배출권 거래소가 국제석유거래소(IPE)나 런던금속거래소(LME) 못지 않은 대형 거래시장으로 성장할 가능성이 점쳐지고 있다. 탄소세 등 각종 에너지세금이 크게 늘어나자 일본에서는 에너지 절감 기술과 설비를 제공하는 사업도 크게 호응을 얻고 있다.

영국은 교토의정서가 발효되기도 전인 2000년부터 탄소배출 거래소를 운영하는 등 각종 제도를 연구해왔고 파생하는 금융산업을 만들

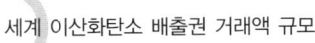
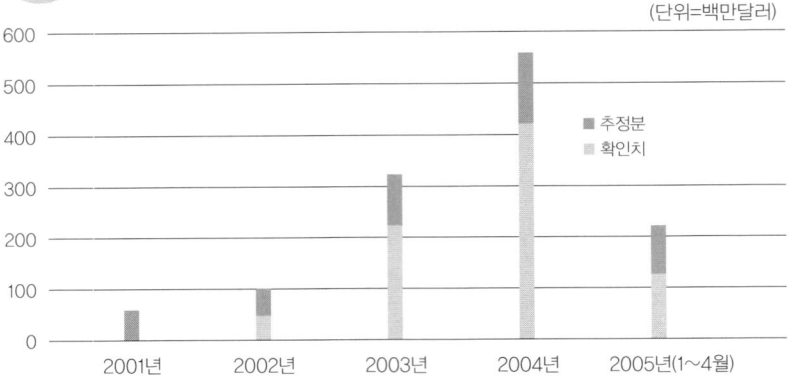

어 가고 있다. 배출권 거래가 이뤄지면서 전 세계를 상대로 한 탄소배출의 컨설팅업체가 모습을 드러내고 있다. 배출권이나 CDM사업에 투자하는 펀드도 만들어지고 있다.

탄소에 대한 각종 정보를 얻기 위한 박람회 산업도 크게 일어나 이미 조 단위 시장을 형성하고 있다. EU나 미국 등에서는 배출권 중간매매상이나 탄소거래 컨설턴트 등 신종 직업도 생기고 있다.

탄소가 지구온난화의 주범으로 비난받고 있지만 제2의 산업혁명을 촉발시키며 새로운 산업을 태동시키고 있는 것이다.

탄소배출권 거래가 본격화 될 경우 거래시장 규모는 2007년께 1,000억 달러(약 100조 원)를 넘어설 것으로 추산되고 있다. 배출권 가격도 톤당 200달러까지 치솟을 것이라는 예상도 나오고 있다.

세계은행이 2005년 5월 발표한 '2005 세계 CO_2 시장 현황'에 따르면 "유럽연합(EU)의 배출권 거래체제(ETS)가 출범 4개월 만에 3,700만 톤의 CO_2를 거래했다"고 밝혔다.

2005년 4개월 동안에 거래된 양이 2004년 전체 거래량(1,900만 톤)의 두 배에 달하는 것이다. 2005년 초 톤당 7~9유로였던 거래가격은 7월 초 28유로까지 치솟았다가 최근에는 22유로에 거래되고 있다.

선진국들은 탄소권 거래의 시장성을 이미 간파하고 오래전부터 준비해왔다. EU는 2005년 1월 1일부터 영국 런던과 독일 프랑크푸르트 등에 탄소배출권을 사고팔 수 있는 거래 시장을 개설해 본격적인 가동에 들어갔다.

2004년까지는 자국 기업들끼리만 배출권을 거래할 수 있었지만 2005년부터는 거래 대상이 외국 기업으로까지 확대돼 약 5,000개가 넘는 EU기업이 배출권 시장에 등록했다. 앞으로 참여 기업수는 1만 5,000개를 넘어설 것으로 예상된다.

가장 빠른 발걸음을 보이고 있는 영국은 2001년 '기후변화세'를 도입하고, 2002년 4월 '배출권거래제'를 도입해 31개 기관이 2006년까지 약 1,180만 톤의 CO_2 추가 저감을 목표로 할당했다.

세계적인 금융도시 런던의 인적, 물적 인프라스트럭처를 적극 활용해 런던을 국제배출권거래센터로 육성한다는 전략도 추진하고 있다. 사라 헨드리 지구대기국장은 "영국의 탄소 거래는 먼저 시작해 경험을 쌓으면서 세계적으로 탄소거래가 활성화 됐을 때 협상력을 강화하기 위한 것"이라고 말했다.

교토의정서 비준을 하지 않은 미국에서도 교토의정서에 대비한 거래소가 이미 가동되고 있다. 라파엘 마르크스 시카고기후거래소(CCX) 부사장은 "유럽에서 톤당 28유로에 거래되는 것과는 달리 자발적인 참여를 유도하고 있는 미국에서는 톤당 2달러 수준"이라며 시험단계임을 강조했다.

그러나 거래에 참여하고 있는 기업들은 포드자동차와 미국 전력(American Electric Power), 듀폰, IBM, 모토롤라 등 미국의 대표 기업들은 대부분 참여하고 있다. 최근에는 '아라크루즈(Aracruz)'라는 브라질 제지회사도 참여해 눈길을 끌고 있다.

기후협약이 어떻게 진행될지 2012년 이후 전망이 불투명하지만 세계 산업을 이끄는 최고 기업들이 어떤 방식으로도 탄소 거래가 활성화될 것으로 보고 선수학습에 나섰다는 점에 주목해야 한다.

탄소권 거래는 현물 거래에 이어 선물시장으로까지 확대되고 있다. 2005년 2월 11일 노르웨이 전력거래소는 배출권 선물 거래를 시작했으며 독일의 유럽에너지거래소도 배출권 거래를 시작했다. 유럽은 현재 등록된 배출권이 25억~40억 톤에 달하고 연간 거래 규모가 최소 17억 유로(한화 약 2조 3,000억 원)에 이를 것으로 전망된다.

탄소배출권 거래가 활성화 조짐을 보이면서 수천억 원대 펀드도 조성되고 있다.

미국 시카고기후거래소(CCX)의 대주주인 영국의 '기후변화 PLC'는 2005년 6월 1억 6,000만 파운드(약 3,000억 원) 규모의 청정개발체제(CDM) 전문 투자 펀드를 결성해 8월부터 투자에 나선다고 CCX는 밝혔다.

2004년 말 7억 달러 규모의 카본 펀드 조성을 선언한 세계은행은 프로토 타입 카본 펀드와 바이오 카본 펀드 등 8개 펀드를 운영하는 등 탄소배출권 펀드 시장을 주도하고 있다.

첫 민간 카본 펀드인 '유럽피안카본펀드(ECF)'는 2005년 6월 유럽의 9개 은행이 투자해 만들었다. 총 1억 500만 유로(1,260억 원)를 모아 2005년 현재 80여 건의 CDM사업 프로젝트를 진행 중이다. 로랑 세갈렌 대표는 "ECF사업 성공여부에 따라 다른 펀드를 구성할 가능성이 높다"고 말했다.

일본 최대 금융그룹인 미즈호파이낸셜 그룹. 미래 신사업의 하나로 탄소배출권 취득 대행 사업을 벌이고 있다. 계열사인 미즈호신탁은행을 통해 탄소배출권을 취득하고 이를 필요로 하는 업체에 제공한다는 것이다.

미즈호 측은 "신탁은행이 배출권을 취득하는 계약자가 돼 수속 등을 책임지기 때문에 배출권을 사고자 하는 기업들의 위험을 줄일 수 있다"고 설명한다.

탄소배출권이 돈이 되려면 UN에 온실가스 감축실적을 보고해 인정받아야 하는데 여간 까다로운 게 아니다. 인증기간도 오래 걸리기 때문에 배출권을 획득하려 투자를 해놓고 실제로 배출권을 확보하지 못한 위험요인도 있다. 이를 간파해 탄소배출권 취득대행 사업이 금융상품으로 구성된 것이다. 투자자 입장에서는 리스크를 줄이고 대행업체는 수수료로 수익을 확보할 수 있다.

일본에는 또 에너지절감 지원 서비스를 제공하는 '퍼스트 에너지 서비스(First Energy Service)'라는 회사도 있다.

이 회사는 에너지절감 설비와 기술을 제공하는 에너지절감 지원서비스와 자신들이 보유한 바이오매스 발전시설을 이용해 녹색에너지 사업, 전력소매사업 등을 하고 있다. 탄소세 등 각종 에너지 세금을 절약하려는 기업과 가정 고객의 요구를 파고든 신사업이다.

불과 58명의 인력을 가동해 2004년 25억 엔(약 250억 원) 이상의 매출을 올렸고, 2005년에는 67%나 급증한 42억 엔(약 420억 원) 이상의 매출을 전망하고 있다.

'기후변화협약에 대처하는 법'을 가르쳐 주는 컨설팅업체도 성업 중이다. 기업들이 온실가스를 줄일 수 있는 프로젝트를 짜주고 함께 연구하는 컨설팅 업무가 주기능이다. 감축할 수 있는 여지를 진단하고 배출권을 구입해 주며 CDM사업 진출도 조언한다.

이 분야에서 가장 앞서가는 기업은 '냇소스(Natsource)'.

기업들에 기후 협약 관련 컨설팅도 제공하면서 시장을 선도하고 있다. 이미 600여 개 세계적인 기업들에게 배출권 시장 정보와 중개거래서비스 등을 제공하는 것으로 알려졌다.

런던 뉴 브로드 스트리트에 위치한 냇소스 유럽의 마틴 콜린스 매니징 디렉터는 "민간기업의 CDM 프로젝트도 짜주고 배출권을 구입해서 필요한 업체에 배달하는 일도 하고 있다"고 말했다.

2005년 2월까지 배출권이 필요한 업체를 신청 받았는데 그 규모가 1억 유로에 이른다고 귀뜸했다. 기후협약이 어떻게 진행될지 불투명한데도 어떤 방식으로든 탄소 거래가 활성화될 것으로 보고 미리 배출권을 확보하려는 기업들이 있다는 사실이 눈길을 끈다.

교토의정서에 의거한 기후협약을 논의하고 발전시키기 위한 박람회 산업도 크게 발전하고 있어 이미 조 단위 시장을 형성하고 있는 것으로 추정된다.

2005년 5월 12일부터 독일 쾰른에서 사흘 일정으로 열린 '2005 세계 CO_2박람회'는 51개국에서 131개 기업과 금융기관이 참가해 CO_2 배출권 거래 협상을 벌였다. 참가기업은 2004년과 비교해 100% 이상 급증했다.

참가인원을 2만 명으로 추정하고 1인당 지출하는 비행기 값과 숙박료, 식사비를 평균 500만 원씩만 계산해도 1,000억 원이 발생한다. 도쿄의정서에 따른 탄소 거래 관련 크고 작은 박람회가 매달 한 번씩만 열린다고 보면 연간 1조 원 정도의 박람회 관련 시장이 이미 생겨났다는 추정이 가능하다.

김찬우 OECD 참사관은 "이제 공장 하나를 짓더라도 탄소 가격을 고려해야 하는 시대가 왔다"며 "OECD도 개도국에 원조를 할 때 온실가스를 저감하는 것을 고려사항에 넣고 있다"고 말했다.

급성장하는 탄소시장

　제11차 당사국 총회가 열린 캐나다 몬트리올의 총회장. 행사 시작이 가까워오자 3,000명의 각국 대표 인사들로 가득 찼다. 오전 10시 정각이 되자 스테판 디온 총회 의장이 개회를 선언하고 폴 마틴 캐나다 수상의 환영 연설이 이어졌다.

　특히 마틴 수상은 "개발도상국들도 이제 기후 변화에 책임을 질 때가 됐고 선진국들도 책임을 벗어날 수 없다"면서 "하나밖에 없는 지구 보호를 위해 모두 나서야 할 때"라고 주장하자 관람객들은 기립 박수를 보내기도 했다.

　마틴 수상의 연설이 끝나자 당사국 총회 사상 처음이자 예고에 없던 공연이 이어졌다. 캐나다 유명 가수가 연단에 올라 환경 보호를 주제로 노래를 부르자 그의 뒤에는 온실가스 증가로 인해 변화하는 자연의 모습을 담은 동영상이 상영되었다. 그리고 2명의 행위 예술가들이 고통 받는 자연을 묘사한 퍼포먼스를 펼쳐 참가자들의 긴장을 풀고 분위기를 고조시켰다.

　이어 자메이카와 영국을 시작으로 한국의 이재용 환경부장관 등 120여 명의 각국 대표 장관들의 기조연설이 이어졌다. 1995년 제1회 당사국 총회 때부터 이번 총회까지 모두 참가했다는 더크 포리스터 냇소스 자산운용책임자는 "만 달러 총회 규모가 부쩍 규모가 커졌으며 참가자들도 탄소 시장의 장래성에 대해 더욱 확신하는 분위기"라고 말했다.

"탄소는 이제 시장 가치를 지닌다."
리차드 킨리 유엔기후변화협약(UNFCCC) 사무차장은 캐나다 몬트리올에서 열린 제11차 당사국 총회에서 탄소의 경제적 역할이 본격적으로 시작됐다며 이같이 선언했다.

총회에 참석한 1만여 명의 참가자들은 2005년 들어 탄소 시장에 대해 확신하는 분위기다. 제1최 총회부터 한 번도 빠짐없이 당사국 총회에 참석해 온 이명균 계명대 교수는 "아르헨티나 총회에서는 러시아의 가입으로 교토의정서 발효를 확정하는 성과를 얻을 수 있었다. 하지만 이번 대회의 분위기와 비교하면 소강상태였다고 볼 수 있다"고 말했다.

이 교수는 "교토의정서가 발효된 지 9개월가량 지나면서 탄소 시장이 커질 것이라는 확신을 갖게 된 것이 가장 큰 차이점"이라고 분석하며 "탄소 시장은 매년 2~3배가량 급증하는 형태를 보이고 있으며 이같은 추세는 한동안 계속될 것"이라고 전망했다.

아비드 카말리 ICF컨설팅 수석부사장은 "2005년 50억 유로(약 6조 원)로 증가한 탄소 거래액은 2010년에 230억 유로(약 25조 원)까지 폭증할 것"이라고 전망했다.

탄소가 금융 시장도 키운다

2004년 11월 말까지 전 세계적인 이상 기후로 발생한 손실액은 2,000억 달러(약 210조 원)로 추정된다. 이로 인해 보험사들은 기후변화에 더욱 큰 관심을 갖게 됐다.

독일과 스위스의 보험 관련기업들과 세계은행 등이 공동으로 설립한 MCII는 "2005년 여름 미국에서 발생한 카트리나와 윌마 등 규모가 커지고 발생횟수도 급증한 자연재해에 따른 재정 위험을 줄일 수 있는 대안은 바로 기후 보험"이라고 말했다.

단순히 자연 재앙으로 인한 위험을 줄이기 위한 보험뿐만 아니다. 미국과 영국, 헝가리 등에서는 허리케인에 대한 재앙채권이 만들어지는 등 다양한 보험이 만들어지고 있으며 인도에서는 날씨 파생상품과 같은 새로운 상품도 소개되고 있다.

교토체제의 핵심적인 시스템인 청정개발체제(CDM)나 배출권거래제도(ET) 등도 새로운 보험 상품을 만들어내는 데 큰 역할을 하고 있다.

카말리 ICF컨설팅 수석부사장은 "CDM이나 ET 등에 투자되는 자금은 크고 작은 위험성을 내포하고 있다"면서 "이를 헷지하기 위한 보험 상품이 많이 만들어지고 있다"고 말했다.

선진국의 기술을 개발도상국이나 후진국으로 이전시키는 메커니즘인 CDM은 자금을 필요로 하는데 그 자금이 위험을 내포하기 때문에 이를 보완하기 위해서 보험이 필수적으로 동반된다는 것이다.

CDM이나 ET 등에 투자되는 자금운용 사업도 인기를 끌고 있다. 온실가스 관련 컨설팅과 브로커리지 등에서 최근 자산운용까지 사업을 확대하고 있는 냇소스는 2005년에만 일본의 오키나와전기와 코스모오일, 영국의 이온 등 유력 회사들로부터 7억 5,000만 달러의 자산을 확보했다.

새로운 시장 형성

탄소 시장 여건

구분	기준시점	규모	비고
탄소기금	2008년 5월	10억 유로 조성	-
배출권 수요	2008~2012년	7억 8천만톤 예상	한국 총 배출액의 1.7배
거래시장 규모	2008년	800억 유로 예상 (유럽 시장 기준)	Point Carbon조사

배출권 거래 시장 확대
▶EU배출권 거래 시장은 전세계적으로 확대 예상
▶2006년 2월 13일 : €26.3/t CO_2(2005년 초 대비 4배)

탄소 전문가들의 조언

　"한국도 탄소 경제에 대한 대비를 해야 한다."
　국제 기후변화 전문가들은 기후협약 제11차 당사국 총회의 부대행사장에서 기자를 만나 공통적으로 "탄소 경제가 급속히 성장하고 있다"고 주장하며 이같이 평가했다.

안드레이 마르쿠(Andrei Marcu) 배출권거래협회(IETA) 사장은 "이번 총회는 교토체제가 완전 실행에 들어갔음(fully operational)을 확인하는 자리"라면서 "탄소가 거래시스템을 갖는 경제 요소로 자리 잡았다"고 말했다.

마르쿠 사장은 "미국은 의무 감축에 대한 교토체제에 반발하는 입장을 갖고 있다. 하지만 2008년부터 2012년까지 제1차 의무감축 기간 동안 시스템이 자리 잡게 되면 어떤 형식으로든 참여할 수밖에 없을 것"이라고 전망했다.

마르쿠 사장은 "개발도상국들도 의무 감축을 해야 한다는 주장이 제기된 것은 이번 총회의 또 다른 성과"라면서 "기후협약이 좀더 복잡하고 어렵게 진행되고 있지만 21세기에 탄소 경제는 이미 자리 잡고 있다"고 확신했다.

탄소 경제와 관련해 최고의 컨설팅업체로 인정받고 있는 ICF컨설팅의 아비드 카말리 수석 부사장은 "개발도상국이라고 해서 탄소 경제 영향을 벗어날 수 없다"면서 "무역 국가인 한국은 특히 탄소 경제에 대한 준비가 필요하다"고 강조했다.

카말리 부사장은 "2년 전만 하더라도 시티그룹을 제외하면 총회에 참석한 금융업체가 없었지만 엄청난 수의 금융인들이 참가해 탄소 경제가 자리 잡고 있음을 확인해 줬다"고 말하면서 "한국에서도 금융업계의 관심이 높아질 것"이라고 전망했다.

탄소 경제에 대한 인식이 확산되면서 금융이 산업계를 선도하는 선순환이 이루어지고 있다는 분석이다. 따라서 1997년 외환위기로 제1

차 탄소 감축 의무에서 제외된 한국도 탄소 경제를 준비해야 하며 그러기 위해서는 금융계의 인식이 앞설 수밖에 없다는 전망이다.

더크 포리스터 냇소스 자산운용책임자도 "기술개발을 중요시하는 '아태지역 6개국 파트너십'은 교토체제를 보완하는 수준에 불과하다"면서 "한국기업들도 탄소 경제를 준비해야 한다"고 주장했다.

포리스터 자산운용책임자는 "금융계는 새로운 경제 체제를 인식하는 데 오랜 시간을 필요로 하지만 일단 인식하면 대규모로 참여하게 된다"면서 "자산운용과 프로젝트 투자, 투자금융, 보험 등이 유망한 금융 분야"라고 손꼽았다.

한편 이들은 제11차 당사국 총회에 2012년 교토체제 이후 온실가스 감축에 대한 논의가 시작된 것은 큰 의미를 갖는다며 "21세기는 이미 탄소 경제로 전환되기 시작됐다"고 진단했다.

국내도 배출권거래제 도입 필요

영국이 EU 배출권거래시스템 도입보다 3년이나 앞선 2001년 배출권거래를 실시함으로써 검증된 자국 회사들이 온실가스 통계 시스템을 구축해 EU배출권거래시장을 선점하고 전문컨설팅회사를 구성하는 등 기후변화협약의 최고 선진국으로 도약하고 있다는 점에서 우리나라에도 배출권거래제를 신속히 도입하자는 주장이 제기되고 있다.

영국의 경우 국내기업 간 배출권 거래는 기업의 자발적인 참여와 정부의 인센티브 지급을 전제로 시행되고 있다. 영국 정부는 총 2억 1,500만 파운드를 인센티브로 제공한 후 네덜란드식 경매를 통해 기업의 감축목표량을 유도하고 있다.

교토의정서에서 벗어나 있는 미국도 큰 틀 차원에서 교토메커니즘이 21세기 경영 환경을 좌우할 것이라고 보고 포드와 모토롤라 등 100여 개 대기업들은 시카고기후거래소에서 시범적인 배출권 거래를 실시하고 있다.

따라서 우리나라도 더 이상 경영 환경 변화에서 벗어나서는 안 된다는 위기 의식아래 산업계와 전문기업의 능력을 배양하기 위한 시범적인 사업의 배출권거래제도를 조기 도입해야 한다는 당위성이 확산되고 있는 것이다.

배출권거래제가 실시되면 다양한 부수 효과도 발생한다. 기업들이 배출량 보고 체계를 갖춰 앞으로 실시될 거래제도에 대한 선수학습을 할 수 있다는 장점과 기후변화 민간전문가를 탄생시켜 새로 만들어지는 기후 시장의 컨설팅 업계를 한국이 주도할 수 있는 기회를 가질 수도 있다. 다만 규제방식의 목표보다는 기업이 자발적으로 참여하도록 다양한 보상체계와 제도를 먼저 마련해야 한다.

이와 관련해 이광재 의원(열린우리당)은 기후변화기금 형성을 위해 기존의 에너지세와 석유부과금, 전력기금, 교통세 등 에너지 관련 세제와 기금을 종합적으로 검토해 에너지 중심의 일률적인 세율을 탄소 중심의 차별화된 세율로의 전환을 제시했다.

또 기후변화기금 마련을 위한 목적세의 신설 또는 변경을 통해 기존 수송용 유류에 부과된 목적세 일부를 기후변화기금으로 편재시켜 수송부문의 온실가스감축 대책사업 중심으로 운영할 것을 제안했다. 기금이 마련되면 배출권거래시장의 초기 자본을 정부가 담당하고 온실가스감축 실적 중심의 지원제도로 개편해야 한다고 주장했다.

PART 4 새 엘도라도, CDM

덴마크 코펜하겐 동북쪽 해안변의 스트랜게이드 거리. 아담한 건물의 환경부는 세계 CDM(Clean Development Mechanism, 청정개발체제) 시장을 주무르는 큰손 중 하나이다.

덴마크는 교토의정서에 따라 2012년까지 온실가스 배출량을 1990년 대비 21%나 줄여야 한다. 자체적인 감축노력에 한계가 있다고 판단한 덴마크 정부는 다른 국가에 온실가스 감축을 위한 투자를 해서 감축실적을 사오는 사업에 적극 나서고 있다. UN이 교토의정서를 체결하면서 선진국들을 위해 목표치를 달성할 수 있도록 각종 메커니즘을 만들어준 덕분이다.

의무감축국인 선진국들은 이미 산업이나 기술수준이 높기 때문에 온실가스 배출을 줄일 수 있는 여지가 별로 없다. 대신 선진국 내에서도 상대적으로 개발수준이 낮거나 아예 개도국 또는 후진국인 경우 적당한 기술개발이나 공정개선만으로도 큰 폭의 감축실적을 거둘 수 있는 여건이 풍부하다.

이른바 '교토메커니즘'으로 불리는 감축실적 달성방법은 이 같은 국가 간 차이를 감안해 크게 3가지로 구분돼 만들어졌다. 온실가스 의무감축국 간에 서로 상대 나라에 투자를 해서 감축실적을 나눠 갖는 JI(Joint Implement, 공동이행제도), 의무감축국인 선진국이 개도국 혹은 후진국에 투자해 감축실적을 가져오는 CDM이 대표적이다. 이렇게 확보한 탄소배출권을 시장에 내다팔 수 있도록 배출권거래제도도 만들어 놨다.

"CDM이 없었다면 덴마크가 온실가스 감축목표를 달성하는 건 불가능할 겁니다."

에릭 탕(Eric Tang) 덴마크 환경부 상임자문관은 "같은 감축실적을 달성하기 위해 투입하는 투자금을 비교해도 자국 내에서 기술개발과 대체에너지개발에 투입하기보다 CDM 또는 JI를 활용하는 게 훨씬 효율적"이라고 설명했다.

CDM은 교토의정서 체제가 효율적으로 돌아갈 수 있도록 하는 파수꾼인 셈이다. 실제 덴마크는 대체에너지 확대, 기술개발, 공정개선, 에너지효율향상 등 내부활동만으로 2,000만 톤의 온실가스를 감축하려면 5억 3,800만 유로(6,456억 원)의 투자가 필요한 것으로 추산한다.

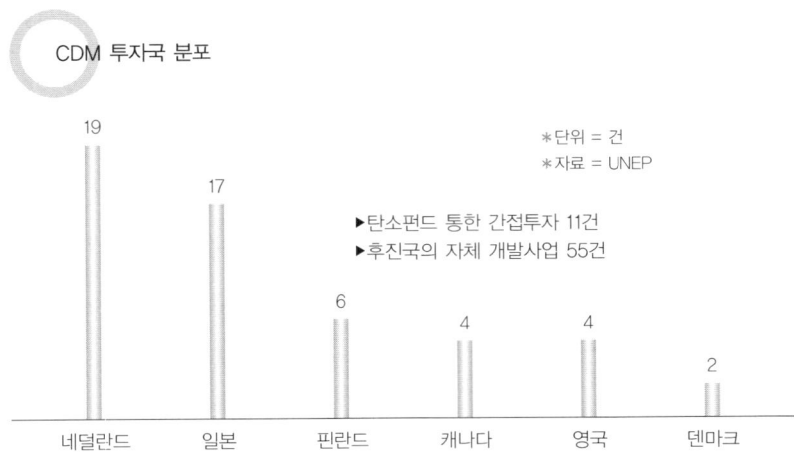

반면 CDM, JI 등을 활용해 타국에서 탄소배출권을 사올 경우 절반 수준인 연 2억 6,900유로(3,228억 원)면 충분하다는 것이다. 선진국들이 CDM에 집중하는 이유는 투자수단 자체로만 평가해도 높은 수익성을 기대할 수 있기 때문이다. 탕 자문관은 "2003년부터 2008년까지 CDM과 JI에 83억 6,200만 유로를 투입할 계획"이라며 "이를 통해 22억 톤의 탄소배출권을 확보할 수 있을 것"이라고 설명했다.

2005년 8월 1일 현재의 탄소가격인 톤당 21.9유로를 적용하면 481억 유로의 수익을 거둘 수 있다는 것이다. 5년 만에 5.7배라는 엄청난 수익률이다. CDM은 온실가스 감축 강제할당량 목표를 충족하고, 투자비를 아끼는 동시에 높은 수익까지 기대할 수 있는 다목적 카드인 셈이다.

이러다보니 2003년 네덜란드가 브라질에서 쓰레기매립지 메탄가스를 활용한 CDM을 시작한 이래 불과 2년여 만에 전 세계적으로 총

126개의 CDM사업이 진행됐다. 이들 CDM사업이 2012년까지 감축할 것으로 예상하고 있는 온실가스 배출량은 총 1억 5,153만 톤에 달한다. 현 시세를 대입하면 33억 유로, 즉 4조 원의 시장이 펼쳐지고 있는 것이다. 자연히 선진국 간에 선점 경쟁도 치열하다.

가장 적극적으로 CDM에 나서는 국가는 19개의 사업을 진행하고 있는 네덜란드와 17개 사업에 참여하고 있는 일본이다.

일본의 경우 스미토모, 추고쿠전력 및 이시카와지마-하리마중공업의 자회사 니이가타전력시스템 등 3개사가 중국 내 온난화가스 배출량 저감을 통해 배출권을 획득하고자 공동사업을 진행하고 있다. CDM사업으로는 처음으로 중국 시장을 개척한 사례다.

중국 헤이룽장성 석탄광산에서 배출되는 메탄가스를 이용해 전력을 생산할 수 있는 2,000kW급의 가스엔진을 설치할 계획이다. 이를 통해 이산화탄소 배출량을 연간 8만 톤까지 줄일 전망이다.

일본 환경성 야스시 니노미야 환경전문원은 "일본 정부와 기업들은 CDM사업은 사실상 일본을 위해 마련된 제도로 생각할 정도"라고 설명했다.

CDM사업의 강력한 경쟁자인 유럽 선진국에 근접한 동유럽 국가이 대부분 교토의정서 가입국가인 반면 일본과 인접한 중국, 인도, 인도네시아 등은 유망한 CDM투자대상국이라는 논리다.

IGES 관계자는 "일본은 CDM사업으로 중국이 꿈꾸는 대중화경제권과 맞서 아시아 경제에서의 헤게모니를 지켜나갈 수 있다는 자신감에 차 있다"고 까지 말한다.

일본에서는 종합상사까지 CDM사업에 발을 담그기 시작했다. 이 사업 자체가 돈이 된다는 징표다. 일본 대표 종합상사인 미쓰이는 2005년 말 미국의 온실가스배출권 거래업체인 CO2E사와 50대 50의 합작사를 구성, 선진국의 발전, 철강 등 업체에 배출권을 팔 계획이다. 마루베니도 풍력발전과 CDM사업으로 2년 안에 500만~1,000만 톤가량의 이산화탄소배출권을 확보해 다른 기업에 판매하는 사업을 기획 중이다.

네덜란드의 공세도 만만치 않다. 에드윈 퀘코엑(Edwin Koekkoek) 네덜란드 환경청 정책자문관은 "세계은행을 포함한 각종 탄소 펀드를 활용한 사업을 포함하면 CDM투자규모를 더욱 늘어날 것"이라며 "기업들의 자발적인 참여뿐 아니라 국민세금을 활용해 정부도 적극적으로 참여하고 있다"고 설명했다.

네덜란드는 특히 UN환경계획(UNEP)에 1,000만 달러를 지원해 개도국의 CDM체제를 갖춰주는 원조사업도 하고 있다. 베트남, 필리핀, 캄보디아, 우간다, 모로코 등 12개 개도국과 후진국들이 이 돈으로 CDM투자를 받을 수 있는 제도를 만들고 관련자들에게 교육을 실시하고 있다. 네덜란드 입장에서는 길게 내다보고 CDM투자를 할 수 있는 텃밭을 만들어가고 있는 것이다.

이외 핀란드(6건), 스페인(4건) 영국(4건) 등도 공격적으로 CDM사업을 진행하고 있다.

주목해야 할 것은 자국 스스로 CDM사업을 진행해 탄소배출권을 인정받을 수 있는 단독(Unilateral) CDM사업이 55건에 이른다는 점이다. CDM은 선진국에 후진국에 투자를 한 후 성과를 거두는 게 일반적이지만 순서를 바꿔 후진국이 스스로 CDM사업을 진행한 후 구체적인 성과가 나온 후 선진국에 이를 판매하는 방식도 가능하다.

이를 단독CDM이라 하며 온두라스가 이 방식을 UNFCCC에서 승인받으면서 개도국과 후진국들이 앞 다퉈 사업을 진행하고 있다.

황금시장으로 떠오르는 중국

"CDM(청정개발체제)은 중국을 위한 개발 메커니즘(China Development Mechanism)이다."(노종환 에너지관리공단 기후대책실장)

'세계의 공장'으로 불리며 빠른 산업화가 진행되고 있는 중국.

온실가스 의무감축국인 선진국들이 개도국 또는 후진국에 기술개발이나 공정개선을 이전해 주고 감축분을 챙길 수 있는 CDM(청정개발제도)사업의 또 다른 황금시장으로 중국 시장을 주목하고 있다.

CDM사업 컨설팅업체인 냇소스유럽의 마틴 콜린스 매니징디렉터는 "CDM사업으로 가장 많은 배출권을 만들 수 있는 나라는 중국과 인도, 브라질이며, 선진국들이 이들 나라에 투자하는 일에 많은 관심을 가지고 있다"고 말했다.

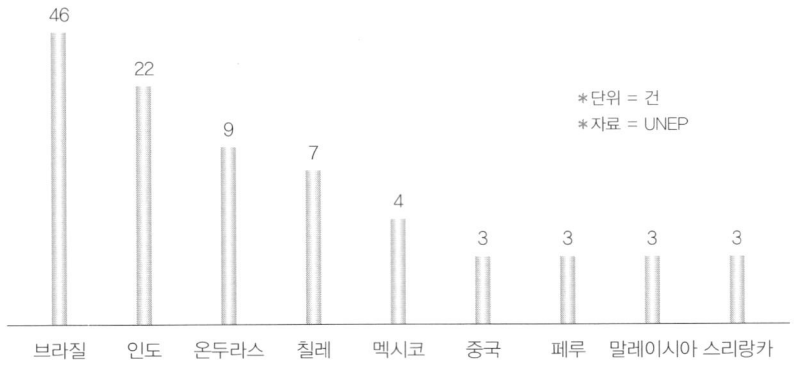

온실가스 감축 투자 유치 현황

*단위 = 건
*자료 = UNEP

중국은 엄청난 온실가스를 배출하는 석탄을 주에너지원으로 활용하고 있다. 그만큼 CDM투자에 나서 얻을 수 있는 온실가스 감축실적이 풍부하다는 것이다. 아직 CDM 유치 실적이 3건에 불과하지만 머지않아 전 세계 CDM프로젝트의 절반 이상을 중국이 가져갈 것이란 얘기도 나온다.

중국이 선진국 투자를 유치한 사례로는 덴마크가 싼시(Shanxi)성 발전소 폐기열을 효율적으로 사용해 연간 9만 3,000톤의 CO_2를 감축하는 프로젝트를 벌인 일과 일본 쓰고쿠전력 등 3개사가 공동으로 난산(Nanshan) 석탄광구의 매탄을 줄여 연간 6만 2,000톤의 CO_2감축분을 확보하도록 한 것 등을 들 수 있다.

중국이 앞으로 자국에 대한 CDM투자가 잇따를 것으로 보고 탄소배출권에 대한 세금 부과를 검토할 것이라는 얘기가 나올 정도로

CDM사업에 가속도가 붙고 있다.

　CDM사업은 투자를 받는 입장의 경우 선진국의 자본을 받아 풍력, 태양열 등 대체에너지 설비를 갖출 수 있다. 또 바이오에너지 생산기술, 에너지효율 향상기술 등 선진국의 청정기술을 전수받을 수도 있고 온실가스 배출을 대폭 줄임으로써 환경보호에도 기여할 수 있다.

　이러한 CDM사업은 개도국 입장에서도 일석삼조의 효과를 거둘 수 있어 개도국·후진국 간의 투자 유치경쟁이 치열하게 불붙고 있다.

　유엔환경개발계획(UNEP) 조사에 따르면 전 세계 29개 개도국 혹은 후진국이 CDM사업을 유치했다. 브라질이 46건으로 가장 많고 인도도 22건에 이른다.

　CDM사업에 투자하는 유러피안카본 펀드의 로랑 세갈렌 대표는 "앞으로 CDM사업은 중국과 인도의 싸움이 될 것이다. 국토가 크고 산업화 속도가 빨라 그만큼 온실가스 배출량이 급격히 증가하고 있기 때문에 투자매력이 높다"고 말했다.

　중남미의 온두라스(9건)와 칠레(7건), 멕시코(4건) 등도 활발히 CDM사업을 유치하고 있다.

　북한도 주목받고 있는 CDM투자대상국 중 하나이다. 북한은 산업화의 진행이 거의 없다는 단점이 있지만 풍부한 삼림자원과 과다한 석탄연료 사용 등의 장점이 있다. 한국 입장에서 북한과의 CDM사업은 남북경협과도 연결될 수 있다.

　하지만 선진국의 전문가들은 북한이 CDM을 추진하기 어려운 체제

상의 불안전성과 폐쇄성을 극복하는 게 우선과제라고 공통적으로 지적한다.

교토의정서 상 개도국으로 분류된 한국에서도 일본 기업의 투자유치를 받아 CDM사업이 시작되고 있다.

일본 이네오스케미칼이 울산화학의 불소화학물(HFC23) 열분해 처리사업과 관련해 국내 퍼스텍과 합작 투자한 CDM사업은 UN에서 승인을 받은 최초의 CDM사업이다. 연간 140만 톤의 감축효과와 연간 3,052만 유로(366억 원, 배출권가격 21.8유로/톤 적용)의 배출권 판매 수익을 기대하고 있다. 이는 2005년 말까지 승인단계를 완료한 12개의 사업 중 최대규모의 사업이다.

또 프랑스 로디아 사가 온산에서 진행하고 있는 온실가스 감축사업은 기대 감축규모가 1,050만 톤에 이른다. 제대로 성사만 된다면 최대치 기록을 갱신할 수 있다.

한국은 교토의정서 상 개도국 입장이어서 후진국에서 직접 CDM사업을 벌이기가 쉽지 않다. 하지만 주목해야 할 점이 있다. UNEP에 따르면 자국 스스로 CDM사업을 진행해 탄소배출권을 인정받을 수 있는 단독(Unilateral) CDM사업이 55건에 이른다는 점이다.

CDM은 선진국이 후진국에 투자를 한 후 성과를 거두는 게 일반적이지만 그 순서를 바꿔 후진국이 먼저 CDM사업을 진행한 후 구체적인 성과가 나오면 이를 선진국에 판매하는 방식도 가능하다.

이를 '단독CDM'이라 하며 온두라스가 이 방식을 UNFCCC에서 승인 받으면서 개도국과 후진국들이 앞 다퉈 사업을 진행하고 있다. 그리고 바로 이 점이 한국이 노려야 할 점이다. 개도국 입장이라고 손놓고 있다가는 선진국이 알짜 투자대상국을 점한 후 경쟁에 돌입하게 될 것이라는 얘기다.

UNEP에서 CDM사업 전략을 세웠던 이명균 계명대 교수는 "선진국들은 직접 투자뿐 아니라 세계은행, PCFM 등 다양한 다국적 펀드에 투자하고 있고, 네덜란드처럼 정부가 직접 세금으로 투자를 할 정도로 적극적"이라며 "투자유치국 입장에서 CDM을 잘 이해해 대처해야 한다"고 조언했다.

한국도 CDM사업 할 수 있어

청정개발체제는 1차 의무이행기간(2008~2012년) 이전의 조기감축활동을 인정해 2000년부터 2007년까지 발생한 온실가스 감축사업으로 발생한 감축량을 소급해 인정하도록 한 것이다. 따라서 크게 3가지로 구분되는 교토메커니즘에서 지금부터 사용할 수 있는 유일한 메커니즘이다.

CDM은 예치가 가능하기 때문에 앞서 기술한 바와 같이 특히 유럽에서 활발히 진행되고 있다. 2003년 네덜란드가 처음으로 CDM사업을 시작한 이래 총 126개에 달하는 사업을 진행 중이며, 2012년까지 1억 5,153만 톤에 이르는 온실가스 배출량을 감축할 수 있을 것으로 예상된다.

일본과 캐나다 기업들도 이미 상당량의 크레디트(Credit)를 확보하고 있으며 일본의 경우 17개의 CDM프로젝트에 대한 투자가 이미 승인됐다.

CDM사업은 적어도 3년에서 7년 정도의 사업 기간이 필요한 것으로 알려졌다.

한국의 경우 CDM에서 주요 유치국(포인트카본이 산정한 국가신용도는 B+, 2005년 3월)으로 분류돼 있으며 울산화학의 불소화학물(HFC23) 열분해 처리사업이 AA-(국내 최초, 세계 4번째)로 2005년 7월에 배출권을 획득한 바 있다.

우리나라는 북한에 대한 CDM사업도 할 수 있는 기회가 있다.

온실가스 배출권은 '유가증권'

2005년 9월 독일 본에서 개최된 유엔기후변화협약(UNFCCC) 21차 청정개발체제(CDM) 집행위원회. 온두라스와 인도 등에서 추진된 3건의 CDM사업에 대한 온실가스 배출권(CERs, 크레디트) 발행이 승인됐다.

교토의정서가 발효된 이후 CDM사업으로는 세계 첫 배출권이 발행된 것. 무형의 탄소가 손에 만질 수 있는 유가증권이 된 셈이다.

CDM사업이란 교토의정서 상 CO_2 의무감축대상국들은 개도국이나 후진국에 온실가스 감축 사업을 벌여 거둔 감축분을 자국 실적으

감축실적 등록절차

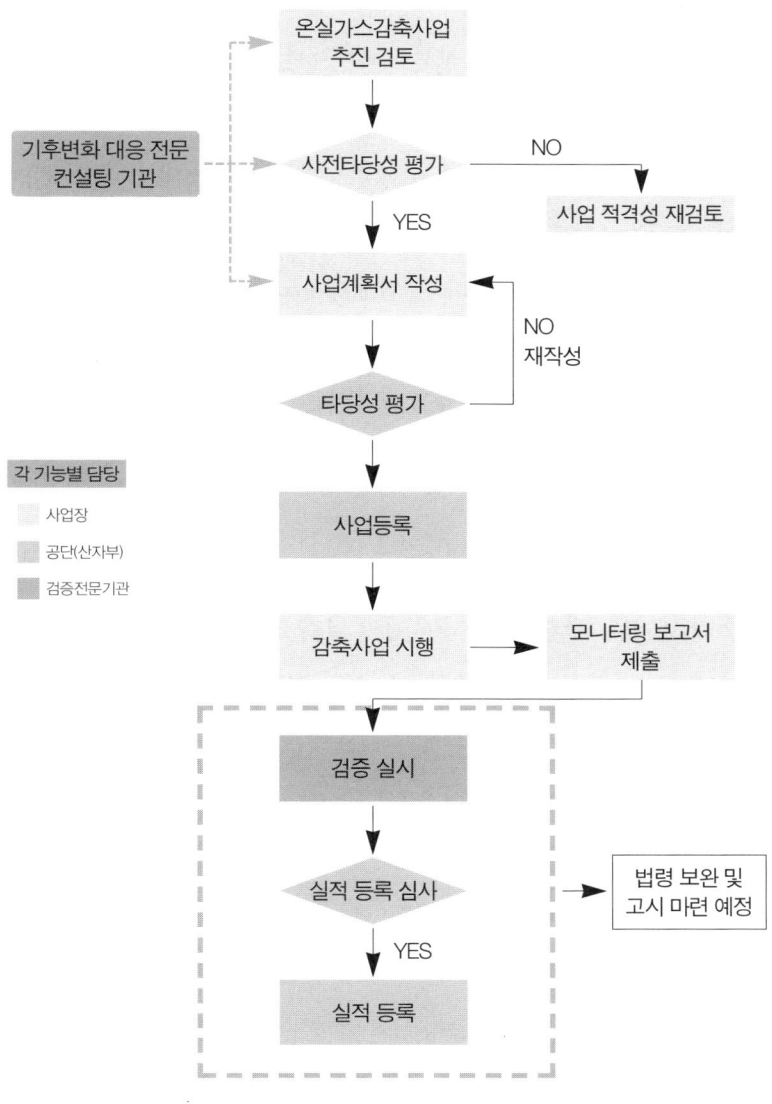

로 가져가거나 내다 팔 수 있도록 한 제도. 배출권은 전세계적으로 운영되고 있는 탄소배출권 거래소를 통해 거래된다.

크레디트가 발행된 3건은 온두라스에서 핀란드와 이탈리아가 벌이고 있는 소수력 발전 프로젝트와 네덜란드가 인도에서 벌이고 있는 바이오매스 프로젝트.

실제 2005년 10월 20일에는 핀란드와 온두라스의 소수력 발전을 통해 CO_2 감축분 7,304톤에 대한 배출권이 발행됐다. 그리고 같은 날 이탈리아와 온두라스의 소수력 발전에서도 2,210톤의 CO_2 감축분에 대해 배출권이 발행됐다.

10월 21일에는 네덜란드와 인도의 바이오매스 사업을 통해 감축한 4만 8,230톤의 배출권도 발행됐다. 탄소가 돈이 되는 시대가 열린 것이다.

2005년 9월 캐나다 몬트리올에서 열린 22차 CDM 집행위원회에서는 CDM사업 등록과 검증을 할 수 있는 인증기구를 일원화하는 등 등록절차를 간소화했다.

CDM 추진절차가 간소화되면서 UN에 공식 등록되는 CDM프로젝트 숫자도 급증하고 있다.

브라질의 매립지 CDM이 세계 최초로 UN에 등록된 이후, 우리나라의 울산화학 CDM사업과 온산의 로디아코리아의 CDM사업을 포함해 총 43개의 프로젝트가 공식 등록됐다. 이 사업을 통해 감축이 기대되는 CO_2 규모는 세계적으로 연 1,752만 톤에 이른다.

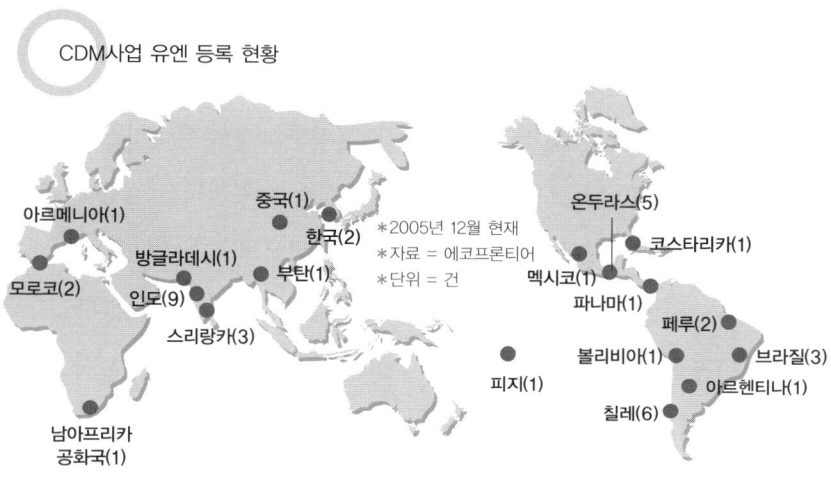

　탄소배출권 컨설팅업체인 에코프론티어의 정해봉 대표는 "CDM사업 등록건수가 매분기별 2배 이상 증가하고 있다"며 "배출권이 발행된 10월 이후에는 신규로 공식 등록된 프로젝트 수만 이미 20개에 달한다"고 밝혔다.

　그는 "CDM 등록절차가 간소화되고 정형화되는 2005년 말이 되면 60여 개의 CDM프로젝트가 UN에 공식 등록될 것"이라고 전망했다.

　우리나라에서 처음으로 CDM사업으로 등록했으며 세계에서 처음으로 검증받은 울산화학 CDM사업도 UN의 배출권 발행승인을 눈앞에 두고 있다. 배출권을 발행하게 되면 지금의 가치보다 2배 이상 증가된다. 현재 대부분의 배출권 거래는 미래의 배출권 발행을 염두에 두고 이뤄지고 있기 때문이다. 울산 CDM사업의 경우 연간 140만 톤의 온실가스 감축을 예상하고 있어 톤당 20유로 판매 시 연간 최소 300억 원 이상의 경제적 이익을 기대할 수 있다.

22차 집행위원회에서는 한국의 에너지관리공단이 전세계 개발도상국(비의무감축대상국) 중 처음으로 CDM운영기구로 지정됐다.

CDM운영기구는 CDM사업에 대해 계획단계에서 온실가스감축 타당성을 미리 진단하고 완료 후에는 온실가스 감축실적을 검증해 주는 역할을 하는 국제인증기관이다. 전 세계적으로 DNV(Det Norske Veritas : 영국), JQA(일본품질협회) 등 12개 기관만 지정돼 있다.

에너지관리공단이 CDM운영기구로 지정되면서 국내 CDM사업 투자가 훨씬 수월해지고 국내 사업등록 건수도 더욱 증가할 것으로 예상된다.

에너지관리공단 관계자는 "앞으로 국내에서 풍력, 태양광 등 신재생에너지를 통한 CDM이 더욱 활성화될 전망"이라며 "국내에도 CDM운영기구가 설치됨에 따라 비용절감 효과도 크게 거둘 수 있을 것"이라고 기대했다.

CDM시장에서 배출권 거래 가격은 지역별로 차이를 보이고 있다. 유럽지역에서는 CO_2 톤당 20유로에 거래되고 있는 것으로 알려졌다. 아시아개발은행(ADB)에 따르면 ADB가 배출권 판매를 지원한 중국 CDM사업의 경우는 CO_2 톤당 15유로에 거래가 됐다.

세계은행과 세계 온실가스 배출권거래협회(IETA)에 따르면 배출권 가격은 2004년에 비해 20~25% 상승했으며 2005년 4월에는 CO_2 톤당 5.22달러에 거래됐다고 보고됐다.

○ 우리나라에서 전개되는 주요 CDM사업

단위 = 연간 CO_2 톤

사업명	사업참여자	예상 감축량	진행추이
울산 HFC 분해사업	• INEOS Fluor Japan • IFJ Korea • 퍼스텍(주) • 울산화학(주)	1,400,000	• 2004.07(국가승인) • 2005.03(UNFCCC 등록) • 737525 CER 발급 (2006.01) • 937238 CER 발급 (2006.02)
온산 N_2O 감축사업	• 로디아 폴리아마이드 (프랑스) • 한국로디아 • Perspectives Climate Change Gmbh(독일) • 일본로디아	9,150,000	• 2005.09(국가승인) • 2005.11(UNFCCC CDM 사업등록)
강원풍력발전사업	• 유니슨(주) • 강원풍력(주) • Ecoeye(주) • Marubeni Corporation • Eurus Energy Japan Corporation	149,536	• 2005.12(국가승인) • 2006.03(UNFCCC 등록)
영덕풍력발전사업	• 유니슨(주) • 강원풍력(주) • Ecoeye(주) • Marubeni Corporation	60,071	• 2006.01(국가승인) • 2006.06(UNFCCC 등록)
시화호조력사업	• 한국수자원공사	310,593	• 2006.02(국가승인)
저유황유로부터 천연가스 연료전환	• 한국지역난방공사	65,000	• 타당성 확인 중
수자원공사 소수력 발전	• 한국수자원공사	20,000	• 타당성 확인 중
동해 태양광 발전	• 동서발전	700	• 2006.5(국가 승인)
휴켐스 N_2O 감축사업	• Carbon CDM Korea Ltd. • Kommunalkredit Public Consulting GmbH	1,280,429 CO_2 환산톤	• 타당성 확인 중

CDM 러브콜 받는 한국

한국이 온실가스 감축을 위한 청정개발체제(CDM)의 핵심국가로 부상하고 있다. 한국은 아직 교토의정서상 온실가스 의무감축대상국이 아니기 때문에 CDM분야에서는 대상국의 투자를 받는 입장이다.

한국이 투자처가 된 사업은 CO_2 감축량이 연간 140만 톤 규모인 울산화학과 915만 톤 규모인 로디아코리아다. 각각 일본과 프랑스 업체가 투자했다. 건수로는 2개에 불과하다. 인도(9건), 칠레(6건), 온두라

온실가스 배출 감축량 산출 절차

사업범위 설정	대상 사업의 범위를 설정 및 온실가스 배출원을 규명
기준활동 선정 및 데이터 수집	감축사업에서 온실가스 배출량에 가장 큰 영향을 주는 기준활동을 선정하고, 관련 데이터 수집
베이스라인 설정	대상 사업의 특성을 고려하여 적절한 베이스라인 방법론을 설정
온실가스 배출량 계산	직접 배출, 간접배출, 누출로 구분하여 사업 후의 예상 배출량 계산
온실가스 감축량 계산	베이스라인 배출량 및 사업 시행 후 예상 온실가스 배출량을 바탕으로 사업 유효기간과 연간 활동량을 고려하여 감축량을 산정

스(5건) 등이 훨씬 앞서있다.

하지만 2개의 사업만으로 우리나라는 1,015만 톤의 온실가스 감축을 기대하고 있다. 전세계에서 등록된 CDM사업 예상감축량의 57.9%에 이른다.

최근에는 CO_2를 14만 9,536톤 줄일 수 있는 강원풍력 CDM사업이 정부 승인을 받았고, 영덕풍력(6만 톤), 시화호 조력사업(31만 593톤)도 승인절차를 밟고 있다. 이들 사업까지 합칠 경우 한국은 CDM사업을 통한 전세계 온실가스 감축에서 절대적인 기여도를 갖는다.

한국전력은 중국 깐수성의 풍력발전소를 대상으로 국내기업 최초로 해외 CDM사업에 진출했다.

중부발전은 양양과 양구에 풍력발전 2만 3,000kW를 건설해 운영과정에서 발생되는 연 4만 2,000톤의 온실가스 감축분을 2006년 상반기께 UN에 등록해 온실가스 배출권을 확보할 계획이다.

지역난방공사도 연료를 기존 석유제품으로 LNG로 교체사업을 벌이면서 CDM사업으로 UN에 공식 등록하기 위한 사업을 조속히 추진할 예정이다. 이를 통해 연간 6만 톤 정도의 CO_2 감축을 기대하고 있다.

북한 조림사업을 노려라

실제로 국내 탄소배출권 확보를 위한 북한 조림사업에 우리나라의 자본을 투자하는 방안이 추진되고 있다.

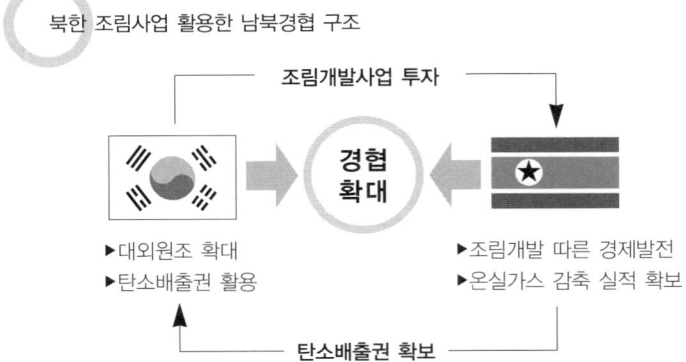

환경부 고위 당국자는 "북한 조림사업을 통해 온실가스를 감축해 탄소배출권을 확보하는 CDM사업을 남북경협 차원에서 검토하고 있다"고 밝혔다. 그리고 이를 위해 "남북경협 채널에 환경분과를 신설해 달라고 요청했다"고도 전했다.

북한 조림사업을 통해 북한 경제에도 기여하고 온실가스 감축분을 한국에 가져옴으로써 새로운 남북경협의 장을 열겠다는 복안이다. 북한은 조림사업을 벌일 산지가 많고 특히 과다한 석탄연료 사용으로 CDM사업의 좋은 여건을 갖추고 있다는 것이 전문가들의 견해다.

박종식 삼성경제연구소장은 "경협 차원에서 북한의 CDM사업을 적극 고려해야 한다"고 강조한다.

정부는 한편 해외 자본의 CDM투자를 유치하기 위해 폐기물매립지와 폐수처리장 등 환경기초시설을 대상으로 사업타당성을 조사하고 있다. 또한 국내 자본의 해외투자를 위해서는 베트남에서 매립지에 대한 사업타당성 조사를 진행하고 있다. 또한 캐나다와는 CDM사업 양해각서를 체결하는 등 선진국과의 공동 진출 방안도 모색하고 있다.

탄소펀드 쏟아진다

링컨기념관을 오른쪽에 두고 백악관에서 10분 남짓 걸으면 두 개의 마주본 건물이 세계은행(World Bank)이다.

저개발국에 대한 기술과 원조를 목적으로 하는 세계은행은 교토메커니즘에 맞춰 개발도상국의 온실가스를 감축해 주고 크레디트를 확보하는 데 투자하는 9개의 '카본(탄소)펀드'를 굴리고 있는 가장 '큰손'이다. 교토의정서에 맞서 새로운 진용을 구축하는 데 주도적인 역할을 하고 있는 조지 부시 미국 대통령의 집무실과 지척에 마주보고 있다는 것이 아이러니처럼 느껴진다.

세계은행 4층에 위치한 3평 남짓한 사무실에서 케네스 뉴콤 수석 펀드매니저를 만났다.

2000년에 만들어진 최초의 카본펀드 '프로토타입카본펀드(PCF)' 결성을 주도한 주인공이다.

이 펀드에는 일본과 노르웨이, 스웨덴, 네덜란드, 핀란드, 캐나다 등 6개 정부와 BP, 미쓰비시상사 등 17개 기업들이 1억8,000만 달러를 투자했다.

뉴콤 수석매니저는 PCF가 투자한 남아프리카공화국의 더반 프로젝트를 설명해줬다.

"남아공의 항구 도시인 더반은 해상 교통과 상공업의 중심지이지만 쓰레기 처리가 문제였습니다. PCF로 더반의 쓰레기 매립지 3곳에 가스 매집 시설 설치에 투자했죠"

쓰레기에서 나오는 온실가스를 에너지원으로 바꿔주고 대신 탄소배출권을 확보해 PCF 주주들에게 나눠주는 자금 운용이다.

뉴콤의 제안을 받은 오베드 움라바(Obed Mlaba) 더반 시장은 이를 즉각 받아들였다고 한다. 선진기술을 받아 첨단 쓰레기매립장을 만들고 전기까지 공급받는데 받아들이지 않을 이유가 없었다는 것.

뉴콤 펀드매니저는 "PCF도 2006년부터 연간 380만 톤의 탄소배출권을 확보해 주주들에게 나눠줄 수 있을 것"이라고 말했다. 380만 톤이면 현재 톤당 CO_2 거래가격 21.8유로로 계산하면 약 994억 원에 달한다.

PCF 외에도 세계은행은 현재 네덜란드 정부와 CDM(청정개발체제)사업을 펼치는 '네덜란드 청정개발 설비펀드', 이탈리아 정부와 '이탈리안 카본펀드', 스페인 정부와 '스페인 카본펀드' 등 8개 펀드를 더 결성해 운용하고 있다. 주요 투자처는 신재생에너지 개발 프로젝트와 개발도상국 투자, 에너지효율 개선사업 투자 등이다.

세계은행뿐만 아니라 전 세계적으로 조성된 펀드는 20여 개에 달한다. 펀드 규모는 세계은행의 약 10억 달러를 비롯해 세계적으로 최소 30억 달러를 넘어서는 것으로 추정된다.

뉴콤 수석매니저는 "탄소에서 '돈 냄새'를 맡은 투자자들은 이미

○ 주요 카본펀드

설립년도	이름	펀드 운용자	주요 주주	자금 조성액
2000	프로토타입 카본 펀드(PCF)	세계은행	일본 · 캐나다 등 6개 정부 17개 기업	1억 6,500만 달러
	덱샤-FE 에너지 효율 배출감축 펀드	FE 청정에너지그룹	벨기에 덱샤은행 · 유럽개발은행 등	8,800만 달러
2001	FE라틴어메리칸 청정에너지서비스 펀드	FE 청정에너지그룹	도쿄전력 · 스미모토상사 · 멕시코개발은행	3,610만 달러
2002	네덜란드 청정개발설비	세계은행	네덜란드 정부	1억 7,000만 달러
2003	FE 글로벌아시아 청정에너지서비스 펀드	FE 청정에너지 그룹	아시아개발은행 · 미쓰비시상사	5,000만 달러
	발틱해 테스팅 그라운드 설비	노르딕 환경 파이낸스	독일 · 덴마크 · 핀란드 · 노르웨이 등 정부	1,500만 달러
	유로피안 카본 펀드	IXIS	알리안츠, CDC, 로프티스 등 금융기관	1억 달러
2004	이탈리아 카본 펀드	세계은행	이탈리아 정부	8,000만 달러
	오스트리안 소규모 CDM 설비	에코 시큐리티즈	오스트리아 정부	알려지지 않음
	바이오 카본 펀드	세계은행	캐나다 · 이탈리아 · 스페인 등 정부 · 도쿄 전력 등	4,380만 달러
	네덜란드 유로피안 카본 펀드	세계은행	네덜란드 정부	1,000만 톤 구입목표
	일본 온실가스 감축 펀드	JCF	니폰오일 · 소니, 미쓰이 · 미쓰비시 등 종합상사	1억 4,100만 달러
2005	사회개발 카본펀드	IETA	오스트리아 · 캐나다 등 정부, 바스프 · 니폰 오일 등	1억 4,100만 달러
	덴마크 카본 펀드	세계은행	덴마크 정부 등	3,500만 달러
	냇소스GG-CAP	냇소스	오키나와 전력 · 도쿄가스 등 일본 기업	1억 달러
	스페인 카본 펀드	세계은행	스페인 정부	1억 7,000만 달러

입질을 시작했다"며 펀드 조성 붐을 소개했다.

개도국으로서는 처음으로 아르헨티나 정부가 자체적으로 금융기관과 기업, 연금을 동원해 '아르헨티나 카본펀드' 설립을 추진하는 등 개도국도 탄소펀드 사업에 뛰어들고 있다.

이처럼 온실가스 감축활동을 위해 탄소펀드가 활약하는 이유는 간단하다.

현재 진행되고 있는 CDM투자 126개 사업 중 UN의 최종승인을 받은 것은 12개에 불과하다. 57개는 계획서를 다시 짜오라는 반려조치까지 받았다.

그만큼 CDM투자는 긴 시간 동안 막대한 투자가 이뤄졌는데도 불구하고 온실가스 감축성과는 별반 거두지 못할 가능성도 배제할 수 없다. 정부나 기업이 단독투자에 나설 경우 적지 않은 리스크를 안게 된다.

이러한 위험을 회피하기 위한 수단이 펀드형 투자이다. 각국 정부와 기업의 자금을 모아 여러 국가에 CDM을 분산 투자함으로써 기대수익은 낮추더라도 위험을 피하는 게 목적이다. 주식투자를 위한 간접투자형 펀드와 원리는 같다.

이 같은 이점 때문에 정부가 국제기구가 아닌 순수 금융기관이 만드는 민간 펀드도 등장하고 있다. 알리안츠, CDC 등 유럽의 9개 은행이 2005년 6월 1억 5,000만 유로(약 1,260억 원)를 모아 '유러피안 카본펀드(ECF)를 구성한 것. 이들은 CDM과 JI(공동이행제도)에 분산투자해 투자자에게 현금 수익 창출을 목적으로 하고 있다.

영국의 '기후변화PLC'도 2005년 6월 1억 6,000만 파운드(약 3,000억 원) 규모의 CDM 전문 투자 펀드를 결성해 8월부터 투자에 나설 예정이다. 일본도 아시아 최초로 탄소기금을 설립해 운영하는 등 펀드 결성에 주도적으로 활동하고 있다.

2004년 11월 배출권 구입을 목적으로 한 탄소기금인 '일본 온실가스 감축펀드(JGRF, Japan GHG Reduction Fund)'가 설립됐다. 이 펀드는 국제협력은행과 일본정책투자은행이 주체가 돼 도요타와 소니 등 민간기업 31개사가 총 1억 4,000만 달러를 출자했다.

JGRF는 기금 운용을 전담하는 '일본 탄소금융주식회사(Japan Carbon Finance, Ltd, JCF)도 별도로 만들었다.

심지어 환경문제에 목소리를 높여온 미국의 앨 고어 전 미국 부통령은 2005년 11월 "환경과 경제 성장 등 '지속 가능' 분야에 장기적으로 투자하는 환경펀드를 결성하겠다"며 '제너레이션자산운용(Generation Investment Management)' 설립을 발표하기도 했다.

Interview

탄소시장 급성장, 문제는 시간

케네스 뉴콤 월드뱅크
수석매니저

"미국이 기후협약에 본격적으로 참여하게 되는 순간 이산화탄소(CO_2) 시장은 폭발적으로 팽창하게 될 것입니다."

케네스 뉴콤 월드뱅크 수석매니저는 21세기 산업혁명의 핵으로 주목받고 있는 탄소 관련 시장의 잠재성을 강조하며 다만 그 시기가 관건이 될 것이라고 말했다.

세계은행이 주도하고 있는 8개 탄소 펀드 가운데 가장 큰 규모인 '프로토 타입 카본 펀드' 결성을 주도한 뉴콤은 "교토의정서의 유효기간인 2012년까지 유럽과 미국의 줄다리기가 계속되겠지만 결국 합의점을 도출해 낼 것"이라고 전망했다.

세계 기후협약은 2005년 2월 16일 유럽연합(EU)과 일본 주도로 이산화탄소(CO_2) 배출을 양적으로 규제하는 '교토의정서'가 발효되면서 현실로 다가왔다. 탄소 경제가 본격화된 것이다.

그러나 세계 최대 탄소배출국인 미국은 교토의정서 참여를 거부하고 2005년 7월 28일 한국과 중국, 일본, 인도, 호주와 함께 질적인 기술개발을 중시하는 '아태지역 파트너십'을 발족했다.

세계 경제의 양대 축인 미국과 EU가 서로 다른 목소리를 냄에 따라 많은 기업들은 앞으로 기후협약이 어떤 방향으로 진행될지 갈피를 잡지 못하고 있다.

그러나 뉴콤은 미국이 어느 정도 양적인 규제를 받아들일 수밖에 없을 것이기 때문에 기업들은 당장 준비에 나서야 한다고 주장했다.

그는 "현재 미국의 13개주와 시카고, 오클랜드 등 주요 도시들이 탄소배출규제에 나서고 있기 때문에 연방 정부도 이를 무시할 수 없을 것"이라고 분석했다.

경제 성장과 산업계의 목소리를 중시하는 부시 행정부 체제하에서는 기술개발을 중시하는 미국 입장이 힘을 얻겠지만 부시 2기 행정부 이후 2009년 새로운 행정부가 들어서면 미국의 입장이 수정될 가능성도 배제할 수 없다는 점도 이 같은 주장을 뒷받침한다.

뉴콤 수석매니저는 "교토의정서 이래 기후협약은 2013년부터 결국 현재의 양적 규제에서 질적 규제를 가미한 형태로 갈 수밖에 없을 것"이라면서 "기업들도 탄소 시장 탄생을 기정사실화하고 준비해야 한다"고 강조했다. 그는 기업이나 국가 역시 앞으로 탄소 경제가 미치는 영향을 면밀히 조사하고 비용도 꼼꼼히 따지는 과정에서 새로운 사업 기회를 얻을 수 있다고 조언했다.

뉴콤은 "실제로 듀폰 같은 기업은 탄소 배출량을 줄이기 위한 기술개발을 시도해 배출량을 30% 이상 줄이는 획기적인 성과를 올리는 동시에 비용도 줄이는 부수 효과까지 얻었다"고 소개했다.

뉴콤은 마지막으로 "기후협약은 필연적으로 실시될 것"이라면서 "정부는 기업들에게 인센티브를 줄 수 있는 시스템을 만들어 기업들이 조속히 탄소 경제를 준비할 수 있도록 해야 한다"고 촉구했다.

후진국의 CDM 투자유치 경쟁

교토의정서는 의무감축대상국인 선진국뿐만 아니라 개도국이나 후진국들에게도 많은 이익을 가져다 주는 제도이다.

후진국 입장에서는 선진국의 투자를 받아 풍력, 태양열 등 대체에너지 설비를 갖출 수 있다. 바이오에너지 생산기술, 에너지효율 향상 기술 등 선진국의 청정기술을 전수받는 이점도 크기 때문이다.

여기에다 온실가스 배출을 대폭 줄임으로써 환경보호에도 기여할 수 있기 때문에 개도국이나 후진국들에게 CDM사업은 일석삼조의 효과를 거두는 셈이다.

이미 투자유치 경쟁은 시작됐다. 유엔환경개발계획(UNEP) 조사에 따르면 전세계 29개 개도국 혹은 후진국이 CDM사업을 유치했다. 브라질이 46건으로 가장 많고 인도도 22건에 이른다.

에릭 탕(Eric Tang) 덴마크 환경부 상임자문관은 "빠른 경제발전 속도와 산업화로 인해 그만큼 온실가스 배출량이 급격히 증가하고 있는 국가일수록 CDM투자 대상으로 매력도가 높다"고 설명했다.

이어 온두라스(9건), 칠레(7건), 멕시코(4건) 등 중남미 국가들도 활발히 CDM사업을 유치하고 있다.

한국의 경우, 지금까지 유치한 CDM사업은 일본 이네오스케미칼이 울산화학의 불소화학물(HFC23) 열분해 처리사업과 관련해 국내 퍼스텍과 합작 투자한 것이 유일하다.

울산화학 CDM사업은 UN에서 승인을 받은 최초의 사업이다. 연간

140만 톤의 감축효과를 기대하고 있다. 현재까지 승인단계를 완료한 12개의 사업 중 최대규모이다. 또 프랑스 로디아 사가 온산에서 진행하고 있는 온실가스 감축사업은 기대 감축규모가 1,050만 톤에 이른다. 제대로 성사된다면 최대치 기록을 갱신할 수 있다.

'세계의 공장'으로 불리며 빠른 산업화가 진행되고 있는 중국도 무시할 수 없다. 이명균 계명대 교수는 "머지않아 전 세계 CDM프로젝트의 절반 이상을 중국이 가져갈 것이란 얘기도 나온다"고 설명했다. 온실가스를 과다 배출하는 석탄을 주에너지원으로 활용하기 때문에 CDM투자에 나서 건질 수 있는 온실가스 감축실적이 풍부하다는 것이다. 하지만 아직 중국의 CDM유치 실적은 3건에 불과하다.

이 교수는 "탄소투자는 장기간에 걸쳐 진행되기 때문에 정책이 잘 갖춰지고 예측가능성이 확보돼야 한다"며 "중국은 아직 이런 면에서 컨트리 리스크가 높은 단점이 있다"고 설명했다.

Interview

개도국에 CDM 전파하는 유엔환경계획(UNEP)

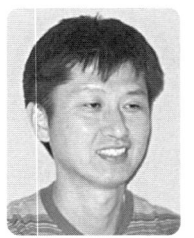

이명균 수석연구원
[현 계명대 교수]

"한국도 CDM제도을 활용해 얼마든지 큰 수익을 확보할 수 있습니다."

유엔환경계획(UNEP)에서 수석경제연구원으로 활동했던 이명균 계명대 교수.

UNEP에서 그의 임무는 개도국과 후진국을 찾아다니며 선진국의 온실가스 감축투자를 유치하면 국가적으로 얼마나 큰 도움을 받는지를 설득하는 것이었다.

이를 통해 CDM투자대상국으로 나서겠다고 결정한 국가에는 관련 법령과 제도를 만들어주고, 대국민 홍보활동은 물론 전문가를 육성하는 등의 시스템까지 구축(Capacity Building)해 준다.

그의 손을 거쳐 선진국의 CDM투자를 받을 준비를 하고 있는 국가만 베트남, 필리핀, 캄보디아, 아이보리코스트, 모잠비크, 우간다, 모로코 등 12개국에 이른다.

"CDM은 선진국들이 의무감축 목표를 달성하는 수단이지만 후진국 입장에서는 지속가능한 발전을 이룰 수 있는 토대를 만들어줍니다."

선진국의 CDM투자를 받으면 후진국은 공해유발이 없는 대체에너지 시설을 확보하고 각종 선진 환경기술을 이전받는 등 큰 이점이 있다. 이 교수는 "이 같은 이점에도 불구하고 대부분의 후진국들은 기후변화협약이 무엇인지조차 제대로 모르고 있다"며 "인적자원을 개발하고 재정적 지원이 필요한 게 현실"이라고 설명했다.

문제는 CDM이 제도적으로 워낙 복잡한데다 장기간의 작업이 필요한 프로젝트여서 투자유치국 입장에서 제도를 제대로 이해하지 못하면 불리한 입장에서 선진국과 CDM사업을 하게 된다는 것이다.

이 교수는 "선진국들은 직접 투자뿐 아니라 세계은행, PCFM 등 다양한 다국적 펀드에 투자하고 있다"며 "네덜란드처럼 정부가 직접 세금으로 투자할 정도로 적극적"이라고 전했다.

이런 상황에서 미리 준비해놓지 못할 경우 CDM유치국이 거둘 수 있는 혜택을 제대로 향유할 수 없다는 게 이 교수의 권고다. 그는 한국도 CDM을 유치하거나 반대로 투자에 나서는 등 적극적인 활동이 필요하다고 지적한다.

"CDM사업에 나서는 선진국들은 대부분 언어나 문화적으로 동질성이 높은 곳을 찾아갑니다. 유럽국가들은 아프리카, 스페인은 남미국, 일본은 아시아국 등이죠."

한국 입장에서는 중국, 몽고 등이 유용한 CDM투자 대상국인데 이미 일본에 의해 잠식되고 있다는 점을 경계해야 한다.

이 교수는 "기업들이 기후변화협약을 아직 위협요인이 아니라고 인식하는 것 같다"며 "강제적 감축이 부담되고 난 후 뒤늦게 나서봐야 선진국들이 대부분의 알짜 투자대상국을 선점한 뒤일 것"이라고 경고했다.

PART 5 기술로 시장 선점

덴마크 코펜하겐에서 5시간 떨어진 서쪽 해안지대인 혼스 레오(Horns Rev) 지역.

멀리 바다 한가운데 100m 높이의 초대형 풍차 80기가 바둑판 형태로 줄지어 늘어서 장관이 펼쳐진다. 이는 덴마크 정부가 2002년 설립한 세계 최대 규모의 해상풍력단지이다.

바다 한가운데에 발전용 풍차를 세우는 것은 같은 곳에 20층짜리 빌딩을 짓는 것과 마찬가지로 엄청나게 높은 기술적 난이도를 요구한다.

"덴마크 회사인 베스타스(VESTAS)가 건설한 해상풍력단지입니다. 이 분야에서는 세계 최고의 기업이죠."

안내를 맡은 KOTRA 코펜하겐 무역관의 예스퍼(Jesper Kryer)씨는 자랑스러운 표정으로 베스타스를 소개했다. 우리에겐 이름조차 생소한 베스타스는 세계 풍력발전 설비시장의 34.1%를 점유하고 있는 '강소(强小)' 기업이다.

19세기에 설립돼 70년대까지만 해도 가재도구와 농기구를 만들던 평범한 회사였다.

하지만 지구온난화로 인해 대체에너지가 크게 부상할 것이란 사실을 이미 20여 년 전에 간파하고 기업역량을 모두 풍력발전 설비분야로 모았다. 덴마크 시골의 이 자그마한 기업이 신시장을 선점한 덕분에 세계 최대의 풍력발전회사로 올라섰다.

2000년 8억 6,900만 유로(한화 약 1조 428억 원)였던 매출이 2003년 16억 5,300만 유로(1조 9,836억 원)로 성장하더니 1년 만인 2004년에는 다시 25억 6,100만 유로(한화 3조 732억 원)로 54.9%나 급증했다.

GE, 지멘스 등 쟁쟁한 글로벌기업들도 멀찌감치 따돌렸다. 이제는 세계 각국으로부터 기술이전 문의와 공동투자 제안 등이 줄 잇고 있어 세계 최고의 에너지기업을 꿈꿀 정도가 됐다.

미국과 유럽연합(EU)을 중심으로 세계 각국이 서로 진영을 나눠 온실가스 감축을 위한 주도권 경쟁을 펼치는 사이 세계적인 기업들은 이미 실전을 방불케 하는 기술개발 경쟁을 전개하고 있다.

이는 온실가스를 강제로 규제하고 저감량을 국가별로 할당하는 교토의정서가 올 2월 16일에 발효됨에 따라 CO_2 등의 온실가스가 바로 돈이 되는 '녹색경제시대'가 열렸기 때문이다.

글로벌 기업들은 저마다 온실가스 저감 기술개발, 신재생에너지 생산, 친환경적인 제품 개발 등에 사활을 걸고 있다. 국제사회에서 온실가스 규제체제가 어떻게 정립되든 간에 온실가스를 줄이는 새로운 기술은 곧바로 돈이 된다는 게 기업들이 바라보는 'CO_2 전쟁'이다.

세계 굴지의 화학회사인 미국의 듀폰. 업종의 성격상 유해가스 배출 위험이 매우 큰 회사이다. 듀폰은 90년대 초부터 더이상 온실가스를 배출했다가는 생존 자체가 힘들 것이라고 판단하고 공정개선을 통해 위기를 극복하는 방법을 택했다.

미국, 캐나다, 영국, 싱가포르 공장들의 주요 설비와 공정을 개선하고 탄화불소를 제조할 때 나오는 부산물을 줄였다. 10여 년의 노력 끝에 90년 대비 2002년까지 생산량이 30% 이상 늘었지만 온실가스 배출량은 약 67% 감소하는 성과를 거뒀다. 같은 기간 전세계 사업장의 연간 에너지 사용량도 9% 감축했다.

듀폰은 이 같은 공정개선만으로 지금까지 20억 달러(한화 약 2조 원)의 이익을 본 것으로 자체 추산한다. 온실가스 배출을 무방비로 방치했을 경우 받게 될 각종 규제와 피해, 처리비용 등을 이익으로 환산한 것이다. 교토의정서가 발효된 이후에는 공정개선을 통해 감축한 온실가스 저감분을 내다팔면 곧바로 돈을 받을 수 있다.

'CO_2 머니'를 잡기 위한 기업간 경쟁은 자동차 산업에서 가장 뜨겁게 전개되고 있다.

당장 유럽연합이 2008년부터 유럽에서 판매되는 신차의 이산화탄소 배출량을 주행거리 1Km당 140g으로 낮추고, 2012년에는 120g으로 강화하는 규제를 추진 중이기 때문에 이 기준에 맞추지 못하면 생존 자체가 불가능하다.

하이브리드카 시장에서 다른 자동차메이커들은 아직 시험단계인데 반해 도요타는 이미 소형차는 물론 중·대형차, 경차, SUV(스포츠유틸리티 차량) 등 다양한 라인업을 구축하는 데 성공, 2005년부터는 10개 모델을 내세워 연간 30만 대 이상 판매를 목표로 하고 있다.

일본 업체에 하이브리드카 시장을 내준 미국 업계는 뒤늦게 시장탈환에 나섰다. GM은 2004년 소형 트럭에서 시작해 2005년 SUV, 2006년엔 소형 하이브리드카 모델을 선보인다. 포드도 2004년 SUV 이스케이프의 하이브리드 모델을 내놓았다.

유럽 업체들은 아예 연료전지차 개발에 '올인' 하고 있다. BMW는 최고급 브랜드인 7시리즈 모델을 시범적으로 수소연료전지차로 운영 중이며 독일은 유럽 최초로 수소충전소 1곳을 2004년 오픈하기도 했다.

2000년 1월 처음으로 온실가스 배출거래시스템을 발족한 영국 BP의 경우 각 사업 단위별로 연간 배출 할당캡을 부여하고 있다. 이를 통해 2001년에는 1990년 대비 10%의 온실가스 감축효과를 보았다.

엑손모빌은 온실가스를 줄이는 데 그치지 않고 폐열을 이용해 2,300MW의 전기발생 능력이 있는 폐열발전을 설치하기도 했다. 일본 기업들은 아예 경단련 차원에서 공동의 활동을 전개할 정도다.

일본 화학기업인 아사히카세이 환경안전부 유키토 나가모리 부장은 "경단련은 매년 약속한 목표치를 초과한 온실가스 감축성과를 올리고 있다"며 "일본에서는 사실상 기업이 교토의정서 체제를 주도하고 있다"고 말했다.

경단련은 또 아시아 탄광지대의 메탄가스를 회수해서 이를 재활용하는 사업도 검토 중이다. 이를 통해 일본은 2014년까지 일본 이산화탄소 배출량(13억 3,000만 톤, 2003년 기준)의 1.1%선인 1,500만 톤의 배출권을 확보할 것으로 기대하고 있다.

도쿄전력 등 일본의 6개 전력회사는 칠레의 소규모 수력발전사업을 지원한 결과를 인정받아 탄소기금으로부터 이산화탄소배출권 3만 톤을 획득하기도 했다. 지난 2000년 발족한 세계은행의 탄소기금에서 배출권을 인정받기는 이 프로젝트가 처음이다.

미국 중부 오하이오주의 대평원에는 황금빛 밀밭이 넘실댄다.

이곳의 기업형 밀농장들의 사업은 식용 밀을 생산, 공급하는 게 아니다. 밀짚을 이용한 수소에너지를 생산해 국가에 공급하는 게 목적이다. 부시 행정부가 야심차게 진행하는 '미래에너지 프로젝트'를 활용해 새로운 수익원을 찾고 있는 것이다.

'밀짚 에너지'는 밀짚을 미생물을 이용해 부패시킨 다음 여기서 발생하는 메탄(CH_4)에서 수소를 추출, 에너지원으로 활용한다는 기발한 발상이다.

미국은 장기적으로 에너지의 20%를 수소에너지로 대체할 것을 목표로 삼고 향후 10년간 총 55억 달러를 투자할 방침이다. 돈 냄새에는 동물적인 후각을 가진 기업들이 이 같은 새로운 투자와 시장을 활용해 CO_2 머니를 잡겠다고 나선 것이다.

삼성지구환경연구소 황진택 박사는 "세계적 기업 GE의 제프 이멜트 회장이 GE의 미래 비전으로 환경을 선택할 정도로 이제 온실가스 문제는 기업들에게 새로운 이익의 원천이 되면서 경영패러다임 변화를 가져오고 있다"고 설명했다.

탄소 배출량 '0'를 향해 뛰는 일본

일본 정부는 2100년 이산화탄소(CO_2) 배출량 제로를 목표로 한 기술개발을 추진하고 있다.

일본 경제산업성 초장기에너지기술연구소는 2100년 발전과 가정, 사무실, 자동차 등의 분야에서 온실가스인 이산화탄소 배출량 제로 실현을 목표로 한 '에너지분야 기술전략계획'을 마련 중이다. 이 계획에 따르면 석유생산량은 2050년께 정점을 맞게 된다.

이때까지 산업계는 물론 가정과 사무실에서는 석유에너지에 의존하지 않는 '탈석유'를 추진한다. 구체적으로 가정에서는 주택의 단열효과를 높여 나머지 열을 활용하는 에너지절약을 추진하며 주택외벽에 바르는 페인트형 태양광 발전기술도 함께 개발한다.

그리고 미세한 압력을 진동에너지로 활용하는 '에너지창조'도 추진한다. 2100년에는 필요한 에너지가 현재의 약 2.1배로 늘어나겠지만 이를 80% 수준으로 억제하면서 이산화탄소 배출 제로를 목표로 한다. 에너지발전도 석유나 천연가스에서 원자력, 태양광, 풍력 등으로 대체한다.

원자력은 신형 경수로를 이용해 효율을 높이고 핵연료 재활용을 실현한다. 석유연료 이용이 많은 운수부문에서도 2100년 승용차의 이산화탄소 배출량 제로를 목표로 하되 우선 2050년까지는 연료전지를 이용하는 전기자동차 보급률을 40%까지 높여 자동차용 에너지 수요를 60% 삭감한다는 목표다.

GE의 경영화두는 '환경'

탄소시장을 겨냥한 기업간 전쟁은 글로벌 기업들도 예외는 아니다. 21세기 새로운 수익원 확보와 지속가능 경영을 위해 환경기술에 대한 적극적인 투자가 필수라는 데 모두 공감하고 있다.

GE는 온실가스 저감기술을 매출로 연결해 2004년 100억 달러에도 미치지 못하던 환경 관련 매출을 2010년까지 200억 달러까지 확대할 계획이다. 이를 위해 2004년 7억 달러였던 에너지 관련 연구개발(R&D)을 2010년까지 매년 15억 달러로 크게 늘리기로 했다.

발명왕 에디슨이 설립한 세계 최대 에너지기업인 GE는 또 2004년과 비교해 2012년까지 온실가스 배출량을 1% 줄이고 그 농도는 30%나 줄이겠다며 환경에 승부수를 던졌다. GE가 아무런 조치도 취하지 않을 경우 2012년에는 2004년보다 40%나 많은 온실가스를 배출할 것으로 예상된다.

GE의 환경 승부수는 제프리 이멜트 회장이 2005년 5월 환경과 경제, 상상력을 복합한 '에코매지네이션(Ecomagination)'을 21세기 경영 화두로 내세운 것으로 집약된다.

이멜트 회장은 풍력과 태양열 등 재생에너지를 연구하고 더욱 효율적인 운송 관련 기술을 만들겠다고 공개했다.

구체적으로 풍력발전용 터빈과 태양열 집적판, 가스화 석탄발전소와 물 정화와 보전기술, 에너지효율이 높은 식기세척기와 조명기기 등 17가지 품목을 친환경 제품으로 선정했다.

에디슨이 '전기' 발명으로 산업 혁명을 주도한 것처럼 21세기 첫 GE 최고경영자가 된 이멜트 회장은 '환경'으로 제2의 산업 혁명을 이끌겠다는 의지를 밝힌 것이다.

GE는 현재 탄소 배출을 양적으로 규제하고 있는 유럽 지역에서 환경 에너지를 개발하고 이를 적용하는 데 집중하고 있다. 아일랜드 아르크로우(Arklow)에서는 해안에 풍력 터빈 농장을 만들어 내년까지 1만 6,000가구에 전기를 공급할 예정이다.

독일 뮌헨에 있는 유럽 글로벌 연구 센터 지붕에는 45kW 급의 상업용 태양전지시스템(Solar Electric power systems)을 설치해 고압연구소에서 사용하고 있다. 태양열전시시스템은 이미 뉴욕의 니스카유나(Niskayuna)에 있는 글로벌연구센터에서 이미 2002년부터 사용되고 있다.

GE는 또 아프리카 알제리에서는 세계 최대 규모의 바닷물 담수 공장을 설립하고 있어 앞으로 수도 알제 시민 중 25%의 식수 공급을 목표로 하고 있으며 앞으로 에너지 관련 기술 적용을 전세계로 확대할 전망이다.

도요타 "환경기술로 GM 제친다"

도요타자동차는 '환경'을 자동차 시장의 핵심 키워드로 보고 친환경 하이브리드차 개발에 전력을 기울이고 있다. '환경'으로 제너럴모터스(GM)을 넘어 세계 1위 자동차 기업을 노리겠다는 승부수를 던진 것이다.

와타나베 가치아키 도요타 사장은 2005년 7월 "모든 차종에서 하이브리드 모델을 갖추겠다"고 선언했다. 와타나베 사장은 "하이브리드차 시장은 더이상 틈새시장이 아닌 주력시장"이라고 규정하며 하이브리드차 시장에 주도권을 확보해 자동차 산업을 주도하겠다는 야심을 드러낸 것이다.

1997년에 프리우스를 내놓으면서 이미 하이브리드차 시장을 주도하고 있는 도요타는 우선 친환경 차량 개념을 도입해 고소득층을 고객으로 확보했다는 평가를 받고 있다.

하이브리드차의 대명사가 된 프리우스는 2004년 연간 30만 대 체제를 갖추고 있는데 1리터의 휘발류로 최고 35km까지 달리는 에너지 효율을 자랑하고 있다. 프리우스는 3만 달러 안팎의 고가임에도 불구

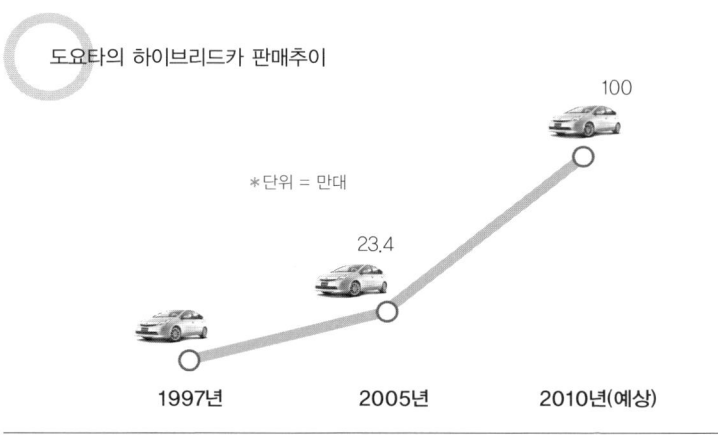

하고 미국 시장에서는 불티나게 팔리고 있다.

전문가들은 앞으로 탄소 배출량이 보이지 않는 무역 장벽으로 등장할 것으로 예상하면서 1리터로 최소 20km 정도 이상의 효율을 내야만 시장의 관심을 끌 수 있다고 보고 있다.

하이브리드차 시장에 주도권을 이미 확보한 도요타는 지속적인 기술개발을 통해 하이브리드 차량 가격을 조기에 4,000~5,000달러 가량 낮춰 가격 경쟁력까지 확보하겠다는 복안을 갖고 있다.

하이브리드차를 틈새차종이 아닌 휘발류 차량을 대체하는 주력차종으로 키우기 위해서다.

도요타는 이미 고급 모델인 렉서스의 SUV 모델 RX330 등과 픽업트럭에까지 하이브리드 기술을 접목한 차량의 판매 계획을 밝혔다. 도요타는 2005년 70억 달러로 책정한 연구개발(R&D)비의 상당 부분을 환경 관련 기술에 집중 투자하고 있다.

도요타는 현재 사용이 본격화되고 있는 하이브리드 시장에서뿐만 아니라 미국의 GM 등이 선도하고 있는 것으로 알려진 수소 전지 등에도 이미 상당한 기술력을 확보하고 있는 것으로 알려졌다.

GM 등이 수소 연료에 집중하는 동안 하이브리드 기술로 시장을 평정하기 시작하면서도 차세대 연료로 불리는 수소 등 각종 환경친화적 연료개발을 늦추지 않아 하이브리드 시장 이후에도 주도권을 이어나갈 수 있는 토대를 마련해 놓은 것이다.

도요타의 환경 중심 경영선언은 끊임없는 개선활동과 미래시장을 위한 꾸준한 투자를 통해 세계 최고의 자동차업체로 등장했다는 점에서 주목할 만하다.

일본 환경엑스포

수소연료전지로 움직이는 버스를 타고 식당 앞에 다다른다. 현관 앞에 이르자 두발로 걷는 로봇이 안내를 한다. 레스토랑의 전원은 태양광 발전설비에서 가져온다. 식당에서 나오는 음식물 쓰레기를 자체적으로 발효시켜 나온 에너지는 음식을 만드는 연료로 사용된다.

일본 나고야에서 개최 중인 '2005 아이치 환경엑스포'에서 만날 수 있는 미래의 친환경 사회의 모습이다. 이번 전시회는 미래 친환경 기술의 한자리에 모인 것은 물론 세계적인 기업들이 미래에 살아남기 위해 환경에 얼마나 과감한 투자를 하고 있는지도 현장에서 확인할 수 있었다.

'자연의 예지(Nature's Wisdom)'를 주제로 열리는 이번 행사는 숲과 호수로

둘러싸인 공원에 전시관을 짓고, 재활용이 가능한 자재로 행사장을 꾸며 '자연과의 공존'을 강조했다.

엑스포 행사장으로 들어가는 길에서부터 친환경 미래 자동차와 마주치게 된다. 인근 지하철역과 행사장은 공해를 줄인 자기부상열차 '리니모'를 통해 연결된다. 50만 평 규모의 행사장은 도요타가 개발한, 순 수소연료전지와 니켈수소연료전지로 움직이는 하이브리드 버스가 순환한다.

배기가스를 전혀 배출하지 않을 뿐 아니라 에너지 효율도 매우 높은 도요타의 차로 곧 상용화에 들어갈 계획이다. 역시 도요타가 개발한 무인궤도차도 행사장 안을 누빈다. 가장 인기가 있는 곳은 도요타관, 히타치관 같은 기업관이다. 한 번 관람하기 위해서는 2시간 넘게 줄을 서서 기다려야 한다.

도요타관에서는 사람을 태운 채로 두 발로 걷고 자동차로 변신해 움직일 수도 있는 신형 로봇 이동 수단인 '아이 푸트(i-foot)'를 선보인다. 히타치관에서는 미래 유비쿼터스사회의 모습을 체험할 수 있고, JR도카이관에는 시속 581Km로 달리는 미래열차를 가상 체험할 수 있다.

'생명의 빛'을 주제로 전시관, 영상관, 기획전시실, 문화홍보코너 등 4개 전시실로 구성된 한국관도 인기를 모으고 있는데, 특히 '자연과 인간의 대화합'을 강조한 3차원 입체 애니메이션 '트리로보'는 관람객들의 탄성을 자아내게 한다.

이외에도 다양한 볼거리가 가득 하지만 아이치 엑스포에서 놓치지 말아야 할 것은 미래 신재생에너지 기술이다. 이는 가히 신재생에너지의 경연장이라 할 만하다.

도요타관에 필요한 전력은 아이치현 타하라시에 설치한 1대의 풍력발전기에서 끌어오고, 전력관은 풍력과 태양광에너지, 그리고 수소 에너지를 에너지원으로 활용하고 있다. 또 전시회장 내의 레스토랑에서 버려지는 음식물 쓰레기를 발효시켜, 여기서 나오는 메탄을 이용해서 연료전지를 생산하는 기술도 만날 수 있다. 나가쿠테일본관과 네도(NEDO)파빌리온관의 모든 전력은 여기서 공급된다.

전시회 관계자는 "이번 전시에 사용되는 전력의 80% 이상이 이와 같은 신재생에너지이고 사실상 이번 엑스포의 주인공도 이들 신재생에너지"라고 말했다.

다가오는 녹색경제시대

　남아프리카공화국 요하네스버그에서 북동쪽으로 120Km 떨어진 공업단지 세쿤다시에 있는 사솔(Sasol)사.
　남아공 자동차 연료시장의 20% 가량을 장악하고 있는 이 회사의 주력 상품은 '석탄액화연료'이다. 세계에서 유일하게 석탄으로 액체연료를 만들어 상업화에 성공한 곳이다. 소위 청정석탄(Clean Coal)이라 불리는 이 연료는 일반 휘발유에 비해 온실가스를 40% 이상 적게 배출해 '청정에너지'로 각광받고 있다.
　사솔사는 현재 하루 15만 배럴 이상의 석탄액화연료를 생산해 자동차 연료로 공급하고 있다. 이를 통해 사솔사는 2004년 하반기에 벌어들인 순이익만 무려 39억 8,000만 랜, 우리 돈으로 6,760억 원에 이른다. 게다가 중국 등 세계 여러 나라로부터 기술투자 요청도 받아 협상 중이다.
　'CO_2 전쟁시대'를 맞아 '잊혀진 에너지원'인 석탄이 다시 떠오르고 있다.
　석탄을 액화하거나 가스화할 경우 석유보다 값싸고 친환경적인 대체 에너지가 가능하기 때문이다. 전문가들은 석탄액화 및 가스화 기술이 상용화될 경우 그 경제적 파급효과가 4조 6,000억 원(국제유가 55달러/배럴일 경우)에 이를 것으로 보고 있다.
　2004년 대선에서 청정석탄 문제가 주요 선거쟁점으로까지 부상했던 미국의 경우 청정석탄의 연구개발비로 총 60억 달러의 예산을 배정했다.

급속한 경제성장으로 '에너지 확보'가 최대의 경제적 문제가 되고 있는 중국의 '에너지 자립 프로젝트'의 중심에도 청정석탄이 자리 잡고 있다.

중국 공산당 서열 4위인 자칭린(賈慶林) 전국인민정치협상회의(政協) 주석은 2005년 열린 한 포럼에서 "막대한 매장량을 보유하고 있는 석탄을 액화하거나 가스화할 수 있게 되면 2020년께는 에너지 자립이 가능하다"고 말했다.

식물성 기름을 석유 형태로 바꾸는 '바이오디젤' 기술개발도 활기를 띠고 있다. 바이오디젤은 일반 경유보다 온실가스 배출을 35%나 줄일 수 있을 뿐 아니라 폐식용유 등을 재활용할 수도 있기 때문에 '일석이조'의 친환경 효과를 유발할 수 있다.

이 분야의 선두주자는 독일이다. 독일은 유채꽃을 대규모로 재배해 이를 바이오디젤로 개발, 시중에 판매하고 있다. 독일의 바이오디젤 판매량은 1991년 200톤에서 1995년 4만 5,000톤, 2000년 34만 톤, 2002년 55만 톤으로 폭발적으로 늘었다. 유럽연합은 2005년 경유의 2%, 2010년에 5.75%까지 바이오디젤로 대체한다는 목표를 세워놓고 있다.

미국은 일정 규모 이상인 운수업체는 차량 한 대당 연간 1,600리터를 바이오디젤로 대체하고, 모든 공공기관은 2006년까지 1998년 연료소비량의 20%를 바이오디젤로 대체하도록 의무화하는 등 정책적 지원을 확대하고 있다.

우리나라도 2006년 하반기부터 바이오디젤 상용화에 나섰다.

'녹색경제시대'가 열리면서 세계 각국이 신재생에너지 확보를 위한 각축전을 벌이고 있다. 특히 국제유가가 55달러를 넘어서면서 신재생에너지 확보는 국가 경쟁력과 직결되는 문제로 인식되고 있다.

일본 지구환경전략연구소(IGES) 아키오 모리시마 소장은 "20세기가 석유를 중심으로 한 '화석에너지 시대'였다면 21세기는 '신재생에너지시대'가 될 것"이라고 내다봤다. 하지만 신재생에너지를 둘러싼 전술은 국가마다 각각 다르다.

미국은 2003년 부시 대통령의 연두교서를 통해 "수소와 연료전지의 강국이 되겠다"고 선언했다. 이를 위해 미국은 수소제조 인프라에 12억 달러, 연료전지차 개발에 5억 달러 등 총 17억 달러를 쏟아붓고 있다. 미국은 또 한국과 일본 캐나다 등 15개국이 참여한 수소경제국제파트너쉽인 IPHE를 통해 세계 주도권을 선점하고 있다.

골드만삭스사는 2010년이 되면 수소경제의 세계시장 규모가 950억 달러를 넘어설 것으로 전망하고 있다.

일본은 태양광 분야에서 주도권을 이어가는 것을 목표로 하고 있다. 이를 위해 일본은 2010년까지 원전(1,000MW급) 5기에 해당하는 4,820MW의 태양광 설비를 보급하고 세계 설비시장의 50% 이상을 점유하는 것을 목표로 하고 있다. 태양광 시장은 태양전지와 태양전지 모듈, 통합시스템으로 구성되는데 2010년 세계시장 규모가 300억 달러가 될 전망이다.

독일과 프랑스, 덴마크 등 현재 풍력 및 조력과 같은 자연에너지 분야에서 선두를 달리고 있는 EU국가들은 이 분야에서의 독주를 유지해 세계 설비시장을 장악해 나가는 것을 목표로 삼고 있다. 2010년 풍력발전시스템의 시장 규모는 340억 달러 수준으로 예상된다.

유엔기후변화협약(UNFCCC)의 리차드 킨리(Richard Kinley) 사무차장은 "1960~1970년대에 자동차 산업에서 에너지 효율에 많이 투자했던 기업은 석유파동에도 타격이 크지 않았다"며 "지금처럼 유가가 치솟는 시대에는 신재생에너지의 기술확보 여부가 국가와 기업의 경쟁력에 아주 중요한 요소가 될 것"이라고 내다봤다.

그는 또 "교토체제가 새롭게 만들어낼 시장의 중심은 기술의 발전"이라며 "재생에너지, 에너지효율을 증가시키는 기술, 가전제품의 효율을 높이는 기술 등을 확보한 기업에게는 계속 투자의 기회가 주어지고 이익도 얻을 수 있을 것이고 그렇지 못한 기업은 도태될 것"이라고 말했다.

Interview

"일본 기업의 높은 기술수준과 자발적 참여가
CO$_2$ 전쟁의 가장 큰 무기"

아키오 모리시마
지구환경전략연구소
(IGES) 소장

"일본 기업도 온실가스 감축규모를 1990년보다 6% 줄이라는 주문에 처음엔 상당한 쇼크를 받았죠. 하지만 지금은 이를 기회로 여기고 있습니다. 온실가스 감축 분야에서 누구도 따라올 수 없는 기술을 갖고 있기 때문이죠."

일본의 지구환경전략연구소(IGES)의 아키오 모리시마 소장은 "일본은 새로운 경제체제의 도래를 상징하는 기후변화협약이 일본 교토에서 체결됐다는 데 대해 무거운 책임감과 함께 자부심을 갖고 있다"며 이렇게 말했다.

사실 지구환경전략연구소의 존재 자체가 일본이 기후변화협약체제에 대해 품고 있는 야심을 상징한다.

지구환경전략연구소는 기후변화협약 관련 전략을 수립하고 이를 국가와 기업에 건의하는 국제연구소이다. 일본이 설립했고 한국, 인도, 방글라데시, 인도네시아, 필리핀 등 동아시아 국가의 연구원들도 참여하고 있다.

여기에는 '녹색경제시대'에도 동아시아에의 경제 헤게모니를 계속 이어가겠다는 속내가 자리 잡고 있다.

그는 "유럽 선진국들은 교토의정서를 활용한 CDM(청정개발체제) 등의 다양한 사업을 하고 싶어도 주변 동유럽 국가들이 이미 교토의정서 가입 국가들이어서 한계가 있다. 하지만 일본은 대부분 개도국인 동아시아 국가를 바로 옆에 두고 있다"고 강조했다. CO_2를 둘러싼 국가간 경쟁에서 유리한 여건을 갖췄다는 것이다.

모리시마 소장은 또 "일본 사람들은 신중하고 치밀하게 준비하는 사람들"이라는 말도 했다. 이 정도의 계산도 없이 덥석 교토의정서를 수용하지는 않았다는 암시다. 그는 특히 "일본은 기업들이 자발적으로 앞장서서 각종 온실가스 감축활동을 전개하고 의미 있는 성과들도 올리고 있다"며 "기후대책 경쟁에서 일본이 갖고 있는 가장 든든한 무기"라고 자랑했다. 도쿄전력이 칠레의 전력회사와, 도요타는 브라질 철강업체와 추진 중인 CDM사업에서 성과를 내고 있다는 것이다.

이네오스케미칼이 울산화학과 CDM사업 계약을 체결했고 도쿄전력 자회사인 EEJ사가 보성군에 4,100억 원을 들여 300MW(1.5MW 200기) 규모의 발전소를 건설하기 위해 조사를 마치기도 했다.

일본 기업들은 경단련 차원에서 자발적인 감축 목표를 세워 이미 어느 정도 달성해가고 있다. 도요타, 소니, 도쿄전력, 미쓰비시상사 등 35개 대기업이 주도해서 배출권 획득을 목표로 하는 '일본 온실가스 삭감기금(JGRF)'이라는 펀드도 만들었다.

JGRF는 기업들이 협력, 온실가스 삭감을 지원한 뒤 그 대가로 배출권을 확보하기 위한 것으로 펀드 규모가 약 1억 4,000만 달러(1,500억 원)에 이른다.

그는 "한국 기업들도 정부차원의 입장이나 전략과 상관없이 기업차원에서 꾸준히 온실가스에 대한 투자를 늘려가야 할 것"이라고 조언했다.

PART 6 환경장벽

우리나라가 선진국처럼 온실가스 감축목표를 받아 강제적인 실행에 들어가면 에너지 집약형 산업 비중이 높은 상황에서 경제 발전에 커다란 장애요인으로 작용할 가능성이 높다.

온실가스 감축의무를 가진 선진국들은 자국의 산업을 보호하고 에너지소비량 증가를 막기 위해 에너지를 많이 사용하는 제품 등에 대해 산업부문에서 국제협회 등을 통해 비관세 무역장벽과 같은 방법을 검토하고 있다.

EU에서는 앞으로 EU 내에서 사용되는 내수와 수입 자동차 제품에 대해 높은 수준의 연비를 요구하고 있으며 세계 각국의 자동차 제조업체들로부터 동의를 이끌어냈다.

지금까지는 자동차와 반도체 부문이 주요 대상이 돼 왔지만 교토의정서의 구체적인 감축체계가 본격적으로 실시될 경우 더욱 많은 산업이 무역장벽 대상으로 떠오를 가능성이 높아 직간접적으로 우리나라 산업 경쟁력에 미치는 파급효과는 엄청날 것이다.

기존산업도 '구조조정' 한다

'탄소(CO_2)'가 새로운 산업을 만들어내는 것은 물론 기존의 산업구조와 질서도 뿌리째 흔들고 있다. 과거의 에너지소비가 많은 생산방식을 변화시켜야 한다는 것이 산업현장의 상식이 되고 있는 것이다. 따라서 온실가스 배출을 줄이면서도 생산성은 높여야 하는 새로운 설비와 공정개선 개발이 기업의 생존조건이 됐다.

박종식 삼성지구환경연구소장은 "에너지저감과 온실가스 감축 기술개발 투자로 인해 생산원가는 높아지고 각종 에너지, 제품 관련 환경규제 등은 비관세 무역장벽으로 등장하고 있다"고 말했다. 환경친화적, 온실가스 저배출형 산업구조로의 전환이 불가피하다는 것이다.

자동차 산업과 전자업체들은 CO_2를 극복하지 못하면 도태가 불가피하다. 환경규제가 무역장벽으로 등장했기 때문이다.

유럽연합(EU)에 자동차를 수출하려면 2008년까지 신규등록 자동차 CO_2배출량을 1990년 대비 25%를 기술개발해야 한다. 현대자동차가 2010년 세계 4대 자동차 생산국으로 발돋움하기 위해서는 이를 넘어서야 가능하다는 결론이다.

노종환 에너지관리공단 기후대책총괄실장은 "현 추세대로 진행된다면 1리터당 20km 정도의 연비를 내지 못하는 자동차는 유럽에서 판매가 불가능하다"며 "이러한 환경규제를 충족시키지 못하면 유럽시장은 포기해야 하며, 이는 곧 자동차시장에서의 퇴출을 의미한다"고 설명했다.

미국 환경보호국의 연례보고서에 따른 현대자동차의 연비는 1리터당 9.9km 정도이다. 반면에 폭스바겐, 벤츠, BMW 등 유럽 자동차들은 이미 1리터당 20km 이상 갈 수 있는 고효율의 엔진이나 기술을 개발해 놓은 것으로 알려졌다.

유럽의 자동차회사들이 한국 자동차산업의 급성장을 주시하면서도 나름대로 자신감을 갖는 이유가 바로 온실가스 규제로 촉발된 무역장벽이다.

백색가전도 마찬가지이다. EU는 내년부터 가전제품에 납이나 수은 등 6개 유해물질 사용금지를 발효할 예정이고 폐가전 수거도 2007년부터 의무화할 계획이다. 삼성전자와 LG전자가 유해물질이 들어있는 부품 생산을 하지 않기로 한 것도 이에 따른 것이다.

노 실장은 "기후협약에서 주도권을 갖지 못한 우리나라는 자동차나 백색가전 부문 모두에서 불리하다"고 말했다.

세계반도체협회도 반도체 세정용으로 PFC(과불화탄소)에 대한 자발적 규제에 합의했다. 한국은 2010년까지 1997년 대비 10%를 줄여야 한다.

에너지소비가 많은 철강산업에서도 CO_2가 변화를 주도하고 있다. 포스코가 CO_2를 획기적으로 줄이는 혁신공정을 개발한 것도 온실가스 규제에 대한 적극적 대응책 중 하나이다. 포스코는 2005년 5월부터는 해외조림사업을 추진하기 위한 추진반을 만들었다. 포스코는 해외조림사업을 2006년 말 CDM사업으로 등록할 계획을 갖고 있다.

제철소 내 용수유입관로를 이용해 600kW 발전 용량으로 소수력 발전을 추진하고 있으며 풍력발전도 검토하고 있다.

CO_2가 전통산업인 철강업체를 첨단 환경산업에 뛰어들게 만든 것이다.

탄소공개 프로젝트

최근 세계 주식시가 총액 상위 500대 기업인 'FT 500 글로벌 인덱스' 기업을 대상으로 벌어지고 있는 프로젝트다.

인덱스에 포함된 500대 기업은 CDP에서 발송한 기후변화 문제에 대한 인식, CO_2 저감전략과 활동, 제품 생산 전과정과 공급에서 온실가스 감축고려 여부, 온실가스 배출수준, 에너지비용 등에 대한 설문지를 매년 받게 된다.

물론 강제로 회신할 필요는 없지만 CDP를 구성하고 있는 세계적 기관투자자의 명단을 보게 되면 설문에 응하지 않을 수 없게 된다.

영국에 본사를 둔 CDP는 무려 세계 155개 금융기관 등 기관투자자들이 참가하고 있는 거대한 협의회 성격의 기구다. 처음 2000년에는 35개 유럽권 기관투자자들로 출발했지만 지금은 총 자산 잔고액만 21

조 달러에 달하는 거대한 기구가 됐다.

CDP가 하고 있는 일은 이들 스폰서들에게 글로벌기업의 온실가스 감축 대응방안 등에 대해 설문조사 결과를 보고해 투자에 참고하도록 하는 일이다. CDP는 지구온난화에 대한 기업의 대응자세가 투자 기준의 하나라고 언급하면서 2002년부터 매년 기업을 대상으로 이에 대한 설문조사를 실시해왔다.

이 프로젝트의 목표는 기후변화에 대한 투자가와 기업의 의식고취 확산. 기업의 'CO_2와의 전쟁'은 이제 새로운 투자기준으로 부상하고 있는 셈이다.

CDP에서는 2002년 5월과 2004년 5월, 2005년 5월 모두 세 차례 설문조사를 실시했다. 500대 기업의 응답률은 1차 조사 때 47%에 불과했지만 2차 때는 59%, 3차 조사 때는 71%로 증가했다.

여기에 참여한 기관투자가의 참가 규모도 매년 늘어 1차 조사 때는 35개 기관투자가가 참가했으나 2004년 5월에는 95개사, 2005년 5월에는 155개사로 크게 늘었다. 한국에서도 국민은행, 현대해상화재가 기관투자가로 참여했다.

기후변화캐피털과 CDP회장을 맡고 있는 제임스 카메론은 2005년 12월 몬트리올 당사국 총회 부대행사로 열린 보험섹션에 참가해 "CDP프로젝트에 참가한 투자기관은 이미 21조 달러의 자산 가치를 넘어섰고 앞으로도 계속 참여기관 투자규모는 확대될 추세"라며 "이는 탄소시장의 안정적 성장을 시사하고 있다"고 말했다.

CDP 홈페이지에 글로벌기업의 온실가스 배출 관련 대응방안이 모두 올라가 있다. 2005년 5월에 실시돼 9월에 발표된 각 기업의 응답은 155개 기관투자자들에게 제공됐고 일반인에게도 공개돼 이미 800여 건이 다운로드됐다.

FT500 글로벌인덱스기업을 대상으로 실시하는 조사인 만큼 우리나라 기업도 자동 평가대상이 된다. 좋든 싫든 간에 우리나라 기업들도 세계 글로벌 기업들과 함께 환경과 온실가스 대응방안 등을 평가받고 있는 셈이다.

인덱스에 올라있는 우리나라 기업은 삼성전자, 포스코, SK텔레콤, 한국전력, KT, 국민은행 등이다. 3차 조사에는 삼성전자와 포스코, SK텔레콤은 회신은 했으나 다른 글로벌 업체와는 달리 회신 내용을 비공개로 해놨다.

정예모 삼성지구환경연구소 박사는 "기관투자자들에게 온실가스 대응방안에 대한 정보를 주고 투자에 참고하도록 하는 것"이라며 "참여 기관투자자가 늘고 있는 것은 기업의 기후변화 대응여부가 세계 기관투자자의 기업평가에 중요한 잣대로 활용되고 있음을 시사하는 것"이라고 말했다.

3차 조사결과 CDP는 2005년 '만 달러의 우수기업(Climate Leadership Index 2005)'을 업종별로 50개사 선정했다.

경영전략 인식도, 책임체제, 온실가스 관리보고체제, 배출권 거래, 추진대책, 대응목표 설정 등 6개 항목으로 평가했다. 선정된 기업은 포드, 도요타, 바스프, 듀폰, 유니레버, GE, 지멘스, BP, USP 등 세계적으로 환경친화경영을 하고 있는 업체들이다.

정 박사는 "우리나라 기업도 글로벌 시장에서 제대로 평가받기 위해서는 기후변화, 온실가스 관리에 대한 착실한 대응책 마련이 필요하다"고 조언했다.

미국 보스턴에 본사가 있는 KLD 러서치 앤드 애널리틱사는 2005년 7월 '글로벌 기후 100(GLOBAL CLIMATE 100)' 지수를 개발해 운용을 시작했다. KLD사는 세계 첫 사회책임(SRI)지수인 도미니 400 지수를 개발해 1990년부터 운영해 온 회사다.

새로 출범한 글로벌 기후 100 지수는 SRI 중에서 온실가스 배출감축에 대한 기업의 노력을 투자전략으로 활용하는 것이다. 100개사에는 우리나라 현대자동차를 포함해 일본 16개사, 북미 기업 54개사, 유럽 24개사 등이 포함돼 있으며 모두 신재생에너지, 청정기술, 대체연료 개발기업 등으로 구성돼 있다.

업계 관계자는 "지구온난화를 다루는 투자전략에 대해 기관과 개인의 요구를 부응하기 위해 지수를 만든 것으로 본다"며 "글로벌 기후 100 지수'에는 재생가능에너지, 청정기술, 효율성 등으로 기후변화의 장기 영향을 상쇄하면서 가까운 미래에 해결책을 제공할 것으로 기대하는 기업들로 구성된 것이 특징"이라고 말했다.

'CO_2' 해결책을 가지고 기업의 투자기준으로 삼는 것이 최근에 등장했다. 그만큼 기후변화협약이 기업의 생존과 성장에 밀접한 관계를 갖고 있다는 것을 뜻한다. 예전에는 이 문제가 사회책임투자(SRI)에 속했다. 기업의 사회적 책임의 하나로 환경문제를 다루고 지속가능성을 평가해 투자하도록 한 것이다.

대표적인 것이 미국 뉴욕에 본사를 둔 이노베스트사와 스위스의 SAM, 영국의 아이리스사 등. 이미 전세계 SRI 자금 규모는 3,000조 원에 이르고 있다.

이중 이노베스트 사는 네덜란드의 160조 원 규모의 연기금인 ABP의 투자를 받아 2,000개 이상의 글로벌기업 지속가능성평가 데이터베이스를 확보해 환경적 측면, 사회적 측면에서 평가하고 글로벌 투자기관에 이를 제공하고 있다.

예를 들어 네덜란드의 연기금 ABP는 이노베스트사의 환경과 사회성 평가기준을 바탕으로 재무평가를 더해 최종 투자처를 확정짓고 있다. GE, 엑손모빌, 시티그룹, 마이크로소프트, 화이자, BP, 존슨앤존스 등에 투자했다.

이노베스트사와 3년째 제휴를 통해 70여 개의 한국기업의 지속가능성을 평가해온 에코프론티어 관계자는 "한국기업들의 지속가능성평가는 글로벌기업들과 나란히 보고서에 포함된다"며 "이노베스트사를 통해 전세계 글로벌 투자기관에게 전달되며 투자의사 결정과정에 반영되고 있다"고 말했다.

그는 "한국기업들은 지속가능성평가에 대부분 방어적 성격을 띠고 정보제공에도 부정적인 측면이 많아 스스로 평가등급에 나쁜 영향을 미치게 되는 경우가 많다"고 염려했다.

EU, 설계단계부터 환경 규제

유럽연합(EU)은 2005년 8월 'EuP(Energy using Product: 에너지 사용제품)' 지침을 발효시켰다.

자동차를 제외한 에너지를 사용하는 모든 제품은 반드시 환경을 고려한 설계(에코디자인)를 해야만 EU에서 유통될 수 있다고 규정한 것. 이는 EU 내 20만 대 이상 판매, 1000kV 이하를 사용하는 전제품에 해당한다.

앞으로 2년 내 EU 공통 시행규칙을 공표하고 각 나라별로 법이 제정되면 2008년 8월 11일부터 시행된다. 이 지침에 맞추려면 국내제품은 최소 5%의 제품단가 상승이 예상된다.

삼성지구환경연구소는 "EuP지침은 에코디자인을 권고에서 의무로 전환한 것"이라며 "제품개발 프로세스에 에코디자인을 넣은 것은 국내 전자산업 전반에 큰 영향을 미칠 것"이라고 경고했다.

EuP지침의 목적은 제품의 에너지효율 향상을 통해 저비용으로 온실가스를 저감할 수 있도록 하는 것이다. 기업의 'CO_2와의 전쟁'이 국제 무역의 경쟁 질서를 근본부터 바꿔가고 있는 셈이다.

세계 환경규제의 표준을 만들고 있는 EU의 움직임은 교토의정서 발효 이후 계속 강도가 높아지고 있다. 전자폐기물의 회수와 재활용을 의무화하는 폐가전재활용지침(WEEE)이 2005년 8월 시행됐고 2006년 7월에는 제품 내 유해물질 함유를 금지하는 유해물질사용금지지침(RoHS), 또 현재 모든 화학물질에 대한 등록, 평가, 승인을 의무화하는 화학물질관리규정(REACH)도 제정을 준비 중이다.

    삼성지구환경연구소 관계자는 "온실가스 저감을 목표로 하는 환경규제는 모든 제품의 설계와 폐기 단계로 확대되면서 새로운 무역장벽이 될 것"이라고 말했다.

    EU는 환경 보전을 위한 세계 각국의 노력과 함께 기존에 사후처리 중심에서 오염물질 발생의 사전예방 위주로 개편되고 있으며 제품의 환경성을 개선하기 위한 여러 가지 조치를 시행하고 있다.

    따라서 제품이 환경에 미치는 영향 중 80% 이상은 디자인 과정에서 이미 결정되기 때문에 디자인과 제조, 유통, 사용 및 폐기 등 모든 단계에서 환경친화성을 고려한 환경정책을 추진하고 있다.

    2005년 EU환경규제 정책은 제6차 환경실천계획(6th Environmental Action Plan)에 따라 대기오염과 폐기물 방지, 재활용, 지속가능한 자원 사용, 해양환경 등에 대한 전략 수립을 특징으로 하고 있다. 환경오염물질의 역내 국가간 이동과 환경자원에 대한 공동소유라는 개념을 바탕으로 한 '환경공동시장(Common Market in terms of Pollution)'이라는 인식하에 역내 국가들의 환경정책의 조화를 추구하는 방향으로 추진되고 있다.

EU의 주요 환경규제법

1. 전기전자제품폐기물처리지침(WEEE, Directive on waste electrical and electronic equipment)

소비자에 의해 사용된 후 소각·매립되지 않은 전기전자장비들을 생산자로 하여금 일정한 비율로 회수 재활용하도록 의무화한 지침이다. 주요 전기전자제품별로 회수·재활용 비율을 정하고 있으며 이를 준수하는 기업의 전기전자제품만이 EU 내에서 판매가 가능하다.

유통업체와 제조업체에게 폐가전제품의 무료 수거의무를 부여하고 품목별로 재생, 재활용 비율을 설정해 2006년 12월 31일부터 이를 준수하는 기업의 제품만 EU 역내에서 판매를 허용하도록 규정했다.

이에 따라 EU 회원국은 2004년 8월 13일까지 자국법에 반영해 이행조치를 취해야 하지만 수거와 재활용 기반구축 등의 현실적인 애로 사항으로 인해 현재 대부분의 국가에서 이행일정이 다소 지연되고 있다.

주요 내용으로는 폐가전회수와 재활용의무가 부과되는 제품은 전압 AC 1,000V, DC 1,500V 이하에서 사용되는 모든 유형의 전기와 전자제품으로 규정한다. 또 2005년 8월 13일까지 회원국은 가정용과 비가정용 폐가전제품을 소비자들과 유통업체들이 무료로 반납할 수 있는 시스템을 설립해야 한다.

이와 함께 품목별 재생과 재활용 의무화율을 제시하고 2007년 1월부터 EU 역내에 제품을 생산·판매하는 유통업체와 제조업체들이 이같은 의무화율을 준수하도록 조치해야 한다.

2. **전기전자제품유해물질제한지침(RoHS, Directive on the restriction of the use of hazardous substances in electrical and electronic equipment)**

전기전자제품폐기물의 처분과 재활용 과정에서 재활용성을 저해하거나 환경오염 문제를 야기할 수 있는 유해물질은 전기전자제품 내 사용을 제한하고 이러한 물질들을 유해성이 적은 물질로 대체하도록 의무화한 지침이다.

2006년 7월 1일부터 납과 수은, 카드뮴, 6가크롬, PBB 및 PBDE(총 6종) 등 동 지침에 의해 사용이 제한되는 물질이 포함된 새로운 전기전자제품은 시장에서 판매할 수 없다. 단 2006년 7월 1일 이전에 시장에 판매된 제품은 제외된다.

또 형광등의 수은과 음극선관 유리의 납 사용 등 10가지 적용예외가 인정되며 Deca-BDE, 특수직관형 형광램프 수은, 정보네트워크 스위치, 신호기, 전송기 등의 솔더링용 납 등에 대한 규제 필요성을 추후에 검토할 예정이다.

3. **에너지사용제품에코디자인지침(2005/32/EC on establishing a framework for the setting of ecodesign requirements for energy-using products and amending Council Directive 92/42/EEAC and Directives 96/57/EC and 2000/55/EC)**

에너지사용제품(EuP)의 설계시 친환경적 디자인을 채택하도록 하고 이를 위해 에코디자인 필수요건을 규정하고 세부 이행수단을 개발하도록 하는 기본 지침이다. 에너지사용제품의 종합적인 친환경성 향상을 위한 지침으로 타 법률에서 규제되는 자동차 분야를 제외한 거의 모든 에너지 사용제품이 영향을 받는다.

에코디자인은 제품을 디자인할 때 제품의 전과정을 고려해 환경영향을 최소화하도록 설계해야 한다는 것. 이행수단 대상제품에 대해서는 CE마크를 부착함으로써 해당 세부요건에 만족하고 있음을 증빙한다. 그리고 회원국은 시장을 감독하고 필요한 조치를 취할 수 있는 기관 설립을 통해 해당 제품의 적합성을 점검한다.

CE마크는 EU공동의 규격인증제도로 EU는 통일된 단일마크로서 CE(Conformite European)마크를 제정해 안정과 건강, 환경보호에 관련된 제품에는 CE마크의 부착을 의무화했다.

비용이 효과적이고 온실가스 감축 가능성이 높은 이행수단을 우선 제정하여 대상 품목 리스트를 제시하고 2007년 7월까지 이들 품목의 이행수단을 우선적으로 마련할 것을 규정했다. 해당품목에는 조명기기와 사무기기, 냉난방기기, 가전제품 등이 포함된다.

4. 신화학물질관리정책(REACH, Registration, Evaluation, Authorization and restriction of Chemical)

REACH는 Registration(등록), Evaluation(평가), Authorization(승인) of Chemical의 머리글자를 딴 것으로 기존의 약 40개 화학물질

관리법령을 통합한 단일통합관리체제다.

EU 역내에서 거래되고 있는 화학물질에 대한 위험성 평가와 책임소재를 각 회원국 정부기관에서 생산자가 일정규모 이상을 생산, 사용하는 물질을 등록하고 관련 정보를 제공하도록 의무화하는 새로운 EU의 통합화합물관리정책이다.

위험물질에 대한 우선 관리체제를 규정해 등록 대상 품목 중 위험물질에 대한 등록에 대해 향후 5년간 우선 실시한다. 또 업체의 관리의무를 강화하고 제조 및 수입업자에게 화학물질에 대한 기본 정보제공과 함께 시험방법 제공, 위험평가 실시 및 이에 따른 제반 비용을 부담하게 했다.

화학물질 유통과정상의 정보제공을 강화해 최초 생산 및 수입 단계로부터 최종 소비자까지 취급업자의 정보제공 의무를 강화하고 있다. 그리고 최초 용도에서 변경된 목적으로 사용시 취급업자에게 시험과 위험평가 의무를 부과하고 제품상의 라벨링 또는 설명서를 유지하도록 했다.

특정 물질의 사전 사용 승인제도를 규정, 위험물질 사용시 사용 용도에 대한 승인의무를 부과하며 미확인 화학물질 함유 제품의 수입규제를 규정해 EU 내 미등록 물질이 함유된 수입품의 당해 물질에 대한 정보제공 의무를 부과했다.

OECD 등 국제기구 및 미국의 화학물질 시험결과 등 EU 이외 지역의 시험결과를 인정하고 있으며 로테르담 협약에 따라 화학물질의 대개도국 수출시 사전 동의 및 기술지원을 함으로써 개도국의 화학물질

관리체제를 지원하고 UNEP 지정 12개 유기오염 물질에 대한 규제강화 등 유기오염물질(POPs)의 사용을 규제한다.

등록(Registration)은 1통 이상의 화학물질(3만여 종, 전체의 80%)을 그 대상으로 한다. 대상 물질에 대한 등록번호 부여와 전자 데이터베이스 구축, 주요 물질에 대한 현장검사와 전산심사를 실시하도록 했다.

평가(Evaluation)는 EU 역내에서 등록된 화학물질 중 100톤 이상 생산되는 것(약 500종으로 그 비율이 15% 상당 추정)을 대상으로 하지만 아주 위험한 화학물질은 생산량이 100톤 이하인 경우도 평가를 받아야 한다. 평가는 제조 및 수입업체로부터 제공된 자료에 대한 검증과 함께 물질 고유의 특성에 부합하는 시험을 실시하도록 했다.

승인(Authorization)은 유통량과 무관하며 EU 역내에서 유통되는 발암성, 돌연변이성, 유발성, 유독성이 있는 재생화학물질(CMRs) 및 분해가 되지 않는 유기오염물질(Persistent Organic Pollutants: POPs, 1400여 종, 전체 5%)을 대상으로 하며 대상 물질의 특정사용 용도에 대한 허가를 부여한다.

5. 폐자동차처리지침(ELV)

자동차 폐기물 감소와 재활용을 위해 EU 역내 자동차 제조업체와 판매업체에게 폐차의 무료 수거의무를 부과하고 재사용, 재활용, 재생 의무화 비율을 준수하도록 강제하는 조치다.

제조업체와 판매업자들은 2002년 7월 1일부터 신규등록 차량에 대해서만 수거의무를 진다. 2007년 7월 1일 이후부터는 모든 차량에 대해 수거의무를 부담하도록 해 폐차의 엔진과 차체 등 주요 부분이 없거나 폐기물이 추가되어 있는 경우는 최종 차량 보유자 또는 소유자가 그 일부를 부담한다.

단 형광램프의 소량 수은과 음극선관, 전자부품용 유리에 함유된 납과 합금에 미량 사용된 납, 솔더링용 납 등에 예외 적용하고 배터리는 배터리 지침을 따르도록 한다.

주요 EU회원국의 국내법 이행현황

프랑스에서는 WEEE와 RoHS지침을 반영한 WEEE법령을 2004년 11월 25일 승인했다.

폐가전제품 수거는 생산자가 별도의 수거시스템을 설립해 수거하거나 선택적으로 지자체가 수거하고 생산자가 이를 보상할 수 있도록 했다.

이는 기존의 폐제품과 신제품 여하에 관계없이 시판된 연도의 시장점유율에 따라 생산자가 책임을 지도록 하고 있다. 생산자는 반드시 연간 판매량과 재활용 실적을 중앙등록처에 등록해야 하며 프랑스 환경청이 직접 주관할 예정이다.

앞으로 대형가전제품생산자협회와 가전폐기물재활용사업체

SCRELEC와 정보통신부문 재활용사업체인 Alliance Tics가 이러한 등록관리업무를 위탁할 가능성이 있다.

독일은 WEEE와 RoHS를 통합한 '전기전자제품의 판매, 회수, 친환경폐기에 관한 법률(ElektroG)'을 2005년 3월에 발효시켰다. 지방자치단체가 지역수거를 맡고 등록관리기관(EAR)을 설립해 2005년 11월까지 모든 제조업자와 수입업자가 수거, 재활용실적을 등록하도록 의무화했다.

오스트리아의 경우 독일과 유사한 방법으로 신전기전자규정(EAG-Verordung)과 폐기물관리법(AWG)을 2005년 3월과 2004년 12월에 각각 개정해 공표했다. 가정용 폐전기전자제품은 지역수거소를 이용해 수거하고 수거대상제품을 대형제품과 냉각기구, 브라운관, 소형제품, 가스방출램프 등 5가지로 구별했다.

제조업자는 매년 5월 말일까지 연방환경청에 판매량과 재활용실적을 등록하고 폐전자제품 전용 수거함 설치비용을 지불해야 하나 생산자가 별도의 수거시스템을 구축하는 경우에는 지역수거시스템에 가입하지 않을 수 있다.

이탈리아는 2005년 1월 12일 WEEE/RoHS 국내 법안을 최종 확정하고 의회승인을 기다리고 있으며 이 법안에 대해 중앙등록부령과 제정지원 및 표기령 등 하위 법령작업을 진행하고 있다. 세제혜택과 재정보조를 받는 지방수거센터가 소비자와 소매상으로부터 수거하고 생산자는 수거센터에 비용을 납부하는 시스템으로 운영하고 있다.

생산자가 등록해야 하는 중앙등록처는 독립기관으로 설립하고 환경부가 관장하게 했다. 또 이탈리아 전기전자산업협회(ANIE)는 품목별로 컨소시엄 구축을 준비 중이며 2005년 3월 EcoR'It 이라는 자발적인 컨소시엄을 처음 발족시켰다. 여기에는 이탈리아에서 활동 중인 Brother, Canon, Epson, Toshiba 등이 참여하고 있다.

네덜란드는 2004년 7월 전기전자기기법령을 채택했으며 2005년 1월 발효했다. 지방자치단체가 가정용 폐전기전자제품의 회수장소를 제공하고 생산자는 폐전기전자제품의 재생을 위한 시스템을 구축했다. 폐제품을 전용 수거하는 기존의 NVMP시스템을 활용해 폐제품을 수거하되 IT제품과 사무기기는 ICT-Milieu라는 회수시스템을, 조명기기는 Stiching Lightrec 회수시스템을 사용할 예정이다.

영국은 WEEE지침을 입법화한 규정을 2006년 1월부터 적용하였다. 폐전기전자제품의 수거와 관련해 폐기물업체와 생산자가 설립한 단체(Gambica, Repic)가 법안 시행을 준비 중이다.

RoHS 관련 규정은 시기를 밝히지는 않았지만 조만간 발표할 예정이다.

미국, 1970년대 이래 에너지공급 부족 국가로 변화

미국은 1970년대 이래 원유와 가스생산 감소, 중동석유의존도 심화 등으로 에너지공급 부족 국가로 변화했다.

에너지공급 혼란 등 예측하지 못한 사태를 대비하는 투자 유인이 적어 사태악화 가능성이 상존하고 있다. 또한, 미국 내 휘발유와 천연가스 가격이 대폭 상승하고 켈리포니아의 전력 공급 사태가 발생하면서 에너지부문의 국가통제력이 약화됐다.

국제적으로도 원유 잉여 생산능력이 급격하게 감소하면서 국제시장에서 수요공급상의 불일치 발생 가능성이 커졌다. 이러한 에너지수급 여건을 '에너지위기'로 규정하고 기존 에너지정책 기조에서 탈피하는 근본적인 정책변화가 추진됐다.

> **미국의 에너지 정책 3원칙(2001년 5월)**
>
> 첫째, 현재 처해 있는 에너지위기는 누적된 문제점에 의해 초래된 것으로 단기적 처방에 의해 극복될 사안이 아니므로 종합적인 장기대책을 요구한다.
>
> 둘째, 에너지공급을 증대시키고 보다 청정하고 효율적인 에너지 사용을 촉진시키는 새로운 환경친화적 기술발전을 유도한다.
>
> 셋째, 국민 생활수준의 향상을 도모할 수 있도록 에너지, 환경, 경제 정책을 포괄적으로 통합하는 정책을 추진한다.

이에 따라 전통적으로 산업환경 규제에 대해 관대한 입장을 취해온 미국은 최근 EPA, DOE 등을 중심으로 환경과 에너지문제에 대한 다양한 세제와 보조금, 규제, 자발적 협약, 라벨링 정책을 추진하기 시작했다. 그리고 캘리포니아주 등 환경 문제가 심각한 주에서는 연방 규제에 앞서 선도적으로 강화된 환경규제조치를 시행하고 있다.

미국의 주요 환경 정책

1. 컴퓨터 재활용법(안)

국가컴퓨터재활용법(National Computer Recycling Act)을 근거로 미국 전역에서 전기전자부문을 대상으로 폐컴퓨터의 재활용 촉진을 위해 제품판매시 발생하는 재활용 수수료를 소비자가 납부토록 한다. 그리고 이런 재원을 활용해 폐컴퓨터 재활용 시설기반 구축을 지원하기 위한 프로그램을 수립하도록 규정하는 연방법안을 시행한다.

이것은 컴퓨터와 모니터, 유해물질 함유제품으로 지정된 제품과 1개 이상의 LCD, CRT 또는 인쇄회로기판을 포함하고 있는 제품을 대상으로 한다.

제품판매시 재활용요금(Advanced Recovery Fee)을 제품당 10달러를 초과하지 않는 범위에서 부과해 판매가격에 반영한다. 단 중고 컴퓨터와 모니터, 비영리기관에서 판매하는 제품은 적용대상에서 제외한다.

2. 캘리포니아 폐전자제품 재활용법

캘리포니아주에서 발생하는 폐전자제품(특히 디스플레이기기)에서 발생하는 유해물질 문제를 해결하고 폐전자제품의 재활용 촉진을 목적으로 제정됐다.

이는 제품판매시 재활용요금을 2005년 1월부터 소매가격에 포함시켜 징수하고(소비자에게 재활용 비용을 부담) 재활용을 저해하는 제품 내 특정 유해물질 사용을 제한한다. 또한 징수된 재활용요금을 기반으로 재활용 시설기반 구축 및 재활용사업체 지원하는 것 등을 내용으로 한다.

그리고 4인치 이상의 스크린을 포함하는 비디오디스플레이기기(CRT 및 이를 함유하는 기기, LCD와 PDP TV, CRT 모니터 장착 컴퓨터, 노트북 컴퓨터 등)를 대상 품목으로 한다. 단 적용대상 품목을 포함하고 있으나 분리가 불가능한 대규모 상업용·산업용 기기, 의료용 장비와 자동차, 냉장고, 에어콘, 식기세척기 등에 포함되는 디스플레이기기는 제외된다.

제품에 부착된 스크린 크기에 따라 6~10달러의 재활용요금(Recycling Fee)이 제품판매가격에 포함돼 세무국이 징수를 담당하게 된다. 이 가운데 3%는 징수비용으로 소매업자에게 상환 가능하다.

2006년 7월 이후부터는 납과 수은, 카드뮴, 6가크롬을 함유한 전자제품은 캘리포니아주 내 판매가 금지될 예정이다.

제조업체는 2005년 1월 이후부터 소비자에 대한 폐제품과 포장재의 반납, 폐기, 재활용과 관련한 정보를 제공할 의무가 있다. 또 제조업체는 대상품목의 캘리포니아주 내 판매량과 판매제품 중 재활용물질 사용량, 판매제품 중 납, 수은, 카드뮴, 6가크롬, PBB, PBDE 사용량 등을 폐기물통합관리국에 매년 보고해야 한다.

폐기물통합관리국은 2005년 8월 이후 최소 2년마다 재활용요금을 재산정한다. 징수된 재활용 요금은 폐전자제품재활용기금으로 사용돼 지정 재활용업체에 대한 지원과 폐전자제품 재활용 시민홍보 프로그램 등을 수행한다.

3. 텍사스 폐전자제품관리법(안)

텍사스주의 WEEE와 RoHS라 할 수 있는 이 법안은 제조업자와 수입업자에 대한 폐제품의 처리와 재활용 관련 규정 이행 계획서를 2006년 3월까지 환경위원회에 제출, 승인획득을 의무화하고 재사용과 재활용 목표율을 제시해야 한다. 이를 만족하지 않는 제조업자에 대해서는 2007년 9월부터 시장판매가 제한된다.

또 EU RoHS지침에서 제한하는 6대 유해물질과 PVC 함유제품의 판매를 2008년 1월부터 제한한다. 대상 품목으로는 컴퓨터 기기(본체와 모니터, 키보드, 프린터 등), TV 등 비디오 기기, 통신기기(유무선전화기, 팩시밀리, 자동응답기), 오디오기기, 장난감, 게임기, 생활가전 등이다.

폐제품의 처리비용은 2005년 9월 이후 출시제품에 대해서는 제조업체가 부담하며 그 이전에 출시된 제품은 비용 발생 당시의 시장점유율에 따라 비용부담 의무를 부여한다(위원회는 매년 제조업체별 시장점유율을 결정한다).

제품의 라벨링 등 정보표시 요건과 정보 제공도 2006년 9월부터 의무화돼 유해물질 함유제품과 부품 정보를 표기해야 하며 폐제품의 회수처리 관련 정보를 제공하는 수신자부담 전화번호 또는 인터넷 주소 등도 표기해야 한다.

4. 캘리포니아 휴대폰 재활용법

캘리포니아주에서 발생하는 폐휴대폰의 재사용, 재활용 및 적절한 폐기를 위한 포괄적인 시스템 구축을 목적으로 제정됐다. 소매업자에 대해 폐휴대폰 무료 반환과 수거시스템 구축을 의무화하고 원칙적으로 폐제품의 취급, 재활용 및 폐기에 수반되는 비용의 제조자 및 소비자 부담원칙을 규정했다.

또 주 관할 관청의 해당제품 조달에도 관련 조항을 적용해 수거시스템을 구축한 소매업자에 대해서만 입찰자격을 부여하도록 했다.

적용 품목으로는 자동차 구성품인 무선전화기(카폰)를 제외한 모든 이동전화기기가 해당된다. 소매업자에 대해 2007년 7월 이후 폐제품의 무료 반환 및 수거시스템을 구축하도록 의무화하고 해당조항을 만족하지 않는 경우 역내 판매를 제한하도록 규정했다.

재활용과 폐기 등 폐제품의 관리비용에 대해 지방정부나 이동통신 사업자 또는 휴대폰 제조자 및 사용자의 부담원칙도 규정했다.

제조자에 대해서는 제품 내 유해물질을 점차적으로 제거하고 친환경 설계를 권고했다. 그리고 유독물질관리부에 대해 2007년 7월부터 매년 7월에 휴대폰 재활용률을 해당 웹사이트에 공개하도록 의무화했다.

5. 가정용기기 에너지효율기준 및 등급표시제도

에너지정책 및 보존법에 따라 가정용 전기전자제품 및 수도기기 18개 품목을 대상으로 에너지와 물소비 관련 정보를 제품에 표시하도록 규정하고 있다. 또한, 가정용기기 에너지절약법에 따라 이들 제품의 최소 에너지효율기준을 제시해 이에 미달한 제품은 국내 판매를 제한한다.

냉장고와 냉동고, 식기세척기, 에어콘 등 9개 가정용 전기전자품목에 대해서는 연간 에너지소비량 및 에너지사용 비용, 에너지효율 수준 등의 정보를 표시한 에너지가이드라벨을 제품에 부착하도록 한다.

형광램프용 안정기, 일반형 형광램프 등 44개 조명기기 품목은 광출력, 에너지소비량, 제품수명, 최저 에너지효율기준을 만족한다는 의미의 'E'를 표시토록 한다.

샤워헤드, 수도꼭지, 양변기 등 5개 품목의 수도기기에 대해서는 토수량과 해당품목의 물 소비기준을 만족한다는 표시를 하도록 한다.

6. 캘리포니아 가전제품 에너지효율 규제

캘리포니아주는 지난 1975년 미국 50개주 중에서 최초로 에너지효율법을 제정해 주 내에서 사용하는 에너지 중 상당부분을 차지하는 특정 가전제품에 대해 최저효율기준을 규정했다.

가정용 냉장고, 세탁기 등 연방법에서 그 기준이 규정된 품목 이외의 가전제품 및 상업용 제품에 대해 최저효율기준을 규정하고 있다.

특히 2006년 1월부터 적용된 개정법률에서는 전원공급장치와 AV기기가 추가됐다.

연방정부가 이미 가정용 냉장고와 세탁기, 식기세척기 및 기타 가전제품에 대해 에너지효율기준을 채택하고 있기 때문에 동 에너지 효율법에서는 연방법의 적용대상이 아닌 품목에 대해서는 개별 에너지 효율기준을 규정했다.

냉장고, 세탁기 등 이미 연방법의 적용대상인 품목의 경우 상업용 제품에 대해서 최저 에너지효율기준이 규정돼 있다.

대상 품목으로는 백열등과 전원공급장치, AV기기, 천장 선풍기, 산업용 제빙기, 냉장고 및 냉동고, 자동판매기, 전원공급장치 등 21개 품목군이 해당된다.

개정법에서 소비자제품인 AV기기가 포함됨으로써 DVD, TV(디지털 TV포함) 등의 제품은 2006년부터 규정된 제품별 대기전력 및 사용전력기준(소형 오디오제품의 대기전력기준은 2W 이하, TV는 3W 이하)을 만족해야 한다.

7. FDA의 전기전자제품 전자기파 규제

모니터와 전자레인지, TV, 엑스레이기기 등 전기전자제품에서 방출되는 전자파로 인한 인체 영향을 고려해 전자기파의 종류에 따라 제품별 방출기준을 선정해 기준에 만족하는 수입제품에 대해서만 통관을 허용한다.

미국으로 수입되는 이온화 및 비이온화 방사선, 음파, 주파, 저주파, 초음파를 방출하는 모든 전자제품에 대해 식품의약국(FDA)이 정하는 연방 방사선 안전표준을 만족시키도록 규정하고 식품의약국 산하 심사기관인 CDRH의 합격 판정을 받아야 통관이 가능하다.

규제대상 전자기파의 유형으로는 전리방사선(Ioninzing Radiation), 마이크로파(Microwave), 무선주파수(Radio Frequency), 광선방출(Light-emission), 음파 및 초음파(Sonic, Infrasonic, Ultrasonic Radiation)로 규정하고 제조업체에 대해 기준 준수 증빙 라벨을 테스트에 근거해 부착하도록 했다.

8. 자동차 배기가스 규제

1994년부터 경량차량 및 중량차량에 대해 2단계에 걸친 배기가스 배출기준(Tier Ⅰ, Ⅱ)을 규정하고 청정연료사용 자동차의 생산과 보급 촉진을 위한 구매의무화조항을 반영했다.

1994년부터 2003년까지 10년간은 탄화수소(HC)의 배출저감에 초점을 맞춘 Tier Ⅰ 기준이 적용됐다.

2004년부터 Tier Ⅰ, Ⅱ 기준이 적용되면서 오존 생성을 통해 광화학 스모그에 영향을 미치는 질소산화물(NOx) 규제가 강화됐고 포름알데히드 등 휘발성유기 화합물 기준치도 50% 수준으로 강화됐다.

한편 오존 또는 일산화탄소의 환경기준을 초과하는 오염밀집지역에 대해 일정대수 이상의 차량소유자(Fleet)를 대상으로 신차 구입시 청정연료 자동차의 일정비율 구입을 의무화한다.

9. 캘리포니아 자동차 배기가스 규제

저공해차(LEV, Low Emission Vehicle) 및 무공해차(ZEV, Zero Emission Vehicle) 프로그램으로 대별되는 캘리포니아주의 자동차 배기가스 규제는 연방정부의 대기정화법(Clean Air Act)에서 개별 주 정부의 강화된 조례제정을 허용함에 따라 미국 내에서도 가장 엄격한 기준을 채택하고 있다.

1994년부터 2003년 사이에 나온 모델차량에 대해 적용해오던 LEV Ⅰ 기준에 이어 2004년 모델부터 NOx 및 PM 기준이 한층 강화된 LEV Ⅱ 프로그램을 시행하고 있다. 또 제조업자로 하여금 일정비율의 무공해차량(ZEV) 판매를 의무화함으로써 청정연료 자동차시장 확대를 추진한다.

대상 품목으로는 승용차와 경량차량(GVWR<8,500lb) 및 중량차량(8,500<GVWR<10,000lb)이며 경량차량의 적용범위를 최대 적재중량(GVWR) 8,500lb 미만인 차량으로 확대함으로써 LEV Ⅰ에서 중량차량에 해당하던 일부 경트럭 및 중량차량 기준을 강화한다.

대상 차량에 대해 LEV, 초저공해차(ULEV), 초극저공해차(SULEV, Super Ultra Low Emission Vehicle) 세 가지 등급으로 나누어 비메탄계 유기가스(Non-Methane Organic Gas, NMOG), CO, NOx, PM, HCHO에 대한 최대 허용 기준을 규정한다.

또한 사용연료(휘발유 또는 경유)의 구분 없이 기준에 적용한다. LEV및 ULEV 등급 차량의 NOx 기준치를 LEV I 의 LEV 등급 기준 대비 75% 강화한다.

배기가스 관리를 위한 일반 승용차 및 경트럭 내구수명 기준을 기존의 10만 마일에서 12만 마일로 증가시키고 2004년에서 2010년 사이에 나온 모델에 대해 연도별 기업평균 NMOG 기준을 규정했다. 물론 제조업자에 대해 일정비율의 무공해차 판매의무도 부과했다.

10. 자동차연료 품질규제

미국은 자동차에 의한 대기오염 감소를 위해 지난 1990년 11월 대기정화법(Clean Air Act)을 개정하면서 관련 정책을 체계화했다. 주요 전략으로는 크게 연료정책강화, 자동차 오염물질 배출기준의 강화, 청정차량 프로그램으로 나누어 볼 수 있다.

이중 연료정책으로는 일산화탄소(CO) 제어를 위한 함산소연료(Oxygenated Fuel)의 도입과 대기오염이 심각한 지역을 중심으로 개질휘발유(RFG, Reformulated Gasoline)의 사용 의무화, 1993년부터 디젤 연료의 황함량 제한, 1992년부터 실시된 연료의 휘발성 규제 등이 있다.

일산화탄소에 대한 연방기준을 만족시키지 못하는 지역에 대해 연료 내 산소함량을 증가시킨 함산소연료 사용을 의무화했다. 또한 오존오염이 심각한 캘리포니아 등 9개 대도시에 대해 개질휘발유 사용도 1995년부터 의무화했다.

자동차용 경유의 황함량을 15ppm으로 적용하고 기관차용 및 선박용 경유의 경우 2007년 6월 1일 이후부터 500ppm 이하, 2012년 6월 1일부터는 15ppm 이하로 적용할 계획이다.

11. 자동차연비 라벨링

미국 에너지부(DOE)와 환경청(EPA)이 공동으로 미국 내 판매되는 신규제작 또는 수입차량에 대해 연비표시 라벨 부착을 의무화하고 있는 규정으로 하이브리드자동차, 에탄올 연료차량 등 대체에너지 및 저배출차량에 대한 정보제공 규정도 포함했다.

중량 6,000파운드 이하의 신규제작 및 수입차량(대체연료자동차 포함)을 대상으로 자동차 시내주행 및 고속주행시에 발생하는 연비와 연간 추정 연료소비액을 표시하도록 했다.

특히 하이브리드자동차, 에탄올 연료차량, 압축천연가스차량, 액화석유가스차량, 디젤승용차, 연료전지차량 등 대체에너지 저배출 차량에 대한 정보를 따로 제공한다.

대체연료사용 자동차는 메탄올과 에탄올, 천연가스, 액화석유가스, 수소, 바이오연료, 전기 등을 연료로 사용하는 자동차(이중연료방식, Dual-Fuel)를 뜻한다. 차종별 연비정보는 Fuel Economy Guide를 통해 매년 일반에 공개되며 2004년 현재 40여 개 자동차 제조업체의

약 1,800여 개 모델이 등록돼 있다.

한편 캐나다도 미국과 유사하게 승용차, 미니밴, 픽업트럭, 특수용도차량에 대해 연비테스트 결과에 의거해 시내주행 및 고속주행시의 연료소비량과 연간 추정 연료소비액을 표시하는 라벨제도를 운영하고 있다.

연비테스트 검증작업은 캐나다 교통부(Transport Canada)에서 담당하고 이에 근거한 라벨링은 캐나다 자원부(NRCan; Natural Resources Canada)에서 승인한다.

12. 자동차기업 평균연비 규제(CAFE)

미국 자동차 제조회사 및 수입회사의 미국 내 판매차량의 생산량 기준 가중평균 연비에 대한 기준치를 설정하고 해당 기준치를 만족시키지 못하는 업체에 대해서는 미달분에 비례해 과태료를 부과한다.

개별 차량모델에 대한 기준이 아니라 자동차 메이커 또는 수입상이 미국 내에서 판매하는 모든 차량모델에 대해 모델별 생산량을 고려한 가중평균 연비를 규정한다. 이는 승용차와 경트럭이 적용대상이며 단중량차량(8,500파운드를 초과하는 차량 및 트럭)과 모터사이클 및 비도로 차량은 제외된다.

표준연비가 미달된 업체에 대해서는 미달된 연비 0.1mpg(mile/gallon, 즉 0.04km/L 당 약 6,000원)당 5.5달러의 자동차 대당 과태료를 부과한다.

기준을 초과 달성하는 경우 해당 부분만큼 크레디트를 받아 모델연도 3년 전후의 미달분을 상쇄하는 데 사용할 수 있다. 대체연료사용 자동차와 이중연료방식(Dual-Fuel)차량 생산에 대해 인센티브(갤론당 0.9마일)도 제공한다.

13. 승용차 연료 과소비세(Gas Guzzler Tax, GGT)

1991년부터 에너지세법에 따라 자동차 연비가 일정 기준치에 미달할 경우 차량 판매시 연료 소비율에 따른 연료과소비세(GGT)를 부과하고 있다.

GAFE가 제조업체에 대해 출시 자동차의 평균 연비를 일정수준으로 개선하기 위한 목적에서 운영되는 제도라면 GGT는 연비가 나쁜 승용차의 판매 억제를 목적으로 한다.

승용차(미니밴, 스포츠용도차량(SUV), 픽업트럭 제외)는 대상이 1년부터 연료소비율 22.5mpg에 미달하는 경우 미달분에 비례해 누진적으로 연료과소비세를 부과(대당 1,000~7,700달러)하고 소비자가격에 포함되는 GGT부과액을 자동차 연비 스티커에 표시하도록 한다.

14. 독성물질 제조, 판매 규제

화학물질로 인한 인체건강과 환경피해 방지를 위해 1976년 제정된 유독물질관리법은 미국에서 현재 생산 또는 수입되는 7만 5,000여 종에 달하는 화학물질을 관리할 수 있도록 폭넓은 권한을 환경청(EPA)에 부여했다.

이에 따라 유해영향이 있는 화학물질과 이를 사용한 제품의 제조, 운송, 유통, 사용, 처분 등의 모든 과정을 EPA가 관리하도록 했다.

EPA는 화학물질을 '기존물질(Existing Substance)'과 '신규물질(New Substance)'로 구분해 관리하며 화학물질목록(TSCA, Chemical Substance Inventory)에 등재되지 않은 화학물질은 신규물질로 분류했다.

단, 담배와 그 조제품, 농약류, 연방식품의약품법에 따른 식품과 식품첨가제, 의약품, 화장품 등은 적용에서 제외된다.

화학물질목록에 등재되지 않은 물질의 제조 또는 수입시에는 사전신고(Premanufacture Notification, PMN) 절차를 이용하도록 했고 연간 100파운드의 납 또는 납합성물을 배출하는 업체의 경우 정부에 해당보고서 제출을 의무화했다.

15. 신화학물질 생산, 수입 사전신고제도(PMN)

화학물질의 제조업자 및 수입업자가 EPA의 화학물질목록에 등재돼 있지 않은 신규 화학물질을 생산 또는 수입하기 전에 사전신고(Premanufature Notification, PMN)하도록 했다.

이를 통해 EPA가 해당 물질의 전과정에 걸쳐 유해영향을 평가하고, 필요할 경우 제한 또는 금지 조치를 할 수 있도록 했다.

화학물질목록에 포함되지 않은 신규물질 제조업자와 수입업자는 해당물질을 상업적 용도로 생산 또는 수입하기 위해 최소한 90일 전에 EPA에 사전신고해야 한다. 신고된 신규물질에 대해 해당 주무기관은 제출된 자료를 근거로 심사해 생산과 수입 허가, 추가적인 시험검사 요구 또는 필요시 해당 물질의 규제조치를 취할 수 있다.

사전신고 적용에서 예외가 되는 물질로는 유독물질관리법에서 규정하는 화학물질 정의에 포함되지 않고 연구개발 용도로만 생산 또는 수입되는 신규물질, 수출용으로만 생산되는 신규물질 등이 있다.

또 10톤 미만 소량생산, 환경으로의 배출과 인체노출영향이 적은 물질 등은 사전신고 적용예외 신청을 할 수 있다(생산 또는 수입 30일 전).

16. 특정화학물질의 신규이용에 대한 사전심사제도(중요 신규이용 규칙, SNUR)

중요 신규이용 규칙(Significant New Use Rule)은 특정화학물질에 대해 신규사용목록을 규정해 이에 해당하는 용도로 제조 또는 수입하고자 할 때 사전신고해 심사를 받도록 하는 제도이다.

이는 신규물질 사전신고제도(PMN)와 동일한 양식을 사용해 EPA의 해당 주무기관에 제출하도록 한다.

제조업자와 수입업자로 하여금 특정화학물질에 대해 중대 신규 이용으로 규정된 용도로 해당물질을 생산 또는 수입하기 최소 90일 전에 사전 신고하도록 해 화학물질의 사용용도를 제한한다.

신규 화학물질 사전신고제도와 동일하게 연구개발용, 소규모 생산 및 수입 등에 대해서는 예외를 인정한다.

최근 난연제로 많이 사용되는 penta-BDE와 octa-BDE가 동 규칙에 포함됨으로써 2005년 1월부터 규정된 신규용도로 이들 물질을 생산 또는 수입하고자 할 경우 사전신고해 심사를 받아야 한다.

17. 캘리포니아 유해물질 함유제품 공시제도(Proposition 65)

제품에 함유된 유해물질의 작업환경 노출 또는 소비자 노출에 대한 위험을 알리도록 의무화했다. 이에 따라 PVC전선, 납함유제품 등의 제품에 대한 제조자책임을 요구하는 소비자 분쟁사례가 빈번히 발생

California Proposition 65 Warning

WARNING: This product contains chemicals known to the State of California to cause cancer and birth defects or other reproductive harm.

(Installer: California law requires that this warning be given to consumers.)

캘리포니아주는 발암물질과 생식독성물질로 알려진 유해화학물질 리스트를 매년 업데이트 해 공표하고 있다. 또한 유해화학물질 리스트에는 염료와 용제, 농약, 약품, 식품첨가제를 비롯해 특정 공정에서의 부산물 등 다양한 물질들을 포함하고 있다.

하고 있다.

캘리포니아주에서 10명 이상을 고용해 사업장을 운영하거나 제품을 판매하는 사업자는 캘리포니아 환경보건 위해서 평가소에서 지정한 발암물질과 생식독성물질이 작업환경에 노출되거나 제품 사용으로 인해 소비자에게 노출될 우려가 있는 경우 경고문구 부착을 의무화했다.

18. 오존층파괴물질 규제

에어컨디셔너, 냉장고, 에어졸 등에 사용하는 오존층파괴물질(Ozone Depleting Substances, ODS)과 이들 물질을 포함 또는 사용한 제품을 대상으로 ODS라벨 부착을 의무화한다. 그리고 몬트리올의정서 규제일정에 따라 ODS의 생산이나 제품 내에 사용하는 것을 금지한다.

환경청은 오존층파괴물질을 Class I (CFCs, 할론, 사염화탄소 등 54개 물질)과 Class II (HCFCs 등 35개 물질)로 구분하고 최소 3년마다 리스트 추가작업을 실시한다.

Class I 물질에 대해서는 생산과 수입, 몬트리올의정서 비당사국으로의 수출을 금지하고 물질별 생산금지일정을 규정했다.

규제대상 물질에 포함된 ODS를 포함하고 있거나 이를 사용해 제조한 제품에 대해서는 경고라벨 부착을 의무화했다. 다만 전자제품 및 사진 인화기에 사용되는 CFCs 세정제, CFCs를 사용해 제조되는 발포체, CFCs를 분사제로 사용한 에어졸 등 일부 품목은 생산금지 조치됐다.

19. 오존층 파괴물질 소비세

1989년 포괄예산조정법에 의해 5종류의 CFCs와 3종류의 할론에 대해 부과되기 시작했다. 그리고 1990년 동법을 개정해 10종류의 CFCs와 Tetrachloride, Methylchloreform을 추가함으로써 현재 20종류의 오존층파괴물질과 동 물질을 사용해 제조된 제품이 세금 부과 대상이다.

1990년 기본세율을 파운드당 1.07달러를 적용하기 시작했으며 현재의 부과체계는 1992년 에너지정책법에 의해 마련됐다. 2004년 현재 오존층 파괴물질 1파운드당 기본세율은 9.4달러를 적용하고 있다.

세금부과 제외대상으로는 재활용된 오존층파괴물질과 오존층파괴물질 최소허용량이 규정된 제품, 몬트리올의정서 당사국으로부터 수입되는 재활용 halon-1301 및 halon-2402, 천식용 흡입기의 분사제로 사용되는 물질 등이 있다.

20. 납함유 아동용 장난감 금속장신구 규제

최근 아동용 금속장신구로 인한 인체위해성이 확인되면서 150만개 정도의 제품이 회수됐다. 소비자제품안전위원회는 2005년 2월 3

일 납함량 6,000ppm을 초과하는 해당제품의 판매를 제한하는 한시적 규제정책(Interim Enforcement Policy for Children's metal Jewelry Containing Lead) 시행을 공표했다.

연방유해물질법(Federal Hazardous Substances Act, FHSA)에 따라 접촉 및 사용으로 인해 인체위해영향을 일으킬 정도의 납을 함유하고 있는 아동용 금속장신구는 '금지유해물질(Banned Hazardous Substance)' 요건에 해당한다.

소비자제품안전위원회의 스크리닝테스트 실시 결과 제품의 각 금속 부품 내 총 납함량이 0.06%(600ppm)를 초과하는 경우 산추출법(Aced Extraction Method)에 의해 추가 시험분석을 실시한다. 추가 분석결과 납함량이 600ppm을 초과하면 라벨링과 회수명령 등과 같이 사안별로 위원회가 적절한 조치를 취하도록 규정했다.

21. 배터리 규제

1996년 지속적인 2차 배터리 사용증가와 이의 부적절한 폐기로 인한 환경영향 감소정책의 일환으로 이들 폐배터리의 수거와 재활용 촉진을 위해 제정됐다.

이는 주법보다 우선 적용되도록 해 연방차원의 통일된 폐배터리 관리기반을 마련한 법률로서 니켈-카드뮴 배터리의 효과적인 수거와 재활용 촉진, 수은함유 배터리 판매제한을 규정하고 있다.

배터리 규제법은 니켈(Ni)과 카드뮴(Cd) 배터리와 특정 납축전지 및 규제대상 배터리를 사용하는 소비자제품에 대해 연방차원의 통일된 라벨링 요건을 규제하고 있다.

수은함유 배터리 규제는 알칼리망간 배터리(수은함량 25mg 이하인 버튼셀 배터리는 제외), Zinc-Carbon Battery 및 Mercuric-Oxide Battery의 판매를 금지하고 있다.

적용대상 배터리에 대해 각 주마다 서로 다른 관리규칙이 적용되던 것을 'Universal Waste Rule(배터리를 비롯해 일반폐기물 적정관리 촉진을 목적으로 제정된 연방규칙)'이 모든 주에 적용되도록 규정함으로써 통일된 폐배터리 관리기반을 마련했다(대상 폐배터리의 수거, 보관 및 운송과 관련한 동 법이 각 주의 관련법에 우선 적용된다).

일본의 환경규제법

1. 순환형 사회 형성추진 기본법

생산과 유통, 판매, 처분에 이르는 전과정에 걸친 자원의 효율적인 이용과 재활용을 통해 순환형 사회로의 전환을 추진하기 위한 일본의 기본법이다.

이 법을 근간으로 제품유형별로 리사이클링을 촉진하기 위한 자원유효이용촉진법, 가전리사이클법, 자동차리사이클법, 포장용기리사이클법, 그린구입법 등 8개 개별 법률이 제정됐다

폐기물 가운데 유용한 것을 '순환자원'이라 정의하고 이들의 순환

적인 이용을 촉진하기 위해 우선순위를 '자원소비 최소화 ➡ 재사용 ➡ 재생이용 ➡ 열회수 ➡ 적정처리'로 정했다.

정부에 대해서는 '순환형 사회형성 추진 기본계획'을 수립해 사업자 국민에 대해서는 '배출자 책임'을 적용하는 등 국가, 지방공공단체, 사업자 및 국민의 역할 분담을 명확히 했다.

이와 더불어 폐기물 발생 억제 조치, '배출자 책임' 준수를 위한 규제 조치, '확대 생산자 책임'에 따른 조치, 재생품 사용 촉진, 환경문제 발생시 사업자에 대한 원상회복 비용부담 조치 등 순환형 사회형성을 위한 국가 시책을 명시했다.

2. 가전 리사이클법

2001년 4월부터 폐가전제품에 대한 재활용 촉진을 목적으로 TV, 냉장고, 세탁기, 에어컨디셔너 4대 품목을 대상으로 시행되었다.

가전 리사이클법은 판매점에 수집 운반의 의무를, 제조업체에게는 재활용 의무를, 소비자에게 재활용 비용을 분담하는 재활용 체계를 규정했다.

제조업자와 수입업자는 폐가전제품의 품목별 재상품화율을 준수하도록 의무화했다(에어컨디셔너와 냉장고에 들어있는 CFCs는 회수해 재이용하거나 분해).

소매업자는 소비자로부터 폐제품의 회수를 요구받을 경우 판매한 폐제품을 회수해야 하며 지방자치단체는 수집한 폐제품의 제조업자에 대한 인도의무가 있다. 소비자는 제품구입시 수거 및 재활용에 소요되는 요금을 지불해야 한다.

3. 톱 러너(Top Runner) 프로그램

1979년 최초로 에너지사용합리화법에 따른 자동차, 에어컨디셔너 및 전기냉장고에 대한 에너지소비기준이 규정된 이래 1998년 개정된 법에 따라 톱 러너 프로그램이 도입되었다. 이 프로그램은 시판되는 제품 가운데 최고효율수준의 제품을 기준으로 에너지효율기준을 정하고 이를 일정기간 내에 여타 제품들이 준수하도록 하는 제도다.

톱 러너 프로그램은 에너지사용합리화법 제18조에 의거 승용차와 화물차, 에어컨디셔너, 냉장고, TV, VCR, 형광램프, 복사기, 컴퓨터, 보일러, 히터, 자판기 등 18개 품목에 대해 각 품목별 현재의 최고효율수준을 미래의 최저효율기준으로 설정하고 이를 목표기간 내에 달성하도록 하는 제도다.

이와 함께 에너지사용합리화법 제20조에서는 제품의 에너지소비효율을 제품 카탈로그 및 제품에 수치로 표기하거나 에너지절약 라벨링 프로그램에 따라 표시하도록 의무화했다.

4. 자동차리사이클법

연간 약 500만 대에 이르는 일본 내 폐자동차의 재활용 촉진을 위해 소비자가 재활용 비용을 부담하게 했다. 또한 자동차 제조, 수입업자에게는 확대생산자책임원칙을 적용해 유해 폐기물의 회수 및 재활용 가능소재의 재활용 의무를 규정했다.

자동차 제조자 및 수입자는 폐차의 중량기준으로 2002년까지 85%, 2015년까지 95%의 재활용 의무를 부담하며 냉매, 에어백 및 파쇄처리시 발생하는 분진의 회수를 의무화했다.

폐차회수업자와 냉매회수업자는 자동차 판매 및 정비업자를 대상으로 도·도·부·현(都 道 府 縣) 지사가 지정하며 자동차 해체업자에게 폐차를 인도하도록 했다.

또한 해체 파쇄업자도 도·도·부·현 지사가 지정하며 에어백과 파쇄처리시 발생하는 분진을 자동차 제조·수입업자에게 인도(에어백에 대해서는 제조 수입업자에게 비용청구 가능)해야 한다.

한편 소비자는 자동차 구입시 폐차 재활용 비용을 지불하며 폐차를 자동차 회수업자에게 인도할 의무를 가진다.

5. 자동차 NOx, PM법의 차종규제

자동차 배기가스로 인한 대기오염 저감방안으로 자동차 배출가스 규제, 저공해차 보급촉진 정책 등을 시행하고 있다. 그러나 2001년 6월 대도시와 같이 NOx(질소산화물) 및 PM(입자상 물질)에 의한 대기오염 문제가 심각한 지역의 대기환경 개선을 위해 이 법을 제정했다(기존 NOx법의 개정).

2002년 10월부터 시행중인 이 법에 따라 특별 대책 지역으로 지정된 지역 내에서 사용되는 트럭, 버스 및 디젤승용차에 대해 규정된 NOx 및 PM 배출기준을 만족하도록 하는 차종규제가 실시되고 있다.

이 기준의 만족을 위해 차량을 교체하거나 저공해차 취득시 취득세 경감, 융자 및 보조금 지급과 같은 지원제도를 실시하고 있다.

도쿄도, 효고현 등과 같은 지방자치단체들은 관련 조례 제정을 통해 별도의 NOx 및 PM 규제를 실시하고 있다.

대상 품목으로는 특별 대책지역의 트럭과 버스(디젤차, 가솔린차, LPG차), 디젤 승용차 등이 있다. 여기서 특별 대책 지역은 자동차 교통집중이 심한 곳과 대기오염 방지법 등의 기존 조치만으로는 해당 물질과 관련된 대기 환경기준 확보가 어려운 곳이다.

적용대상 차량은 신차 및 현재 사용 중인 차량 모두에게 적용된다. 그리고 규정된 기준에 적합하지 않은 신차의 경우 신규 등록을 금지하며 이미 사용 중인 자동차는 일정기간이 지난 후 해당 지역 내 사용을 금지한다.

일부 지방자치단체들은 NOx PM법과는 별도로 조례에 의한 NOx 및 PM 규제를 실시하고 있다.

6. 화학물질배출관리제도(PRTR)

화학물질배출이동량등록제도(Pollutant Release & Transfer Register, PRTR)와 물질안전데이터시트(Material Safety Data Sheet,

MSDS)를 주축으로 사업자에 의한 화학물질의 자율적 관리, 개선을 촉진함으로써 환경오염을 관리하고자 하는 것이 목적이다.

PRTR는 유해성 있는 다양한 화학물질의 발생원과 배출원, 배출량, 배출경로 등에 대한 데이터를 파악하고 집계해 공표하는 화학물질 이동 및 배출량 정보를 공개하는 제도다.

MSDS는 화학물질 취급시 필요한 정보를 기록한 데이터시트로서 화학물질에 대한 정보와 응급시 알아야 할 사항, 응급상황시 대응방법, 유해영향 발생 예방책, 기타 중요한 정보에 관한 사항 등을 담고 있다.

화학약품, 염료, 도료, 용제 등의 제품의 경우에도 제1종 화학물질을 1% 이상 함유하거나 12종의 발암물질(특정 제1종 화학물질)을 0.1% 이상 함유하는 경우 PRTR 및 MSDS 적용대상이 된다. 그리고 기타 제1종 및 제2종 화학물질을 1% 이상 함유하는 제품은 MSDS 적용대상이 된다.

7. 건축자재 포름알데히드 방출규제

건축자재의 포름알데히드 방출에 따른 폐해를 예방하기 위해 2003년 7월 건축기준법을 개정해 실내 공기의 질에 영향을 미칠 수 있는 건축자재의 선택과 사용요건을 강화했다.

실내 공기의 질에 영향을 미칠 수 있는 품목(국토교통성 고시로 공표)으로서 금속류, 천연석재 등 일부 품목은 대상에서 제외된다.

포름알데히드 방축속도에 따라 건축재료를 4단계로 구분해 각 단계별 주거공간 대비 내장재의 사용가능 면적을 제한한다.

8. 용기포장리사이클법

용기와 포장폐기물의 분리수거 및 재상품화를 통해 쓰레기 감량과 유효자원 재이용을 촉진하기 위한 법률로서 '재상품화 의무총량 설정'과 '소비자 – 시·정·촌(市 町 村) – 사업자 간의 협동에 의한 용기 포장 폐기물의 재상품화 실시'를 주요 내용으로 한다.

유리제 용기와 종이제 용기 및 포장, 플라스틱제 용기 포장, 페트병 등이 대상이며 5개 주무성(환경성, 경제산업성, 재무성, 후생노동성, 농림수산성)의 재상품화 계획에 따른 용기 및 포장의 '재상품화 가능량'과 각 지방자치단체가 계획한 분리수거 계획으로부터 산출한 '분리수거량'을 설정한다.

소비자는 시·정·촌이 정한 '용기 및 포장 폐기물 분리수거 기준'에 따라 분리, 배출하고 시·정·촌은 가정에서 배출되는 용기포장을 분리수거해야 한다.

사업자는 용기와 포장의 이용 또는 제조 수입량에 따라 재활용 의무를 부담한다. 재상품화를 위한 용기포장 폐기물 인수 및 재상품화 시 법률에 근거한 재상품화 지정법인이나 재상품화 사업자를 활용할 수 있다.

9. 그린구입법—공공기관의 친환경상품 구매촉진

입법 사법 중앙행정기관 독립행정법인 등 국가공공기관이 상품(물품 및 서비스)을 조달할 때는 그린구입법에서 정한 품목과 기준에 해당하는 친환경상품을 우선적으로 선택하도록 의무화하고 지방공공단체는 자발적으로 친환경조달기준을 설정해 친환경상품을 구매하도록 하는 노력을 촉구하는 법이다.

이를 위해 국가는 공공기관의 친환경상품의 조달추진 기본방침을 설정하고 조달실적 공표, 친환경상품 정보 제공의 역할을 담당하도록 규정한다.

이를 활용해 지방공공단체는 매년 친환경상품의 조달목표를 설정하고 이행하도록 권고한다. 또한 사업자는 제품 서비스의 환경성 정보를 제공하라는 선언적 원칙을 규정한다.

중국의 환경규제법

우리나라의 제1수출 시장으로 부상한 중국의 환경 관련 무역조치가 EU수준으로 점차 강화되고 있다.

중국이 도입해 시행하고 있는 환경규제 조치들은 이미 EU가 2003년 발효해 논란이 됐던 폐가전처리지침(WEEE), 유해물질관리지침(RoHS), 신화학물질관리정책(REACH) 등과 매우 유사하기 때문에 앞으로 대 중국 수출에 심각한 영향을 미칠 것으로 보인다.

2007년부터 시행될 예정인 '폐가전 및 전자제품의 회수처리관리규칙'은 EU의 WEEE에 해당하는 법안으로 폐전기전자제품의 회수와 재활용 비용을 제조자와 소매업자에게 부담시키는 것을 주요 내용으로 하고 있다.

냉장고와 세탁기, 에어컨, TV, 컴퓨터 등 가전제품과 전자제품을 수출하는 업체는 중국 현지에 제품 회수 및 재활용 망을 구축해야 한다.

'전기전자제품오염관리법'은 전기전자제품의 유해물질사용을 금지하는 중국판 RoHS로 가전과 IT, 사무용 전자제품에 중금속(납, 수은, 카드뮴, 6가크롬)과 난연제(PBB, PBDE) 등 특정 유해물질의 사용을 규제한다. 또한 폐기되는 제품의 회수 및 처리 재활용을 생산자가 책임지도록 하고 있다.

이밖에도 수입 및 신규 화학물질의 승인 및 등록 관리를 규정하고 있는 '신화학물질 관리제도', 중국 내에서 생산 및 판매되는 자동차에 대해 EU수준의 대기오염물질 배출저감목표를 설정하고 있는 '자동차배출 오염방지 기술정책', 가전제품에 대한 '에너지효율마크' 등 다양한 형태의 환경규제 조치가 시행될 예정이다.

1. 전기전자제품 유해물질제한

중국판 유해물질관리지침(RoHS)으로 알려진 이 법안은 EU의 RoHS를 모태로 2002년부터 국가발전개혁위, 정보산업부, 상무부, 국가환경보호총국 등 10여 개 부위원회가 협의해 초안을 만들고 측정방법 등 이 법안 시행을 위한 기준규정도 동시에 마련했다.

TV와 컴퓨터, 가정용 전자제품, 전자통신제품, 전자측정기구, 전자레이더, 전자부품 등의 전기전자 제품으로 중국 내 생산제품뿐만 아니라 수입품에 대해서도 재활용을 저해하고 환경유해영향이 있는 물질의 사용을 제한한다.

전기전자제품 내 납과 수은, 카드뮴, 6가크롬, PBB, PBDE의 함유량의 점차적인 감소를 규정하고 2006년 7월부터는 이를 함유한 제품의 판매를 금지한다.

이와 함께 시판 제품에 함유된 특정유해물질의 이름과 함유량, 회수가능여부 등의 정보와 제품안전 사용기한을 명시토록 의무화할 예정이다.

2. 폐전기전자제품 재활용

2004년 9월 17일 중국의 폐가전처리지침(WEEE)에 해당하는 법안의 초안이 발표됐다. 폐전기전자제품으로 인한 환경오염문제가 심각하다는 현실인식에서 발생한 법안으로 폐전기전자제품의 회수, 재활용 시스템 구축기반 마련과 그 비용을 제조자와 소매업자에게 부담시키는 것을 주요 내용으로 하고 있다.

냉장고와 세탁기, 에어컨디셔너, TV, 컴퓨터 등 가전제품과 전자제품을 대상으로 폐전기전자제품의 수거와 재활용 시스템을 구축하고 이를 위한 비용은 제조자와 소매업자가 부담한다.

제조자에 대해서는 생산량과 판매 및 수출량 등 대상품목에 대한 정보를 정부에 제공할 의무를 부여한다.

3. 자동차 배기가스 규제

대기오염방지법을 근거로 1999년 공포된 이 법은 EU의 규제시스템을 채택해 제작한 차의 배기가스 규제기준 설정, 차량검사 및 관리시스템 강화, 그리고 주요 대도시에 대한 보다 강화된 기준 적용 등의 내용을 주요 골자로 하고 있다.

중국 내에서 생산, 판매되는 모든 제작차(디젤차량, 모터사이클 및 자동차엔진 포함)에 대해서는 자가진단장치의 장착을 권고했다. 또한 유로 기준을 활용해 CO, HC, NOx, PM 등에 대한 단계별 배출저감 목표를 설정했다.

경차차량(3.5톤 이하)의 경우 2000년부터 유로Ⅰ기준을, 2004년 이후에는 유로Ⅱ기준을 적용하고 있다. 중량차량(3.5톤 초과)의 경우 2001년부터 유로Ⅰ기준, 그리고 2005년 이후에는 유로Ⅱ를 적용하고 있으며 2010년까지 국제 배출규제 수준에 부합하도록 할 계획이다.

자동차 밀집지역인 대도시에 대해서는 보다 엄격한 특별 관리기준을 적용한다. 현재 사용 중인 자동차에 대해서는 검사와 관리시스템 강화, 차량관리업체 대한 인증 및 품질관리 시스템을 수립할 예정이다.

4. 신화학물질 관리제도

최초로 수입되는 화학물질 및 새로이 생산되는 화학물질 관리를 위해 제정한 제도로 수입 또는 생산 전에 신화학물질에 대한 평가, 승인 및 등록관리를 의무화한다.

신화학물질 생산자 또는 수입자에 대해 환경보호총국의 화학품등기센터에 화학물질의 관련 정보를 포함한 신고서를 제출해 승인받도록 의무화한다.

환경보호총국이 설치한 신화학물질 환경관리 전문가평가 심사위원회에 의해 신고된 신화학물질의 환경영향평가를 통해 등기여부를 결정한다.

환경보호총국에 대해 국내에서 생산 또는 수입한 화학물질 리스트를 작성하고 공표 및 관련 기술 법규의 제정을 의무화한다.

다만 연구목적으로 생산 또는 수입되는 100kg 이하의 신화학물질, 독성테스트를 위해 수입되는 신화학물질 샘플 등은 적용대상에서 제외된다.

5. 강제인증제도(China Compulsory Certification, CCC)

강제인증제도(CCC)는 중국 내에서 생산, 유통되거나 중국으로 수출되는 제품 및 부품 가운데 강제인증 품목에 해당하는 제품은 반드시 국제전기표준협회(IEC) 및 중국국가표준에 준해 안전과 품질인증을 받도록 하는 제도이다. 중국 내 판매를 위해서는 반드시 CCC마크를 획득해야 한다.

과거 중국의 제품안전 인증제도로 국내 상품에 적용됐던 CCEE마크와 수입상품에 적용되던 CCIB마크가 WTO의 내국민대우원칙에 위배된다는 지적을 받아 하나로 통합된 CCC로 변경한 것이다.

2003년 5월부터 대상품목에 해당되는 상품은 반드시 강제상품인증서를 보유하고 CCC마크를 표시해야만 출고, 수입, 판매가 가능하다.

2004년 현재 전선 및 케이블, 전기스위치, 가정용 전기제품, 정보기술장비, 영상음향설비, 조명장비, 자동차 및 부품, 타이어, 전동공구, 의료기기, 소방설비, 농기계 등 19개 분류에 해당하는 132개 품목이 강제인증 대상품목으로 지정되었다.

Interview

왼쪽부터 박종식 소장, 이재용 전 장관, 이희범 전 장관, 최열 상임이사

세계 각국은 2012년 만료되는 교토의정서 이후 온실가스 감축을 위한 국제체제를 어떤 형태로 가져갈지 논의 중이다. 더욱이 경제협력개발기구(OECD) 국가이면서도 온실가스 1차 감축 대상국에서 제외된 우리나라는 항상 논의의 중심에 서 있다.

한국과 일본은 또 교토의정서를 거부하고 있는 미국을 중심으로 한 아태지역 6개국 파트너십에 동참했다. 세계경제 패러다임이 '포스트교토'를 두고 급변하고 있는 상황에서 이 분야 최고 전문가들의 의견을 들었다.

이희범 전 산자부 장관과 이재용 전 환경부 장관, 박종식 삼성지구환경연구소장, 최열 환경재단 상임이사는 21세기 탄소경제 시대를 맞아 한국이 나아가야 할 방향을 제시했다(이 좌담은 2005년 8월에 이루어졌다).

온실가스 감축을 위한 국제사회의 노력에 대한 우리 국민들의 이해가 부족하다.

이희범 전 장관 : 온난화 방지를 위한 노력은 모든 국가의 명제다. 에너지 저소비 구조로 산업구조를 바꿔야 하고 신재생에너지 개발이 뒤따라야 한다. 이런 노력은 하루아침에 이뤄지는 것이 아니다. 영국 에너지환경장관 회의에서도 기후온난화방지를 위해 소득을 줄이고 간다면 어느 나라가 따라올 것인가라

는 문제가 집중적으로 제기됐다.

경제학자가 보는 시각은 환경문제 해결에 대한 경제학적 비용을 논의한다. 경제학자를 설득하기 위해서는 비용효과가 낮춰져야 한다. 그러려면 연구개발에서 국제 협력이 이뤄져야 한다. 태양력, 풍력 등 신재생에너지 설비는 개도국입장에서는 전부 수입해야 하는데 비용이 만만치 않다. 이런 비용을 낮추려면 국제협력이 필요하다. 국제협약을 통한 기술개발을 하자는 논의 끝에 미국이 주도하는 6개국 파트너십이 성립됐다.

영국이나 다른 나라도 동의했다. 교토의정서를 부인하거나 탈퇴하자는 것이 아니라 보완하자는 것이다. 신재생에너지 등 기술개발은 힘을 모아서 같이 하자는 것이 6개국 파트너십이다.

이재용 전 장관 : 한국과 일본이 참여하는 데 의미가 있다. 당초 기후변화협약은 감축방식의 경직성 때문에 논란이 있었다. 의무감축은 막대한 경제부담을 가져온다. 이번 파트너십 결성으로 의정서상 문제를 보완하기 위한 국제적 논의가 활발해질 것이다.

파트너십은 기술개발하고 개도국 기술이전을 강화하는 것이다. 이에 참여하면 온실가스를 저감할 수 있는 기술을 수월히 받을 수 있다. 일본은 저감 기술에 대한 투자를 할 수 있는 여력이 많다. 일본의 참여로 인해 파트너십이 실질적으로 기능을 할 수 있게 된다.

이번 파트너십 구성으로 기후변화 관련 기술에 대한 국제적인 협력이 가능해졌다. 그리고 에너지 효율화, 메탄 활용 등 첨단

기술에서뿐만 아니라 수소, 핵융합 에너지 등 차세대 에너지 기술의 공동 개발과 이전을 주요 내용으로 하고 있다.

최열 상임이사 : 선진국이 온난화의 주범이다. 과거에 대한 책임을 지지 않고 각 나라별로 문제로 돌려놓았다. 협약에 가입하건 가입하지 않건 간에 온실가스를 줄이는 것이 경쟁력을 강화하는 것이다. 조금 늦추고 유예하려 하다가는 경쟁력이 오히려 낮아질 수 있다.

박종식 소장 : 파트너십에 참여하고 있는 미국과 중국, 인도, 한국 등은 제조업으로 국부를 창출한 국가들이다. 유럽 중심의 교토의정서는 강제삭감 규제가 중심이다. 이런 측면에서 이번 파트너십 결성은 기술적으로 슬기롭게 온실가스를 삭감할 수 있는 길을 열어주는 좋은 계기가 됐다.

교토의정서가 상정되면서 산업계는 매우 우울했다. 우리의 능력에 버거울 정도로 삭감해야 하고 일방적으로 줄여야 한다는 절박감에서 이번 파트너십은 어떻게 보면 반가운 일이다. 왜냐하면 절충할 수 있는 계기가 생겼기 때문이다.

새로운 마켓이 창출되는 과정에서 기술수준은 엄청나게 차이 날 것이다. 덴마크와 독일은 풍력기술로 상당한 우위를 정하게 될 것이다.

온실가스는 최근 금융분야 등으로 확산됐다. 그리고 영국은 금융 네트워크를 중심으로 탄소배출권 문제에 상당히 강점을 갖고 있다.

제조업체인 듀퐁은 생산성을 30%까지 늘리면서도 온실가스를 67%까지 줄일 수 있는 노하우를 갖고 있다. 우리 기업이 이를 어떻게 대처해야 할지 논란이 있지만 이번 새로운 파트너십에 즈음해서 다시 한번 판을 짜야하는 길이 열렸다고 볼 수 있다.

한국에도 온실가스 감축을 위한 압력이 점차 가중될 가능성이 높다. 정부의 대책은 있는가.

이재용 전 장관 : 2013년부터 온실가스 감축에 적용될 감축방식에 대해 논의하게 된다. 방법, 절차 등이 논의되고 협상절차에 대한 합의서가 채택될 가능성이 있다. 이는 2,3년 정도 협상이 이뤄진다. 이때 경제발전에 대한 부담을 최소화하면서 온실가스를 저감하는 국익에 부합하는 방식을 정부와 산업계가 지혜를 모아 대안을 마련 중이다.

우리나라에 유리한 협상을 이끌어내기 위해 우리나라와 유사한 입장에 있는 멕시코, 브라질, 중국 등의 나라들과의 공조도 강화해 나갈 예정이다.

이희범 전 장관 : 6개국 파트너십은 교토의정서를 비용효과 면에서 공동으로 노력하자는 차원에서 접근하는 것이다. 교토의정서에 가입하건 안하건 간에 상당부분은 이미 업종별 협약을 통해 제약이 가해지고 있다.

자동차, 반도체 등은 이런 제약을 따라가지 않으면 수출이 되지 않는 구조이다. 우리는 기후변화협약에 동참하지만 우리의 여건과 경제적 수준을 감안해서 하자는 주장이다. 각종 우호 그룹을 만들어나가야 한다.

국익도 생각해야 하고 지구 환경도 생각해야 하고 나아갈 길이 너무 어렵다.

최열 상임이사 : 우리나라는 자원은 거의 없는데 국민이 갖고 있는 욕망은 너무 크다. 국토와 에너지는 국민소득에 맞춰야 하는데 이에 대한 욕구 수준이 너무 높다. 또한 에너지사용도 너무 과다하다. 겨울에 집에서 반소매 옷을 입고 있는 나라는 우리나라뿐이다. 이대로 가다가는 경제도 힘들어지고 환경도 나빠진다.

정부의 제도적 지원이 미흡한 것 아닌가.

박종식 소장 : 무조건 수요억제 중심은 안 된다. 에너지효율을 높이는 쪽으로 가야 한다. 1970년대 후반부터 오일쇼크가 진행됐는데 30년 동안 과연 정부가 뭘 했는가, 기업도 에너지효율 기술을 얼마나 축적했는가라는 물음에는 할말이 없을 것이다. 일본은 에너지에 대한 문제를 신경 쓰지 않는다. 이미 효율 면에서 안정됐기 때문이다. 일본은 에너지효율 문제를 넘어 자원생산성을 논의하고 있다. 우리는 지금 에너지효율을 급박하게 얘기하고 있다. 정부의 제도적 지원도 미흡하지만 기업도 반성해야 한다.

지금 기업이 당황하고 있는데 기후변화협약을 오히려 기회요인으로 생각하고 기업의 경쟁력을 높이는 문제로 생각해야 한다.

이희범 전 장관 : 기업들 상당수가 기후변화협약이 가깝게 다가온 것을 느끼지 못하고 있다. 하지만 서서히 변화하고 있는 것이

사실이다. 2003년에는 에너지효율 향상을 위한 지원 예산이 1년에 1,800억 원이 책정됐는데 돈이 남았다. 2005년에는 4,600억 원 정도를 에너지효율 향상 예산으로 책정했는데 5월 말에 벌써 동이 났다. 산업은행에서 2,000억 원 꿔주고 있는 형편이다. 그런 걸 보면 기업들도 에너지효율 향상을 생존으로 느끼고 있다는 걸 알 수 있다.

정부도 에너지효율과 신재생에너지 개발 및 보급, 기술개발 투자 등 90개 과제에 21조 원을 투입한다. 탄소배출권 거래제 시장 메커니즘에 대응하기 위해 2005년 말부터 등록제를 시작했다.

이재용 전 장관 : 환경은 비용이 아니라 기업의 경쟁력이다. 에너지산업도 산업 측면에서 환경으로 옮겨가야 한다. 환경과 경제는 통합해야 한다. 또한 통합관리를 조절하는 로드맵이 같이 나와야만 한다.

앞으로 우리 기업들도 정부와의 자발적 협약을 통해 새로운 공장건설과 생산라인 개조시 최신의 온실가스 감축기술을 도입하고 온실가스 감축 기술개발 투자를 확대하는 노력을 해야 한다.

정부도 우리나라의 온실가스 감축 가이드라인을 개발하고 온실가스 감축기술에 대한 투자를 확대할 것이다. 기업들의 온실가스 감축노력에 대한 재정적 지원을 강화할 것이다.

최열 상임이사 : 에너지에 대해서는 시민단체와 정부는 대립관계가 아니다. 국민이 불편해 하지 않으면서 온실가스를 줄이는 방법이 필요하다. 그리고 정책도 우선순위가 있어야 한다. 태

양에너지는 비용도 비싸지만 반도체 기술이기 때문에 정부가 기술개발을 적극 지원해 국가적으로 상품화해도 좋을 것이다. 기업에 100% 맡겨서는 안 된다.

이희범 전 장관 : 시민단체와 정부는 에너지절약, 환경친화적 산업구조로 가자는 데에는 의견이 일치한다. 환경부와 산자부도 환경친화적 자동차 기술개발을 산자부가 하고 보급은 환경부가 하는 등의 협조가 이뤄지고 있다.

기술개발이나 CDM사업에 정부가 인센티브를 줘야하는 것 아닌가.

박종식 소장 : 기업이 기술개발을 하는 데 들어가는 돈은 엄청나다. 그러나 정부의 예산이 경쟁력 강화에 큰 도움을 주지 못하는 것이 현실이다.

기후변화협약이 파생적 산업을 탄생시키는 바람에 세계적으로 탄소펀드가 엄청나게 증가하고 있다. 풍부한 세계의 돈들이 새롭게 발견한 금맥이 탄소펀드다. 탄소펀드를 통해 에너지효율, 이산화탄소 삭감 사업에 돈이 많이 들어갈 것으로 예상된다.

정부도 예산범위 지원이 아니라 국제간에 흘러 다니는 펀드를 알선, 보증해주고 이를 기업에 연결시켜줘야 한다. 우리가 SOC사업을 하려면 국제 차관을 들여오듯이 기업의 에너지효율과 이산화탄소 삭감 노력에 대한 탄소펀드를 정부가 보증해서 들여와야 한다. 그 돈으로 기업이 온실가스를 감축하게 하고 감축량을 크레디트로 해서 돈을 버는 선순환을 마련해야 한다.

남북경협을 통해 북한에 CDM사업을 하자는 의견도 있는데.

이재용 전 장관: 남북경협채널에 환경분과를 설치해 달라고 요청하고 있다. 북한에 환경 관련 산업을 일으키고, CDM사업을 하고 감축분을 우리나라에 돌리고 하는 다양한 구상을 갖고 추진하고 있다. 북한에 대한 조림사업을 통한 CDM사업 추진을 검토하고 있다.

환경부는 폐기물매립지와 폐수처리장 등 환경기초시설을 대상으로 사업타당성 조사와 투자유치를 추진하고 있다. 또 베트남에 CDM사업 발굴을 위해 매립지에 대한 사업타당성 조사와 국내 기업의 투자를 유도하고 있다. 캐나다와 CDM사업 양해각서를 체결하는 등 선진국과의 공동추진 방안을 모색하고 있다.

현재 배출권거래제도의 본격적인 시행에 앞서 시범사업의 실시를 준비 중에 있다.

시행 시기는 준비상황을 고려해 결정할 것이다. 업종별 배출량 산정방법 제시, 배출량 보고지침 개발, 검증 시스템 구축 등 시범사업 실시를 위한 준비작업을 하고 있다.

BT에는 황우석 박사가 있는데 환경기술에서도 그럴 가능성이 있는 것인가.

이희범 전 장관: 기업들이 에너지기술 향상에 눈을 뜨고 있다. 대기전력을 낮추는 기술개발은 상당한 위치에 와있다. 신재생에너지 기술은 열악한 수준이다. 하이브리드카는 일본보다 뒤지긴 하지만 상당한 기술을 보유하고 있다. 수소전지는 선진국

과 비슷한 수준이다. 수소에너지 기술은 에너지 분야의 '줄기세포' 격이다. 한국형 수소에너지 기술개발에 올인하겠다.

2010년에 세계 수소경제 규모가 1,000억 달러 시장으로 커진다. 산자부는 신재생에너지 기술개발에 2004년부터 2011년까지 9조 1,000억 원을 투입하는데 특히 수소에너지 분야에 집중하고 있다. 집중하는 분야는 풍력, 태양광, 수소 세 가지지만 그중 시장규모가 큰 수소에너지 분야를 집중적으로 육성할 것이다. 수소경제 마스터플랜이 2006년부터 본격 시행에 들어갔다. 마스터플랜은 수소경제 분야별 기술 로드맵과 정부 지원정책, 수소의 생산과 저장, 운반 및 이용 기술을 위한 인프라구축이다. 앞으로 수소를 에너지원으로 한 사회의 각종 구조와 비전도 담을 것이다.

이재용 전 장관 : 수소전지 자동차는 현대차에서 2007년에 시제품 나온다. 환경 기술개발은 산업화가 상당부분 진행되고 있다. 또한 파괴된 생태를 복원하는 기술도 나와있다.

온실가스 감축기술을 포함하는 환경기술은 국가와 기업의 경쟁력을 결정하는 핵심요소가 됐다.

현재 우리나라의 환경기술 수준은 사후처리 분야에서는 선진국 수준에 근접하였으나, 온실가스 감축기술과 사전오염 예방기술 분야는 상대적으로 뒤처져 있다.

여기에 집중 투자할 계획이다. 2010년까지 1조 원을 투자해 온실가스 감축기술, 사전오염 예방기술 및 사후처리기술 등 환경기술개발사업에 집중 투자할 계획이다.

민간부문의 기술개발에 대한 인센티브를 지속적으로 확대하고 미국, 일본, 호주 등 선진국과 제휴와 협력도 강화해나갈 것이다.

박종식 소장 : 환경기술은 상당히 좋은 기술을 갖고 있다. 몇 개의 기술을 복합화해야 한다. 기업연구소와 정부출연 연구소 등 나눠있는 것을 복합화해야 한다. 원천기술은 뛰어나지만 복합화하는데 있어서는 일본이나 프랑스에 떨어진다. 환경부가 원천기술을 개발하는데 상당히 공을 많이 세웠다. 하지만 환경부 지원 원천기술이 국가 환경개선에 얼마나 도움을 줬느냐는 다른 문제다.

예산의 효율성문제가 있다는 얘기인데.

이희범 전 장관 : 에너지 분야에는 솔직히 기업, 정부가 시설투자를 하지 않았다. 에너지 효율, 신재생에너지, 해외자원개발 등 거의 손을 놓고 있었다. 외환위기가 와서 그나마 있던 것도 다 없앴다. 2004년부터 신재생에너지 눈을 뜬 것이다. 눈을 떠보니 고유가가 치명타였다. 우리가 한발 늦은 것이다.

최열 상임이사 : 신재생에너지 투자는 오래간다. 기업은 오너가 믿음을 갖고 해야 한다. 오너가 10~20년 장기적 비전을 갖고 해야 한다. 대기업이 집중적으로 해야 하고 지자체가 노력을 많이 해야 한다. 우리나라 지자체에 CO_2가 얼마나 배출되느냐고 물으면 모른다. 통계자체가 없는 것이다.

PART 7
뒤늦게 뛰어든 한국

한국은 교토의정서에 비준은 했지만 의무감축 부담은 갖고 있지 않다. 1997년 발효당시 외환위기를 겪은 국제사회는 한국과 멕시코에 대해서는 1차 이행기간(2008~2012년)에는 의무감축을 면제해주고 2차 기간 이후에 편입시키기로 합의를 했다.

다행히 국가 차원의 부담은 피했지만 그렇다고 안심할 수 있는 상황은 아니다. 한국의 온실가스 배출량은 세계 10위에 해당한다. 2013년 이후에는 어떤 식으로든 국제사회의 요구에 부응해야 할 처지이다.

정부도 이 같은 상황을 인식하고 정책적인 대응을 준비하고 있다. CDM(청정개발체제), 배출권거래제 등 교토메카니즘을 수행할 수 있는 제도적 기반을 마련하는 작업이 최근 시작됐다.

에너지관리공단은 사전단계로 각 기업들이 거둔 온실가스 감축실적을 사전에 등록할 수 있는 기반을 마련해 실적등록소를 개설한다.

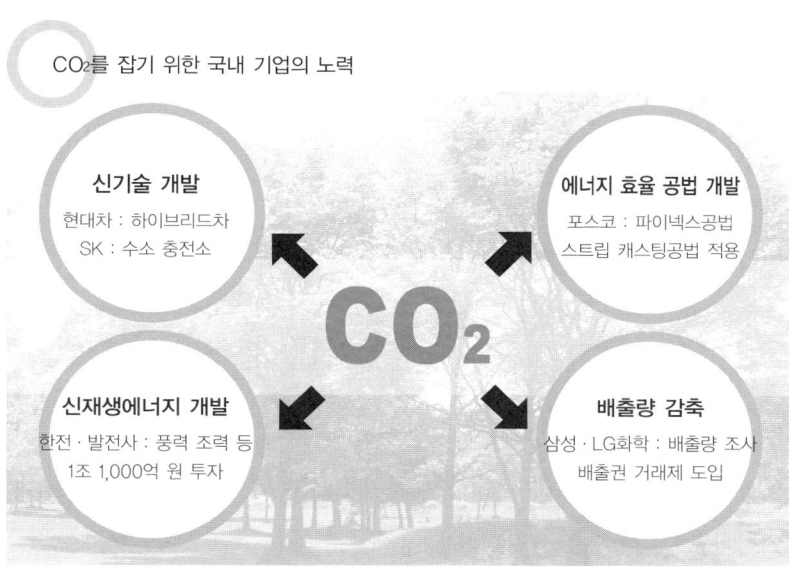

등록대상 사업은 에너지효율 개선을 위한 설비투자, 생산공정 개선, 신재생에너지 개발사업 등으로 연간 500톤 이상의 CO_2를 감축해야 등록할 수 있다.

이렇게 되면 2013년 이후 한국이 온실가스 의무감축 대상국으로 지정돼 국내 기업들에게 강제할당이 이루어져도 그전에 이뤄놓은 성과들은 불이익 없이 그대로 인정받게 된다.

기업들이 거둔 실적을 서로 거래할 수 있는 배출권거래제도도 준비되고 있다. 산자부, 환경부의 참여와 국무조정실 주도로 작업이 진행 중이다.

다만 배출권거래를 위해서는 기업별로 온실가스 배출상한선을 부과해야하며, 이를 위한 배출량산출 방식, 배출량평가 등 사전준비단계가 여간 복잡한 게 아니다. 이런 이유로 2007년 중 제도는 완료되지만 실제 시행시기는 아직 장담하기 어려운 형편이다.

정부는 이 같은 노력을 통해 1999~2001년 사이 4.5%였던 연평균 온실가스 배출량을 2007년 이전에 2.1%까지 줄인다는 목표를 세우고 있다.

기술분야에서의 핵심은 신재생에너지 기술이다.

정부는 기존 화석연료를 대체할 수 있는 새로운 에너지기술로 수소연료전지, 태양광, 풍력, 바이오, 폐기물, 소수력, 지열, 태양열, 조력, 액화가스 등 11개를 선정했다.

이중 수소연료전지, 태양광, 풍력 등 3개 분야가 집중적인 기술육성 분야이며 정부예상 투입비중도 높다. 대체에너지로서 활용도가 높은데다 산업적으로도 경제성이 높기 때문이다.

정부는 기술개발 단계뿐만 아니라 시범보급 단계에서도 설비비의 최대 80%를 지원할 계획이다. 또 일반인들이 범용으로 사용하기 위해 설치할 때도 최대 70%의 설치비가 지원된다.

선진기술을 확보하고 효율성을 높이기 위해 미국 뉴멕시코 정부와 신재생에너지 공동개발을 위한 협력 MOU(양해각서)도 최근 체결했다.

특히 풍력발전 분야는 세계적인 수준으로 올라선 조선 및 기계산업의 기술력과 시장장악력을 활용해 집중적으로 육성할 방침이다. 이미 중형급과 대형급 발전기 분야는 2001년 이후 순차적인 기술개발과 사업화가 유니슨, 효성중공업 등의 참여로 진행되고 있다.

풍력발전 부문에서 부가가치가 가장 높은 해상풍력 분야도 기술개발에 착수한다는 계획이다.

신재생에너지에 승부수

제주도 서북부 해안에 위치한 한경면.

시원한 바닷바람을 맞으며 해안도로를 1시간 남짓 질주하면 4기의 커다란 풍력발전기가 늘어서 있는 광경과 마주친다. 가까이서 보면 거대한 탑이다. 3개의 날개로 구성된 이 풍력발전기는 날개 길이만 36m에 달해 날개가 상승했을 때 발전기의 총 높이가 98m에 이른다.

풍력강국인 덴마크 베스타스에서 들여온 이 풍력발전기는 남부발전이 2005년 3월, 150억 원을 투자해 만들었다.

풍력단지 위치는 제주에서도 가장 바람이 좋은 지역인 한경면 일대로 선정했다. 여기서 생산된 전기는 인근 한림복합화력의 변전소로 들어가 제주지역 배전선로로 공급된다.

남부발전은 287억 원을 들여 3MW(메가와트)급 풍력발전기 5기를 추가 건설해 2007년 11월 총 21MW급 풍력발전단지를 만들 계획이다. 제주 성산지역에도 10기(20MW급)를 세울 예정이다.

남부발전 관계자는 "2005년 7월까지 15개월간 풍력발전을 돌려 발

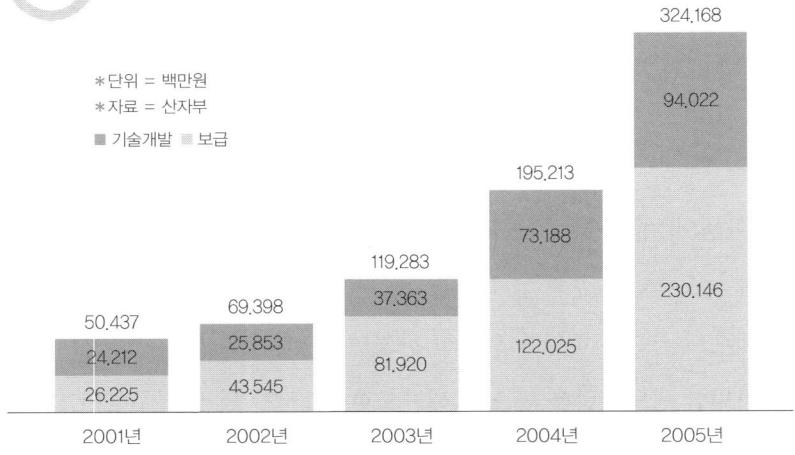

신재생에너지 관련 정부 예산

전량 2,000만kW를 달성했다"고 말했다. 이는 약 6,000가구에 전기를 공급할 수 있는 양이다.

남부발전은 제주뿐만 아니라 2008년까지 강원도 태백과 영월, 평창에 풍력발전단지를 건설하고 1,620억 원을 투자할 계획이다. 여기서 저감되는 CO_2량은 16만 4,000톤에 달할 것이다.

한편 화력발전소만 운영하던 국내 발전사들도 '탄소(CO_2) 시대'를 맞아 신재생에너지 사업에 적극 뛰어들고 있다. 이를 CDM(청정개발체제)사업으로 활용하려는 방안도 마련되고 있다.

포스코는 철강산업과 관계없는 해외조림사업이나 소수력 발전사업에 뛰어들었다. CO_2를 잡으려는 기업들의 움직임이 기존 산업구조를 뿌리째 흔들고 있다. 과거의 에너지 소비가 많은 생산방식으로는 글로벌 경쟁력을 감당할 수 없다는 판단 때문이다.

박종식 삼성지구환경연구소 소장은 "온실가스 배출을 줄이면서 생산성을 높이는 환경친화적, 온실가스 저배출형 산업구조로의 전환이 불가피하다"고 말했다.

LG화학은 총 163명에 달하는 온실가스 저감 태스크포스팀을 가동 중이다. 이를 통해 10개의 전 사업장에 온실가스 배출량 파악을 끝냈다. 현재 사업장별로 얼마나 온실가스를 줄일 수 있는지 잠재량을 분석하고 있다.

LG화학 관계자는 "온실가스관리 전산화작업을 곧 끝낼 계획이며 사내 배출권거래제와 이를 CDM사업으로 활용할 방안을 검토하고 있다"고 말했다.

현대·기아차 그룹도 하반기 1,000명의 신입사원 중 상당수를 하이브리드 차량 엔진 연구개발에 배치할 예정이다.

현대차 관계자는 "기존 화석연료 차량을 대체할 하이브리드 전기차와 연료전지차 시장 선점이 자동차 업계의 운명을 좌우할 것"이라며 "핵심기술 개발에 사활을 걸고 있다"고 말했다. 현대차는 2007년에 중형 하이브리드차 양산을 목표로 하고 있다.

포스코는 광양제철소 내에 소수력발전 설비를 설치해 2007년부터 가동에 들어갈 계획이다. 이 설비를 통해 총 600kW의 전력을 얻게 되고 이를 CDM사업으로 인증받는 것을 추진하고 있다.

또한 해외조림사업을 위해 2005년 5월 추진반을 신설했다. 해외조림사업을 통해 2007년 12월 CDM사업으로 등록하고 탄소배출권을 획득할 예정이다.

포스코는 2007년 12월에는 철가공 공정 중 정정과 가열로 공정을 뺀 '스트립 캐스팅' 공법을 활용, 에너지 사용의 80~85%를 줄일 예정이다.

SK(주)는 울산시 성암 매립장의 메탄가스를 회수해 인근 공장의 연료로 재활용하는 랜드필 가스(LFG Landfill Gas)사업을 벌여 연간 49만 톤의 온실가스를 줄였다. 수소충전소 상용화를 준비하고 있으며 사내 온실가스 저감실적 등록체계와 배출량산정 등 사내 대응시스템을 추진 중이다.

한국전력과 발전사, 한국수자원공사, 한국지역난방공사 등 9개 대형 에너지공급사들은 신재생에너지 개발에 3년간 1조 1,000억 원을 투자하기로 약속했다. 이를 통해 2004년 말 온실가스 배출량의 0.12%인 17만 톤의 이산화탄소를 감축할 수 있을 것으로 보고 있다.

그동안 기술개발이 미흡하고 발전비용이 비싸다는 이유로 관심을 끌지 못했던 신재생에너지 개발이 대세로 자리 잡았다. 신재생에너지 개발은 교토메커니즘의 한축인 CDM사업으로 활용할 수 있다.

특히 전력산업은 교토의정서에 따르면 가장 큰 타격이 예상되는 분야다.

한전은 탄소배출량을 1995년 수준으로 유지해야 할 경우 2020년에는 2조 9,000억 원, 2030년에는 7조 3,000억 원의 비용이 추가로 발생될 것으로 예상하고 있다.

한전은 탄소배출권 확보사업에 본격적으로 뛰어들 준비를 마쳤다. 세계 최저 손실율의 기술을 갖고 있는 송배전기술을 개발도상국에 제공해 탄소배출권을 확보하겠다는 계산이다.

인도 등 서남아시아와 동유럽과 중앙아시아, 아프리카 등에서 노후 발전소 효율을 개선해주고 신재생에너지 개발사업에 투자해 탄소배출권을 확보한 후 이를 본사 감축량으로 사용하고 나머지는 판매해 수익도 올린다는 복안이다.

한국수자원공사는 조력과 풍력, 태양광 등 친환경에너지 발전설비를 활용해 온실가스 배출권을 팔겠다고 밝혔다. 경기도 시화호에 건설중인 조력발전소를 비롯해 풍력과 태양광, 소수력 등 4개 분야 청정에너지 발전설비를 활용해 하반기부터 CDM사업에 본격 착수한다는 것이다.

수자원공사가 CDM사업으로 선정한 것은 시화조력발전소와 2010년까지 24개가 건설되는 소수력발전소, 시화태백 지역에 건설되는 풍력발전소, 성남과 창원의 수도사업장에 설치되는 태양광발전소 등이다. 수자원공사는 총 4,840억 원을 투입해 발전설비를 구축한 후 연간 37만 2,394톤 규모의 탄소감축 성과를 거둘 계획이다.

수자원공사는 이번 CDM투자를 통해 21년간 최대 3,700억 원까지 배출권 판매수익을 거둘 것으로 기대하고 있다.

수자원공사 관계자는 "국가승인을 얻은 후 유엔기후변화협약사무국(UNFCCC) 집행위의 승인과 검증절차를 거쳐 2007년 하반기부터는 배출권을 발행, 사업화에 나설 계획"이라고 말했다.

발전사들의 신재생에너지 개발사업도 다양하게 진행 중이다.

남동발전은 100억 원을 투입해 2007년 10월 삼천포화력발전소의 방류수를 이용한 3,000kW급 해양소수력발전소를 준공한다. 100kW 용량의 태양광발전소도 17억 원을 들여 삼천포화학 유휴부지에 건설 중이다. 중부발전은 2005년 7월 말 양양양수발전소 하부댐에 1,400kW의 소수력발전소를 설치했다. 3MW급 양양풍력발전소 건설을 2007년 6월에 완공할 예정이다.

서부발전은 태안발전소 내 소수력설비 2,200kW 설치공사를 추진하고 있으며 120kW 태양광발전설비 설치도 추진하고 있다. 가로림만에 480kW급 조력발전도 2008년 공사에 착공할 예정이다.

동서발전은 2,000억 원을 투입해 진도-해남지역(울돌목)에 2007년까지 1,000kW급 시험조류발전소를, 2010년까지 9만kW급 상용조류발전소를 건설할 계획이다. 시험조류발전소 1,000kW급만으로도 세계최대 규모다.

당진화력 방류수를 이용한 소수력발전소도 2007년까지 130억 원을 투입해 3,000kW급으로 설립할 계획이며, 산청에도 450kW급 소수력발전설비를 설치하고 동해에는 80억 원을 들여 1,000kW의 태양광발전설비를 2007년 완공할 예정이다.

대기업이 앞장선다

삼성그룹은 2007년부터 그룹 내 전사업장을 대상으로 탄소배출권 거래를 시작하기로 했다.

삼성그룹은 전계열사 55개 사업장의 온실가스 배출에 대한 전수조사를 마쳤으며, 이르면 2007년부터 사내에서 시범적으로 탄소배출권 거래를 시작할 계획이다.

그룹 고위관계자는 "온실가스 감축이 글로벌 스탠더드로 자리잡고 있어 내부적으로 감축량을 확정하고 제대로 실시할 수 있도록 준비하고 있다"고 밝혔다.

그는 "삼성그룹은 세계적인 기업으로 성장했으며 이번 사내 탄소배출권거래제도도 글로벌 경쟁력확보 차원에서 도입하는 것"이라고 말했다.

세부적으로 삼성전자의 경우 반도체 제조공정에서 발생하는 불화탄소(PFC)를 2010년까지 10% 줄이기로 했다.

삼성뿐만 아니라 LG도 8개 계열사를 중심으로 종합적인 마스터플랜을 짠 다음 계열사별로 구체적인 대응방안을 마련한다는 방침이다. 그룹 차원에서 온실가스 배출량이 많은 화석연료를 줄이는 공동 노력을 전개하면서 온실가스 배출량을 정확히 측정하고 통계치를 낼 수 있는 시스템을 마련해 공유할 계획이다.

또, 보다 효율적인 대응을 위해 에너지관리공단의 지원을 받아 온실가스 배출권 모의거래시스템도 운영하기로 했다.

◯ 국내 기업의 교토의정서체제 대비 현황

구 분	해당 기업
사내배출권거래제 도입 추진	SK(주), LG화학, 동서발전 등 7개사
온실가스 감축실적 등록 신청	삼성전자, 하이닉스, 포스코, 금호석유 등 16개사
CDM사업 등록	울산화학, 로디아, 강원풍력, 영덕풍력, 수자원공사 등 5개사

이상형 LG화학 팀장은 "LG화학의 온실가스 배출량 중 92%가 CO_2라서 대응방안 마련이 시급하다"면서 "개별 기업으로 접근하는 데는 한계가 있어 공동대응하기로 했다"고 밝혔다.

에너지관리공단은 LG와의 협력을 계기로 산업체 전반의 온실가스 배출량과 추후 배출전망, 온실가스 감축전략 등을 파악해 향후 대책의 기초 자료로 활용할 방침이다.

이들 대기업들이 사내 탄소배출권거래제를 실시하는 것은 이를 통한 온실가스 감축효과가 크고 2013년부터 한국도 국가별 감축할당량을 받게 될 경우 국제 탄소배출권 거래시장에서 배출권확보를 선행 학습하는 차원으로 풀이된다.

한국시장 넘보는 일본

일본 최대 전력회사인 도쿄전력이 전남 보성군에 4,100억 원을 투자해 풍력발전단지를 설립한다. 도쿄전력은 이를 통해 발생하는 온실가스 감축실적을 사갈 예정이다.

또 일본 산요사도 국내 업체와 손잡고 전남지역에 태양광발전소 건설을 추진하는 등 국내 청정에너지시장에 일본자본 유입이 거세지고 있다.

일본 도쿄전력의 자회사인 EEJ(Eurus Energy Japan)는 전남 보성군에 1.5MW급 풍력발전기 200기 등 총 300MW 규모의 풍력발전단지 건립을 추진하는 것으로 알려졌다. 이 사업에는 모두 4,100억 원이 투자되는 것으로 알려졌다.

이를 위해 도쿄전력은 이미 2004년 9월 전남 보성군 벌교읍 호동리에 1.5MW 규모의 풍력발전기 1대를 설치하고 풍황(풍속, 풍향, 풍량 등)에 대한 실지조사를 벌였다. 풍력발전소를 건립하기 위해서는 바람세기가 평균 초속 6m 이상이 돼야 한다.

전남도 관계자는 "여름 풍속에 조금 문제가 나타나기는 했지만 다른 계절의 풍황은 경제적 타산성이 있는 것으로 나타나 도쿄전력이 예정대로 투자를 할 것으로 보인다"고 말했다.

또 일본 산요사는 서울마린(주)과 함께 전남 순천만 일대에 350억 원을 투자해 태양광발전소 건립을 추진하고 있는 것으로 알려졌다. 이미 산업자원부와 사업추진을 위한 협약까지 완료한 상태다.

일본 기업이 이처럼 전남지역에서 풍력과 태양광 등 신재생에너지 사업을 추진하고 있는 것은 'CDM(Clean Development Mechanism, 청정개발체제)' 사업을 통해 온실가스 배출권을 확보하기 위한 전략이다.

CDM사업이란 교토의정서에서 온실가스 감축의무가 부과된 국가가 개도국이나 후진국에서 온실가스 감축을 위한 투자를 실시해 여기서 확보된 감축분만큼을 배출권으로 사가는 제도이다.

이에 앞서 2005년 일본 화학회사인 이네오스케미컬이 벌인 울산화학의 설비개선 사업이 UN으로부터 CDM으로 인정받아 매년 140만 톤의 탄소배출권을 확보하게 됐다.

일본 지구환경전략연구소 정태용 박사는 "한국은 산업화가 급속히 진행돼 온실가스 감축여력이 큰데다 시장경제 시스템이 잘 갖춰져 있어 일본 기업들에게 매력적인 CDM 시장으로 여겨지고 있다"고 설명했다.

정부, 기후변화협약대책위원회 구성

기후변화협약에 체계적으로 대응하기 위해 우리나라 정부도 기후변화협약대책위원회(위원장 : 국무총리)를 구성하고 실무위원회와 실무조정회의, 전문가그룹 등의 체계를 구축해 놓고 있다.

제1차 정부종합대책(1999~2001년)에서 부문별 감축대책을 세우고 온실가스 감축기반 강화와 기술개발, 교토메커니즘 활용 등 36개 과제를 구성했다.

제2차 정부종합대책(2002~2004년)에서는 그동안 EU(교토의정서)와 미국(교토의정서 비준 거부) 어느 쪽에도 속하지 못하고 우리나라의 현실과 이익을 반영하지 못하고 있다는 비난을 받아들여, 협상능력을 강화하는 것에 중점을 두고 교토메커니즘과 통계기반을 구축하고 국민참여와 협력 유도 등 5대 부문에 대한 84개 과제를 선정했다.

제3차 정부종합대책(2005~2007년)에서는 협약이행기반을 구축하고 부문별 온실가스 감축사업을 정비하며 기후변화 적응기반 구축에 힘을 쏟고 있다.

특히 제3차 대책에서는 온실가스를 감축하려는 국제적 노력에 적극 참여하고 저배출형 경제구조로의 전환 등을 기본 방향으로 3대 부문의 총 90개 세부 사업을 마련했다.

그러나 산업체와 국민의 무관심과 정부의 지원 부족, 이해 당사자의 참여유인 부족 등의 이유로 대응체계 추진의 효율성이 저하되고 있다는 비난을 받고 있다.

전문인력이 부족하다는 점도 또 하나의 문제이다. 기후변화협약에서는 공학과 과학, 협상, 법, 경제 등 여러 쟁점사항이 종합적으로 다루어지는데 반해 우리나라는 개별분야의 전문가는 물론 단기교육지원 수준에 그치고 있어 고급전문인력이 부족한 상황이다.

아울러 기후변화협약으로 인한 본격적인 세계 경쟁이 시작되는 상황임을 국민들에게 인식시키고 조기감축 노력을 한 기업들이 불이익을 받지 않도록 정책 수단을 도입과 동시에 일관되게 추진해야 한다는 지적도 있다.

온실가스 감축실적 등록제도도 2005년 10월부터 본격 도입됐다.

교토의정서 발효를 통해 국제적 환경규제가 거세지면서 국내에서도 기업들이 자발적으로 온실가스 감축에 나섰고, 이를 실적으로 미리 등록해 놓을 수 있는 제도적인 장치를 마련한 것이다.

사실 한국은 강제감축 대상국이 아니기 때문에 기업들이 온실가스 감축실적을 등록할 필요는 없다.

오히려 2013년 이후 강제감축 의무가 부과될 경우를 대비해 미리 온실가스 감축실적을 감춰놓는 것이 더 안전할 수도 있다. 그래야 기준점이 되는 온실가스 감축량이 많아지며 의무가 부과된 후에 더 많은 감축실적을 낼 수 있기 때문이다.

따라서 정부는 온실가스 감축등록을 하는 기업들에게 추가감축을 요구받는 불이익이 없을 것이라고 약속했다. 실적 등록은 에너지관리공단에 설치된 온실가스 감축등록소에서 이뤄진다.

등록이 가능한 실적은 에너지이용합리화사업을 통한 온실가스 감축사업, 감축량 규모가 500CO_2톤 이상인 사업, 신재생에너지사업 등이다.

등록신청이 들어오면 평가위원회에서 사업의 타당성을 평가해 등록여부를 최종 결정한다.

평가위원회의 평가내용은 감축사업의 일반요건, 환경과 사회적 영향, 감축방법과 평가방법의 타당성, 감축량 산출의 타당성, 환경 및 관련법규의 저촉여부 등 다양하다.

온실가스 실적등록은 국가적인 환경관리를 위해 만든 제도인 만큼 실질적인 효과를 거둘 수 있도록 엄격하게 등록, 관리된다. 그럼에도 불구하고 등록소가 열리자마자 17개 사업장에서 30개의 감축실적이 등록됐다. 그만큼 국내기업들도 온실가스 감축에 충분히 대비를 해왔다는 의미다.

여기에는 중부발전, 남부발전 등 5개의 발전자회사는 물론 삼성전자, SK(주), 포스코, 하이닉스, LG화학, S-오일 등 국내의 내로라하는 대기업들이 실적을 등록했다.

등록실적을 유형별로 분류하면 에너지효율개선 사업이 13개로 가장 많았고, 신재생에너지사업이 11건으로 뒤를 이었다. 그리고 연료대체사업과 생산공정 중 발생하는 온실가스 제거 실적이 각 3건씩이었다.

신재생에너지 1%포인트만 높여도 1조 원 절약
— 유가급등으로 뒤늦은 신재생에너지 보급 아쉬움 —

"1%포인트만 올렸어도…"

유가급등이 지속되면서 신재생에너지에 대한 아쉬움이 더욱 커지고 있다. 재생에너지란 석유, 석탄 등 화석에서 발생하는 에너지원이 아니라 폐기물, 바이오, 풍력, 태양열, 태양광 등 생활주변이나 자연에서 얻어지는 에너지원을 뜻한다.

산업자원부에 따르면 2005년 우리나라의 연간 에너지 총 수요는 2억 2,900만 toe. 이중 신재생에너지는 501만toe로 겨우 2.2%이다.

1990년 0.4%, 1996년 0.7%로 극히 미미했으나 그나마 2000년 이후 정부의 적극적인 보급정책이 펼쳐지면서 2002년 1.4%로 올라섰고 2004년 2.1%를 기록했다. 에너지 1toe를 원유로 환산하면 7.33배럴로 2005년 총 에너지수요량은 16억 7,857만 배럴이 된다.

이를 2006년 4월 기준 두바이유 가격(67.38달러)으로 계산하면 1,131억달러 어치이다. 일찌감치 신재생에너지의 중요성을 깨닫고 적극적으로 보급을 확산시켜 1%포인트만 사용비중을 늘렸어도 연간 11억 달러(한화 약 1조 원)의 원유를 덜 들여올 수 있었던 셈이다.

실제 선진국은 총 에너지수요에서 차지하는 신재생에너지 비중이 최고 28%에 이를 정도로 우리나라에 비해 월등히 높다. 국제에너지기구(IEA) 조사에 따르면 2003년 기준으로 영국만 1.4%에 머물뿐 일본 2.6%, 독일 3.8%, 미국 4.5%, 호주 5.8%, 프랑스 6.4% 등 에너지 다소비국 대부분이 한국보다 높다. 덴마크(13.0%), 캐나다(15.7%), 스위스(17.8%), 뉴질랜드(27.9%) 등 신재생에너지 비중이 10%를 훨씬 넘는 국가도 적지 않다.

수십 년간 '기름 한방울 나지 않는 나라'라며 에너지절약을 강조하면서도 정작 원유를 대체할 수 있는 에너지를 개발하는데에는 무관심했던 것이다.

1980년대 중반의 태양열온수기 보급사업은 한국적 상황을 제대로 살펴보지 못한 대표적인 실패 정책이다. 농가에 설비구매를 유도했지만 영하의 기온에서는 집열판이 동파되는 기계적 특성을 간과한 결과 몇년 써보지도 못한채 흉물이 되고 말았다. 신재생에너지의 재료가 되는 울창한 숲, 사탕수수, 대두(大豆), 풍부한 수자원 등이 부족한 자연적 특성도 보급부진의 원인이다.

이러다보니 기술개발도 뒤처져 대부분의 제품이나 설비를 해외에서 수입해야하는 실정이다.

태양광, 연료전지는 일본이 시장을 장악하고 있으며 풍력발전설비는 덴마크 베스타스, 독일 지멘스 등에 의존해야 한다.

기술개발이 늦다보니 에너지를 만들기 위한 원가도 크게 높아 석유, 석탄 등 기존에너지에 비해 가격경쟁력이 크게 떨어지고 있다. 화석연료를 사용해 만든 전기의 1kW당 원가가 61.6원인 반면 풍력은 107.66원으로 2배에 가깝고 태양광은 716원에 달한다. 소비자가 지불하는 전기요금은 동일한데 원가가 크게 높으니 신재생에너지를 이용한 발전사업이나 자가용 발전 등이 확산되기 어려운 것이다. 원가차이를 정부가 보조금으로 지급하는 발전차액제도가 있지만 2005년 208억 원의 예산 중 실제 지급액이 89억 원에 불과할 정도로 관심을 끌지 못하고 있다.

정부는 2003년 뒤늦게 2차 신재생에너지보급 기본계획을 수립하고 2011년까지 신재생에너지 비중을 5%로 높인다는 계획을 마련, 다양한 정책을 추진하고 있다. 하지만 편리하고 값싼 화석에너지에 익숙한 사회적 분위기를 극복하고 목표를 달성하기가 쉽지 않을 것이란 전망이 지배적이다.

에너지경제연구원 부경진 박사는 "전력공급 회사에게 일정비율의 신재생에너지 구매의무를 부과하는 방식의 유럽식 제도를 도입하면 신재생에너지 사용량 증가는 물론 신재생에너지 업체들의 원가절감 노력도 수반되는 등 효과가 클 것"이라고 설명했다.

국내 기술개발 현황

우리나라는 '신에너지 및 재생에너지개발이용보급촉진법' 제2조 규정에 따라 신재생에너지를 '기존의 화석연료를 변환시켜 이용하거나 햇빛과 물, 지열, 강수, 생물유기체 등을 포함해 재생가능한 에너지를 변환시켜 이용하는 에너지'로 정의하고 있다.

정의에 의해 구분되는 11개 분야로는 재생에너지에 태양광과 태양열, 바이오, 풍력, 수력, 해양, 폐기물, 지열 등 8개가 있으며 신에너지에 연료전지와 석탄액화가스화, 중질잔사유가스화, 수소에너지 등 3개가 있다.

신재생에너지는 과다한 초기투자의 장애요인에도 불구하고 화석에너지의 고갈문제와 환경문제에 대한 핵심 해결방안이라는 점에서 선진국에서는 신재생에너지에 대한 과감한 연구개발과 보급정책 등을 추진하고 있다.

○ 연도별 신재생에너지 비중

단위: 천 TOE

	1990년	1996년	2002년	2004년	2005년
총에너지수요	93,192	165,209	208,636	221,076	229,009
신재생에너지	335.3	1,159.9	2,917.3	4,582.4	5,013.1
비중(%)	0.4	0.7	1.4	2.1	2.2

*자료 = 에너지관리공단

1. 태양광발전

태양광발전은 태양의 빛에너지를 변환시켜 전기를 생산하는 발전기술로 햇빛을 받고 광전효과를 통해 전기를 발생시키는 태양전지를 이용한 발전 방식이다. 태양광발전시스템은 태양전지(Solar Cell)로 구성된 모듈과 축전지, 전력변환장치로 구성된다.

국내에서는 1988년부터 2005년까지 태양광분야 94개 과제에 775억 5,200만 원을 투자했으며 그중 519억 7,900만 원이 정부에서 지원됐다. 1970년대 초부터 대학과 연구소를 중심으로 연구를 시작해 1988년부터 대체에너지개발촉진법에 따라 정부차원에서 기술개발을 시작했다. 저가화와 효율향상을 위한 태양전지 제조기술 개발과 시스템 이용기술 개발을 병행 추진했다.

태양전지는 실리콘계 태양전지와 화합물계 태양전지로 나뉜다.

실리콘계인 결정질 실리콘계 태양전지는 시스템화 연구를 통해 이미 상품화 단계에 도달했다. 이는 KP(전 포톤반도체에너지)와 네스코쏠라에서 생산되고 있다. 비정질 실리콘 태양전지는 기초연구단계로 요소기술을 확보했으나 상품화를 위한 제조설비의 투자비 과다로 사업화가 진행되지 않은 상태다.

화합물계에서 Ⅱ~ⅤⅠ족(CdTe, CuInSe2 등) 태양전지는 효율이 높은 것이 장점이나 저가화, 대면적화가 문제로 이러한 부분을 해결하기 위한 기초요소 연구를 수행하고 있다. 미래 박막형 태양전지 요소의 기술 확보를 위한 연구개발도 추진되고 있다.

앞으로 실리콘계 태양전지 분야에서는 저가와 고효율화를 위한 기

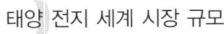
태양 전지 세계 시장 규모

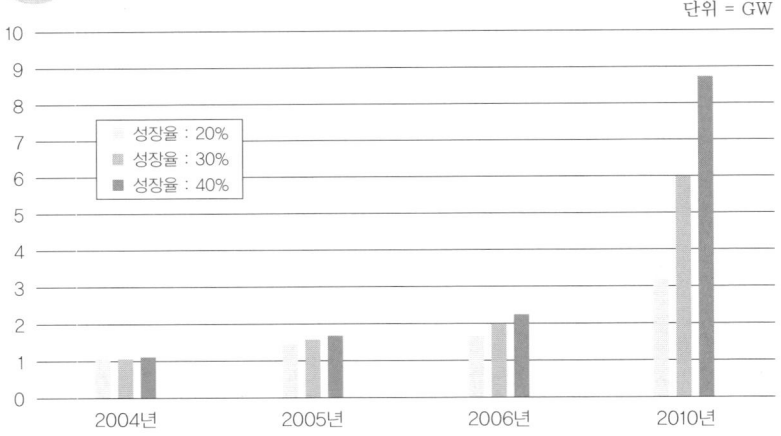

술개발을 추진하고 화합물계 등 차세대 태양전지 분야에서는 대면적화와 실용화를 위한 요소기술 개발과 시스템화를 위한 연구를 추진할 예정이다.

2. 태양열

태양열은 태양으로부터 오는 복사광선을 흡수해 열에너지로 변환시키거나 저장시켜 건물의 냉난방 및 급탕, 산업공정열, 열발전 등에 활용하는 기술이다. 태양열 이용기술의 핵심은 태양열 집열기술, 축열기술, 시스템 제어기술, 시스템 설계기술 등이 있다.

미국에서는 태양열발전, 일본과 호주는 온수기, 유럽은 대규모 집단난방과 급탕시스템 분야에 강점을 갖고 있다. 이렇듯 선진국에서는

태양열분야 기술개발 기본계획

제1단계(2003~2006년)	제2단계(2006~2009년)	제3단계(2009~2012년)
[보급촉진형 기술개발]	[대량보급형 기술개발]	[저가상품화 기술개발]
- 보급형 Solar House 개발 : 열부하 70% 공급 - 태양열 냉방기 개발 및 상용화 - 건물, 상업용 태양열 이용 시스템 개발	- 보급형 Solar House 개발 : 열부하 90% 공급 - 건물, 상업용 태양열이용 시스템 상용화 - 중고온 산업용 태양열이용 시스템 개발	- 태양열 발전기술 개발 및 상용화 - 대형 산업용 태양열이용 시스템 개발 및 상용화 달성

국가별 특성에 맞는 태양열 이용기술을 중점 개발해 보급하고 있으며 저온태양열시스템 보급 활성화를 위한 인증시험 및 평가, 신뢰성 향상 등에 지속적인 연구를 추진하고 있다.

국내에서는 1988년부터 2005년까지 70개 과제에 234억 7,400만 원을 투자했으며 이중 175억 7,300만 원을 정부에서 지원했다.

1970년대 초부터 대학과 연구소를 중심으로 연구를 시작해 1988년부터 대체에너지개발촉진법에 따라 정부차원에서 기술개발을 시작했다.

기술개발은 보급 확대를 위한 태양열온수기 등 저온활용 요소기술에 대한 효율 및 신뢰성 향상과 태양열 이용분야 확대를 위해 중고온 시스템 개발을 병행 추진하고 있다.

저온활용분야(온수급탕 기술)는 가정용 온수기(약 18만 8,000대)와 골프장, 양어장 등의 급탕시설에 보급되고 있다. 평판형 집열기와 단일진공관형 집열기가 상용화됐지만 평판형 집열기의 성능과 신뢰성은 선진국에 비해 떨어지고 진공관의 경우 충분한 실증이 요구되고 있다.

태양열 집열기의 요수기술 분야에서는 거의 전량 수입에 의존하고 있는 흡열판(Absorb Plate)의 국산화를 위해 '태양열 집열기 성능향상 기술(흡열판 코팅) 개발' 과제를 진행하고 있다. 흡열판과 동관의 열전달 손실을 최소화하기 위해서는 '저가형 태양열 집열판 접합시스템 개발'을 추진해 초음파 용접기의 국산화 기술을 개발하고 있다.

중고온 분야에서는 기술분야가 다양하고 국내기반 기술이 취약하지만 진공관형과 접시형 태양열 집열시스템, 사계절 이용 가능한 시스템을 개발하면 산업용으로 실용화에 유리하다. 그동안 요소기술을 중점적으로 추진했으며 이용보급 확대를 위해 시스템 통합기술과 제조기술 확보 등 중장기적인 기술개발투자가 필요하다.

냉난방 분야에는 2004년 8월부터 한국에너지기술연구원에서 태양열을 이용한 흡수식 냉방시스템 실증연구를 수행하고 있으며 대규모 태양열 지역냉난방 및 급탕시스템 개발을 위한 연구도 진행하고 있다.

국내에 보급되고 있는 일부 태양열 온수기와 태양열 온수급탕 시스템의 경우 업체의 영세성으로 제품품질 미흡, 설계기술 부족 등 신뢰성 저하와 기존 심야기기 등 경쟁제품에 비해 고가인데다 편리성 문제로 제품 보급이 저조하다.

앞으로 보급될 태양열 온수기 제품의 품질을 향상시키기 위한 신뢰성과 효율성 향상 기술개발을 기업이 자체적으로 추진해야 한다. 그리고 중대형 태양열 온수급탕 시스템의 최적화를 위한 노력이 이루어질 전망이다. 건물 태양열 복합이용 기술과 중고온 분야(산업용 태양열시스템, 태양열발전시스템)의 개발은 정부 주도로 지속적으로 추진될 예정이다.

3. 바이오에너지

바이오에너지 이용기술이란 바이오매스(Biomass, 유기성 생물체를 총칭)를 직접 또는 생·화학적, 물리적 변환 과정을 통해 액체와 가스, 고체연료나 전기열에너지 형태로 이용하는 화학과 생물, 연소공학 등의 기술을 일컫는다. 바이오매스는 태양에너지를 받은 식물과 미생물의 광합성에 의해 생성되는 식물체 균체와 이를 먹고 살아가는 동물체를 포함하는 생물 유기체를 뜻한다.

1980년대 미국과 EU는 폐기물의 단순처리 목적으로 소규모 매립장을 다수 설치했으나 메탄(LFG: Land fill Gas, 매립지가스) 방출에 의한 지구온난화 등의 환경문제가 심각하게 대두됐다. 1990년대에는 매립장에서 발생하는 메탄을 회수해 에너지원으로 활용하는 공정을 상용화했으며 이를 대규모 매립장을 대상으로 설치해 전기를 생산하고 있다.

미국의 경우 정부 주도로 상용화 기술개발과 보급을 추진하고 있다. 1999년 대통령령으로 '바이오연료/화학원료 개발촉진(제13134

○ 바이오 기술개발 기본계획

제1, 2단계(~1996년)	제3단계(1997~2001년)	제4단계(2002~2006년)
▶연료용 알콜 생산기술개발 - 농산물 이용 1kℓ/일 규모 연속 발효 생산기술 실용화 ▶메탄가스 전환기술 실용화 - 산업용 UASB 공정 개발 (10~100톤급) - 혐기 발효 실증연구 - LFG이용 기술타당성 검토 ▶미래 바이오에너지기술 기초 연구	▶연료용 알콜 생산기술 - 생산단가 400원/ℓ 이하 (농산물 이용) - 목질, 산업폐기물 등을 이용한 생산기술 실용화 ▶메탄가스 전환기술 - 산업용 및 축산 폐수용 메탄가스 전환 공정 개발 (500톤급 이상) - 100톤/일 규모 폐기물 혐기발효 실용화 - 1,000만m³/년 이상 규모 LFG 실증실험 ▶미래 바이오에너지기술 기반 연구	▶연료용 알콜 생산기술 - 생산단가 300원/ℓ 이하 (농산물 이용) - 목질, 산업폐기물 등을 이용한 생산기술 상용화 ▶메탄가스 전환기술 - 산업용 및 축산 폐수용 메탄가스 전환 공정 상용화 - 폐기물 혐기 발효 상용화 - 1,000만m³/년 이상 규모 LFG 상용화 ▶미래 바이오에너지기술 실증실험

호)'을 선언하고 2010년까지 바이오에너지 공급을 3배로 확충할 예정이다.

유럽은 EU 차원의 기술개발 실증시험 사업과 이미 상당히 발전되어 있는 바이오에너지(바이오디젤, 발전사업자) 공급사업자를 중심으로 보급 확대가 일어나고 있으며 온실가스 저감 차원에서 기술개발과 보급 확대를 천명했다.

스웨덴의 경우 2005년 10월 세계 최초로 늪이나 습지에서 유기물의 마이크로 박테리아의 분해로 생성된 바이오가스 열차를 운행하기 시작했다.

우리나라는 1988년부터 2005년까지 바이오분야에 99개 과제에 434억 5,400만 원을 투자했으며, 정부가 289억 8,800만 원을 지원했다. 1970년대 초부터 대학과 연구소를 중심으로 연구가 시작돼 1988년부터 대체에너지개발촉진법에 따라 정부차원에서 기술을 개발했다. 1999년까지 바이오에탄올, 메탄가스화 기술개발 위주로 추진됐으며 1990년대 이후 LFG이용기술과 바이오 수소생산 기술개발 등이 주요 분야로 추가됐다.

전분계 에탄올 연속생산 기술은 실용화 가능 단계이며 목질계 에탄올 연속생산 기술도 기술개발 확립 단계에 있으며 유가 상승 시 추가 기술개발과 상용화가 가능하다. 또한 고율 메탄발효 공정은 상용화 단계로 보급이 추진되고 있다.

앞으로 LFG의 에너지이용기술을 개발해 LFG이용 발전 시스템을 개발하고 유기성 폐자원을 이용한 생물학적 수소생산 기술을 개발할 예정이다.

4. 풍력에너지

풍력은 바람에너지를 변환시켜 전기를 생산하는 발전 기술이다. 1980년대 초부터 풍력발전의 제작기술이 급속히 발전해 독일의 Germanisher Lloyd, 덴마크의 DNV, RISO 등에서 설계인증 검증, 성능 평가기준을 제시하고 있으며 IEA에서 풍력발전에 관한 국제규정을 마련하고 있다.

◯ 풍력분야 기술개발 기본계획

제1단계(~2005년)	제2단계(2006~2008년)	제3단계(2009~2012년)
- 중형급 750kW 풍력발전기 개발 및 상용화 - 소형분산형 30kW급 풍력발전기 상용화 - 경량화·저가화 개발 - 소형풍력기의 연계기술확립 및 보급 - 풍력자원 DB구축 및 예측기술 개발	- 대형급 1,500kW 풍력발전기 개발 및 상용화 - 해양풍력발전기 개발 및 상용화 - 해양풍력 자원 DB구축	- 초대형급 풍력발전기 개발 및 상용화 - 해양풍력단지 보급확산 - 풍력발전산업 고도화로 해외수출 확대

유럽을 중심으로 시스템의 대형화에 초점을 두고 2MW는 상용화했고 4.5MW는 시험 중이며 독일에서 5MW를 개발하고 있다.

독일은 풍력발전 선두국가로 5MW를 개발하고 있으며 2004년 세계 설치용량의 35%(약 16,649MW, 1.6만기, 독일 전력수요의 6%)를 보급하고 있으며 덴마크에 이어 세계 2위 설비시장(21.5%)을 점유하고 있다.

덴마크는 1980년대부터 집중 개발에 들어가 현재 풍력설비시장의 세계 1위(세계 설비시장의 41.7%)를 고수하고 있으며 풍력발전의 대형화와 해상풍력 등 국제적 트랜드를 선도하고 있다.

미국은 1980년대 중반까지 세계 풍력발전시장을 주도했으나 정부 지원이 줄어듬에 따라 1980년 후반부터 주도권이 유럽으로 이전됐다.

국내에서는 1988년부터 2005년까지 37개 과제에 541억 800만 원을 투자했으며 이 중 정부가 368억 1,300만원을 지원했다.

1990년대 초부터 대학과 연구원을 중심으로 기초연구와 소형풍력시스템 연구를 시작했으며 1990년대 중반부터 본격적으로 기술개발에 착수하기 시작했다.

1단계(1988~1991년) 사업으로 전국 64개 기상청 산하 기상관측소와 일부 지역의 도서와 내륙 일부 지역에서 관측된 풍속과 풍향자료를 이용한 풍력자원 특성분석이 이루어졌다. 1993년부터는 한국에너지기술연구소가 제주 월령에 풍력과 태양광, 태양열 시설을 포함한 신재생에너지 시범단지를 조성해 100kW 풍력발전기 1기와 30kW 풍력발전기 2기를 설치해 계통선에 연계, 실증운전을 하고 있다.

1단계 사업기간에 한국과학기술원이 20kW 소형 수평축 풍력발전기를 국산화하려는 연구개발을 시도했다. 그리고 2단계(1992~1996년) 사업기간에는 복합재료 분야의 전문업체인 한국화이바가 한국형 중형급 수직축 200kW 풍력발전기를 개발했다. 한국화이바는 지난 2001년에 중대형급(750kW급) Gealess Type(Direct Drive Generation) 수평축 풍력발전기(블레이드)의 개발을 완료했다.

현재 3대 중점기술 개발과제로 효성(기어드 타입), 유니슨산업(기어리스 타입)에서 750kW급 풍력발전기의 개발 시제품에 대해 2005년 8월 실증 연구를 마쳤다. 풍력발전시스템 구성에 필요한 요소기술과 시스템은 계속해서 개발이 추진될 예정이다.

국산화 차원에서 풍력발전 패턴별(기어리스 타입과 기어드 타입 등), 부문별로 기술개발이 이뤄지고 있다.

5. 수력발전

수력발전은 물의 유동과 위치에너지를 이용해 발전하는 신재생에너지 개발 방법이다. 2005년 이전에는 시설용량 1만kW 이하를 소수력으로 규정했으나 신규법(신에너지 및 재생에너지개발이용보급촉진법)에서는 소수력을 포함해 수력 전체를 신재생에너지로 정의한다.

신재생에너지 연구개발 및 보급대상은 주로 소수력 발전기를 대상으로 한다.

해외에서는 기술개발이 이미 완료돼 상용화 보급에 들어갔다. 미국은 1980년대에 수력발전의 잔배지역을 조사했으며 1990년대 들어 수차의 표준화와 개도국에 대한 기술지원을 시작했다.

일본은 1980년대에 Sunshine계획의 일환으로 수차의 국산화 개발과 수력발전시스템 자동화연구를 수행했으며 1990년대에는 New Sunshine계획으로 수차의 표준화 개발을 완료했다.

국내에서는 2005년까지 소수력 분야 7개 과제에 총 37억 7,300만 원이 투자됐으며 정부는 이 중 27억 1,800만 원을 지원했다.

기술개발의 내용으로는 1999년까지 카프란 수차 설계기술과 국산화 개발, 튜브라 수차 및 황류형 수차 개발을 마쳤다. 카프란 수차 개발의 국산화율은 95% 이상으로 이미 상용화를 눈앞에 두고 있다.

1999년에도 국내 소수력 자원조사와 개발 활성화 방안에 대한 연구를 수행한 바 있다. 2002년에도 역시 국내에 산재돼 있는 농업용 저수지 및 다목적 댐을 이용하기 위한 중·저낙차용 프란시스 수차의 기술개발에 착수해 2005년 성공적으로 완료한 후 실증 연구를 추진하고

◯ 국내의 수력에너지 보급잠재량

구 분	지점수	개발가능용량(kW)
일반하천	120	147,000
하수처리장	55	5,300
정수장	58	2,500
농업용 저수지	163	48,000
농업용보	100	5,000
다목적댐의 용수로	6	6,744
합 계	502	227,544

있다.

관계 당국은 수력 발전의 설비 국산화율은 2006년 현재 선진국 대비 55% 수준이라고 밝혔다.

6. 연료전지

연료전지는 수소와 산소의 화학반응으로 생기는 화학에너지를 직접 전기에너지로 변환시키는 기술이다. 이는 생성물이 전기와 정제된 물(純水)이며 발전효율 30~40%, 열효율 40% 이상으로 총 70~80%의 효율을 갖는 신기술이다.

미국은 1970년대부터, 일본은 1980년대 초부터 본격적인 개발에 착수하는 등 선진국은 이미 실증연구와 실용화 단계에 와 있으며 이미 미국과 일본은 실용화 기술을 보유하고 있다. 이들 국가에서는 정부가 적극 지원하면서 기업이 모든 기술을 보유하도록 하였기 때문에 핵심기술은 기업 비밀이다.

연료전지시장은 2010년께 1,000억 달러에 달할 것으로 전망된다. 부문별로는 수소제조에 500억 달러, 발전용에 150억 달러, 가정 상업용에 200억 달러, 수송용에 100억 달러, 휴대용에 50억 달러 등으로 예상된다.

국내에서는 1988년부터 2005년까지 총 59개 연료전지 개발과제에 1,466억 6,300만 원을 투자했으며 정부에서는 770억 5,100만 원을 지원했다.

국내 기술개발 현황으로는 1985년 에너지기술연구소와 한전기술연구소가 공동으로 5.9kW급 인산 연료전지 본체를 일본에서 수입해 성능실험을 한 것이 처음이다.

1987년부터는 6년 계획인 국책연구사업으로 2kW급 인산형 연료전지 발전기 개발에 돌입했으며 1996년에는 고분자 연료전지 연구가 시작됐다.

2002년부터는 GS퓨어셀이 상업화를 목적으로 규모가 작고 성능이 향상된 3kW급 열병합 고분자 연료전지 시스템 개발을 완료하고 실증단계에 들어갔다.

7. 석탄(중질잔사유) · 가스화 · 액화

가스화 복합발전기술(IGCC, Integrated Gasification Combined Cycle)은 석탄, 중질잔사유 등의 저급원료를 고온 · 고압의 가스화기에서 수증기와 함께 한정된 산소를 불완전연소 및 가스화시켜 일산화탄소와 수소가 주성분인 합성가스를 만들어 정제공정을 거친 후 가스터빈 및 증기터빈 등을 구동해 발전하는 신기술이다.

석탄액화는 고체연료인 석탄을 휘발유와 디젤유 등의 액체연료로 전환시키는 기술이다. 고온·고압 상태에서 용매를 사용해 전환시키는 직접액화 방식과 석탄 가스화 후 촉매 상태에서 액체연료로 전환시키는 간접액화 기술이 있다.

최근 해외에서는 이 기술이 강화되고 있는 국제 환경규제에 대비해 전력의 안정적 공급화, 환경오염물질 감소라는 조건을 만족시키고 기술개발에 따른 파급효과가 크다는 인식이 확산되고 있다.

특히 발전시장에서 매우 중요한 비중을 차지할 것으로 예상되는 가운데 유럽과 미국 등은 100~250MW급 대용량 석탄가스화 복합발전 시스템을 개발해 운전하고, 그 경험을 축적해 미래 시장에 대비하고 있다.

미국의 경우 세계적으로 가장 활발하게 IGCC 상용화를 추진하고 있다. 일본은 NEDO 주관 하에 9개 전력회사와 전원개발 회사, 전력중앙연구소 등 11개 법인으로 구성된 '석탄가스화복합발전기술연구조합'을 발전시켜 1986년부터 국가보조사업으로 250kW급 IGCC를 2004년부터 건설하고 있다.

국내에서는 1988년부터 2005년까지 석탄이용분야 43개 과제에 365억 3,900만 원이 투자됐으며 이중 227억 원이 정부로부터 지원되었다.

1980년대 대학과 연구소를 중심으로 연구가 시작돼 1988년 대체에너지개발촉진법에 따라 정부차원에서 기술개발이 진행되고 있다.

한국전력공사는 1988년 타당성과 경제성 등의 검토를 위한 기초연구를 수행했다. 그리고 1992년부터는 정부차원에서 대체에너지기술개발사업으로 아주대학에서 3t/d 분류층 석탄가스화 반응장치를 설계했다.

1990년대 중반에는 한전을 중심으로 석탄가스 정제기술개발이 활발하게 추진되고 있는데 에너지기술연구원과 전력연구원에서 IGCC용 고온 및 중·저온 건식 탈황기술을 개발하고 있다.

고등기술연구원과 에너지기술연구원 등에서 가스화 장치에 대한 연속운전, 신뢰성 확보를 위한 연구가 수행되고 있다.

8. 해양에너지

해양에너지란 해양의 조수와 파도, 해류, 온도차 등을 변환시켜 전기 또는 열을 생산하는 기술로 전기를 생산하는 방식은 조력과 파력, 온도차 발전 등이 있다.

조력발전은 조석을 동력원으로 해수면의 상승·하강운동을 이용해 전기를 생산하는 발전 기술이다. 프랑스의 La Rance에서 240MW급 조력발전소를 운영하고 있는데 1966년에 건설한 이 발전소는 평균 가동률 97%를 보이며 성공적으로 운영되고 있다.

파력발전은 입사하는 파랑에너지를 터어빈과 같은 원동기의 구동

○ 해양에너지 장기 개발목표

단위 = 천 kW

구 분	1단계(2000~2010년)	2단계(2011~2020년)	3단계(2021~2030년)
조력에너지	720	1,320	2,040
조류에너지	100	200	400
파력 및 온도차에너지	50	100	200
누계	870	1,620	2,640

* 근거 : 해양수산부 해양한국(Ocean Korea) 21

력으로 변환해 발전하는 기술이다. 영국에서 2MW급 상용 파력발전장치(Osprey)를 개발했으며, 포르투갈의 Azores, 영국의 Islay 등이 파력발전장치를 운영하고 있다.

온도차발전은 해양 표면층의 온수와 500~1,000m 정도의 냉수와의 온도차를 이용해 열에너지를 기계적 에너지로 변환시켜 발전하는 기술이다.

국내 해양에너지 기술개발은 '대체에너지 개발 및 이용 보급 촉진법'에 따라 1988년부터 기본계획을 수립해 기술개발을 수행하고 있다.

해양특성 평가를 위한 다양한 현장조사와 자료분석, 수치모델, 수리모형 실험기술개발 등을 보유하고 있으며, 첨단 IT기술과 다양한 센서를 이용해 차세대 종합 해양특성 조사시스템을 수립하고 있다.

조력과 조류력, 파력 개발과 관련해 기초 조사를 마치고 요소기술을 개발해 우리나라 주변 해역의 조력과 조류력, 파력 에너지 분포를 해석하고 변동특성을 분석했다. 앞으로 조력과 조류력에 대한 핵심

요소기술의 실용화 연구를 추진 중에 있다(2007년 10,000kW급 시험 발전소 완공 예정).

9. 폐기물에너지

폐기물에너지는 폐기물을 변환시켜 연료와 에너지를 생산하는 기술이다.

사업장 또는 가정에서 발생되는 가연성 폐기물 중 에너지 함량이 높은 폐기물을 열분해에 의한 오일화 기술, 성형고체연료의 제조기술, 가스화에 의한 가연성 가스 제조기술 및 소각에 의한 열회수 기술 등의 가공 처리 방법을 통해 고체연료와 액체연료, 가스연료, 폐열 등을 생산하고 이를 산업 생산 활동에 필요한 에너지로 이용될 수 있도록 만든 재생에너지다.

RDF기술과 관련해 유럽에서는 RFD를 제품화해 국가간 거래를 하고 있다. 유럽표준위원회(CEN)에서는 RDF라는 용어 대신 SRF(Solid Recovered Fuel)라는 명칭을 공식화했다.

이를 통해 유럽 공통 SRF품질규격을 제정하려 하고 있으며 2005년의 경우 1,300만 톤의 국가간 거래가 이루어졌다.

일본에서는 20MW급 RDF전용 화력발전소가 건설됐다. 폐기물 처리의 광역화 정책을 수립해 지자체별 사정에 맞게 대형 소각이나 RDF도입을 권장하고 있다. 소각시설에만 지원했던 국가보조금도 1994년 토야마현 난토 리사이클 센터의 RDF시설로부터 보조금 지원

◯ 폐기물 기술개발 기본계획

구 분	2003~2006년	2006~2009년	2009~2012년
RDF	- RDF 제조, 이용기술 개발 보급	- RDF 전용화력발전 파일롯 개발 - RDF/석탄 혼소기술개발	- RDF 전용화력발전 상용화 - 청정RDF제조 기술개발
열분해	- 고분자폐기물 열분해 유화기술 개발	- 고분자폐기물 열분해 유화 상용화 - 열분해 유화유 기술개발	- 열분해 가스화 상용화 - 초임계 분해기술 개발
폐유정제	- 폐유정제 상용화 공정개발	- 폐유정제 공정 효율향상	-
사업비 (정부 : 억원)	140	415	610

을 시작했다. 이는 가동 중인 시설만 70여 곳에 이른다.

폐플라스틱 열분해 기술과 관련해서는 일본의 후지리사이클, 이화학연구소 등 15여 개 기관에서 기술을 개발해 상업화 규모의 플랜트를 가동하고 있다.

폐유 정제 기술의 경우 미국은 필터링과 이온정제를 통한 중유 대체연료유로 활용해왔으나 현재는 열분해와 증류공정을 통한 고급정제유 생산기술을 개발해 연간 9,000톤 규모의 플랜트를 실용화했다.

일본은 산백토 처리와 같은 단순처리에 의해 재생 윤활기유(Base Oil)로 활용했으나 현재는 정제유를 생산해 연료유로 활용하고 있다.

국내에서는 1970년대 초부터 대학과 연구소를 중심으로 연구가 시작돼 1988년부터 대체에너지개발촉진법에 따라 정부차원에서 기술을 개발하기 시작했다.

1990년대 초까지는 폐기물 소각열 이용기술을 중심으로 기술개발이 되었고 1990년대 이후 RDF, 고분자 폐기물열분해 등이 주요 분야로 추진됐다.

10. 지열에너지

지열에너지는 물과 지하수, 지하의 열 등의 온도차를 이용해 냉난방에 활용하는 기술이다.

태양열의 약 47%가 지표면을 통해 지하에 저장되며 이렇게 태양열을 흡수한 땅속의 온도는 지형에 따라 다르지만 지표면에 가까운 곳은 보통 10~20도의 온도를 유지해 열펌프를 이용하는 냉난방시스템에 이용된다.

우리나라 일부 지역의 심부(지중 1~2km) 지중온도는 80도까지 올라가 직접 냉난방에 이용할 수 있다.

지열에너지는 1912년 스위스의 Heinrich Zoelly가 지열원 열펌프시스템과 관련해 처음 특허를 출원하면서 알려지게 됐다.

1976년에는 미국 오클라호마주립대학에서 파이프를 지중에 매설하는 지중열교환기를 개발해 실용화 기반을 구축했으며, 1996년에는 오클라호마주립대학에서 슬린키(Slinky)방식의 지중 열교환기를 개발해 건물 냉난방에 적용했다. 1997년에는 스위스에서 말뚝형 지중열교환기를 개발해 스위스공항에 시범적으로 적용됐다.

일본은 지열 열펌프시스템의 초기 투자비를 절감할 수 있는 분야와

지열분야 기술개발 기본계획

2003~2001년	2002~2005년	2006~2009년
▶지열이용 유망지역 조사 - 경상도, 제주도 등지의 지열 탐사	▶분야별 산업기술 기반구축 - 히트펌프, 지중열교환기, 시공 기술 확보 - 지열 냉난방 시스템 중, 소규모 실증 연구	▶초기 투자비 절감 기술 국산화 - 히트펌프, 지중열교환기, 고효율화 - 시스템 및 시공비 저가화 ▶지열 냉난방 시스템 대규모 단지 실증 연구

도로 제설(Snow Melting) 분야에 많은 투자를 하고 있다. 그리고 미국의 IGSHPA와 ASHRAE는 지열 열펌프시스템에 대한 실제 적용성을 검증한 후 매년 고성능·다기능의 지열 열펌프 및 지중 열교환기 설치 방법을 개발하고 있다.

현재 세계 각국은 자국의 지중 및 기후조건에 적합한 지열이용시스템을 개발해 보급하고 있다. 특히 냉각탑이나 태양열 집열기 등을 지열 시스템과 혼용해 중대규모 건물에 적용하는 복합 시스템 개발에 주력하고 있다.

우리나라는 일부 지역이 연중 13~15도의 일정 온도를 유지하고 있어 지열 열펌프시스템의 열원으로 우수하다는 평가를 받고 있다. 게다가 우리나라 기후조건에서는 최소 0.3% 이상의 가동률(연간 2,000~3,000 시간 운용가능)을 보이기 때문에 매우 양호한 보급 환경이라 할 수 있다.

해마다 연구개발에 대한 투자가 증가하고 있으며 주로 기초연구와 실증연구에 집중하고 있다. 국내 지열 열펌프시스템 보급은 10여 개 업체가 주로 외국과 기술을 제휴해 열펌프를 수입해 시공·보급하고 있는 단계다. 2005년까지 에너지관리공단에 신재생에너지 전문기업으로 등록된 전체 60여 개 업체 중 지열 관련 업체는 약 24개로 40%를 차지하고 있다. 24개 업체 중 지열 시스템만 시공하는 업체는 12개로 2003년 이후 지열 열펌프시스템 보급 증가와 함께 관련 업체도 양적으로 증가했다.

지열 관련 24개 업체 중 2004년 매출 실적을 신고한 업체는 10여 개인데 이들 업체의 직원들은 총 130여 명(업체당 평균 11명)이며 매출은 175억 원(업체당 평균 15억 원)으로 아직까지 영세한 수준에서 벗어나지 못하고 있다.

따라서 대규모 실용화 단계에 진입하기 위해서는 초기 투자비 절감 기술 개발과 지열자원에 대한 체계적인 정보망구축이 필요하다. 또 외국의 장비와 설계공법 등을 적용하는 경우가 많아 국내의 지질과 기후조건, 시공조건 등을 고려한 신뢰성 및 공사비 검토가 필요하다는 평가다.

11. 수소에너지

수소에너지기술은 물 또는 유기물질을 변환시켜 수소를 생산 또는 이용하는 기술이다.

수소는 물의 전기분해로 가장 쉽게 제조할 수 있지만 입력에너지

(전기에너지)에 비해 수소에너지의 경제성이 너무 낮아 대체전원 또는 촉매를 이용한 제조기술로 이용되고 있다.

수소는 가스나 액체기 때문에 쉽게 수송할 수 있고 고압가스, 액체수소, 금속수소화물 등의 다양한 형태로 저장이 용이하다는 장점도 있다. 현재 수소는 기체상태로 저장하고 있으나 단위 부피당 수소저장밀도가 너무 낮아 경제성과 안정성이 부족해 액체와 고체저장법을 연구하고 있는 중이다.

2040년경에는 수소연료전지가 현재 미국의 1일 석유수입량 수준인 1,100만 배럴의 석유 수요를 대체할 것으로 추산되고 있다.

미국은 2006년부터 5년간 수소인프라(Hydrogen Fuel Initiative)와 연료전지차, 연구파트너십(Freedom CAR)에 17억 달러를 투자할 계획을 갖고 있는 등 부시 행정부가 출범한 이후로 수소에너지 개발에 박차를 가하고 있다.

캐나다는 기술력을 바탕으로 수소와 연료전지 개발경쟁을 본격화하고 있다. 정부의 주도로 연료전지(Ballard)와 수소저장용기(Dynetek), 시험장비(Fuel Cell Tech) 등의 분야별 세계 최고기업을 육성하고 있다.

일본은 1993년부터 2020년까지 WE-NET 프로젝트를 가동하며 24억 달러를 투자하고 있다. 일본은 에너지 자급과 연료전지의 산업화를 위해 자동차와 가정용, 건물용 연료전지 개발에 주력하고 있다.

이처럼 수소에너지에 대한 세계 각국의 관심이 높아지면서 2010년에는 세계 시장이 수소제조에 500억 달러, 발전용에 150억 달러, 가정·상업용에 200억 달러, 수송용 100억 달러, 휴대용 50억 달러 등 약 1,000억 달러에 달할 것으로 전망된다.

우리나라에서는 1980년대 후반까지 신재생에너지로서의 수소에너지 기술개발에 대한 인식 부족으로 인해 전반적인 연구 수준은 아직 기초 단계를 벗어나지 못하고 있다.

기 고 문

온실가스 감축에 선도적으로 참여할 것

신부남
환경부 국제협력관

2005년 7월 말 체결된 신아태지역파트너십은 기술개발을 통한 온실가스 감축으로 교토의정서의 문제점을 보완하기 위한 것이다.

온실가스 감축을 위하여 석유, 석탄 등 화석연료 사용을 단기간 내에 제한할 경우 에너지 다소비 산업구조를 가진 우리나라는 산업구조 재편과정에서 중, 단기적으로 많은 실업과 국민생산의 감소가 발생할 것이다. 따라서 이러한 급격한 산업구조 재편을 피하면서 온실가스를 감축하기 위해 기후변화 기술개발의 필요성이 제기되어 왔다.

현재 선진국들을 중심으로 관련기술 개발이 왕성히 진행되고 있다. 화석연료에서 나오는 이산화탄소의 분리 및 저장, 청정석탄과 메탄의 활용 등 단기간 내 개발이 가능한 기술에서부터 장기간의 개발기간을 필요로 하는 수소연료전지, 제4세대 원자로, 핵융합에너지 기술까지 다양한 개발이 진행되고 있다.

하지만 이러한 기술개발에는 문제점이 있다. 바로 많은 비용이 소요된다는 점이다. 이러한 점을 감안해 현재 많은 국가들이 공동으로 기술개발에 참여하고 있으며, 우리나라도 현재 20여 개국과 기후변화 과학 및 에너지기술 분야에서 양자 및 지역적 협력을 하고 있다. 참고로 미국은 매년 우리나라 기후변화관련 연구개발비의 17배가 되는 5조 원을 투자하면서 총 12개의 기후변화 과학연구 및 기술개발 사업을 국제적으로 주도하고 있다.

이러한 기후변화에 관한 아시아 태평양 파트너십은 기존의 기술협력 사업을 한 단계 격상시키는 계기가 될 것이다.

즉, 기술과 재원을 가진 미국, 일본, 호주의 관련기술과 온실가스 감축과 에너지 효율을 제고하여야 하는 우리나라, 중국, 인도간의 이해가 일치해 탄생된 것이다.

기본적으로 위의 6개국이 세계 온실가스 배출의 47.9%를 점유하고 있는 온실가스 주요 배출국이며 에너지 다소비국으로서 관련기술개발의 시급성을 너무나 잘 알고 있다.

1994년 기후변화협약 발효 및 1997년 교토의정서 채택 이후, 가장 이행이 안 되는 분야가 바로 기술협력 문제이다. 기후변화 기술협력이 2013년 이후의 기후변화체제에서 온실가스 감축문제를 풀 수 있는 중요한 열쇠가 될 수 있다는 점에 비추어 볼 때 이번 파트너십 구성은 더욱 의미가 클 것이다.

특히 이번 파트너십에서 참여국들은 기후변화 문제뿐 아니라 지속가능발전, 에너지 안보를 위한 협력도 강화하기로 했다.

G-8 선진국은 2005년 7월 8일 영국에서 발표된 '기후변화·청정에너지·지속가능발전'에 관한 성명을 통해 기후변화 대응뿐만 아니

라 청정에너지 확보, 지속가능발전 달성이라는 3개의 과제에 동시 대처해야 할 필요성을 확인하고 선진국과 개도국간에 공동노력을 추진하기로 합의했다.

　이번 파트너십은 기후변화 문제를 지속가능발전 맥락 속에서 대처하여야 한다는 최근 국제 추세와도 일맥상통할 뿐 아니라 향후 기후변화협상에서도 지속적인 경제성장을 이룩하여야 하는 우리나라에게도 도움을 줄 수 있을 것이다.

CO_2　　　　　　　　　　　CO_2　　　　　　　　CO_2

　　　　　CO_2

　CO_2　　　　　　　　　　　　　　　　　CO_2

　　　　　　　　　　　　CO_2

CO_2　　　　　　　CO_2

　　　　　　　　　CO_2

　　CO_2

CO_2

　　　　　　　　CO_2　　　　　　CO_2

　　　CO_2

　　　　　　　　　　　　CO_2

부록

기후변화에 관한 국제연합기본협약

이 협약의 당사자는,

지구의 기후변화와 이로 인한 부정적 효과가 인류의 공통 관심사임을 인정하고,

인간 활동이 대기 중의 온실가스 농도를 현저히 증가시켜 왔으며 이로 인해 자연적 온실효과가 증대되고 이것이 평균적으로 지구표면 및 대기를 추가적으로 온난화시켜 자연생태계와 인류에게 부정적 영향을 미칠 수 있음을 우려하며,

과거와 현재의 지구 전체 온실가스의 큰 부분이 선진국에서 배출되었다는 것과 개발도상국의 1인당 배출량은 아직 비교적 적으나 지구 전체의 배출에서 차지하는 개발도상국의 배출비율이 그들의 사회적 및 개발의 요구를 충족시키기 위해 증가할 것임을 주목하고,

육지와 해양 생태계에서 온실가스의 흡수원과 저장소가 하는 역할과 중요성을 인식하며 기후변화에 대한 예측, 특히 그 시기와 규모, 지역적 양태에 대한 예측에 불확실성이 많음을 주목하고,

기후변화의 세계적 성격에 대응하기 위해 모든 국가가 그들의 공통적이면서도 그 정도에 차이가 나는 책임, 각각의 능력 및 사회적, 경제적 여건에 따라 가능한 모든 협력을 다해 효과적이고 적절한 국제적 대응에 참여하는 것이 필요함을 인정하며,

1972년 6월 16일 스톡홀름에서 채택된 국제연합인간환경회의선언의 관련규정을 상기하고 국가는 국제연합헌장과 국제법의 원칙에 따라 고유의 환경정책과 개발정책에 입각해 자기나라의 자원을 개발할 주권적 권리를 가지며,

자기나라의 관할 혹은 통제지역 안의 활동 때문에 다른 국가나 관할권 이원지역의 환경에 피해가 발생하지 아니하도록 보장할 책임이

있음을 또한 상기하며,

　기후변화에 대응하기 위한 국제협력에 있어서 국가주권원칙을 재확인하고 국가는 효과적인 환경법령을 제정해야 하며 환경기준과 관리의 목적 및 우선순위는 이들이 적용되는 환경 및 개발상황을 반영해야 하며,

　어떠한 국가에 의해 적용된 기준이 다른 국가, 특히 개발도상국에 대해서는 부적절하며 또한 부당한 경제적, 사회적 비용을 유발할 수도 있다는 것을 인식하며,

　국제연합환경개발회의에 관한 1989년 12월 22일 총회결의 44/228호, 인류의 현재 및 미래 세대를 위한 지구기후의 보호에 관한 1988년 12월 6일 결의 43/53호, 1989년 12월 22일 결의 44/207호, 1990년 12월 21일 결의 45/212호 및 1991년 12월 19일 결의 46/169호의 규정을 상기하고,

　해수면 상승이 도서 및 해안지역, 특히 저지대 해안지역에 가져올 수 있는 부정적 효과에 관한 1989년 12월 22일 총회결의 44/206호의 규정과 사막화 방지 실천계획의 이행에 관한 1989년 12월 19일의 총회결의 44/172호의 관련규정을 또한 상기하며,

　1985년의 오존층 보호를 위한 비엔나협약, 1990년 6월 29일에 개정된 1987년의 오존층파괴물질에 관한 몬트리올의정서를 또한 상기하고 1990년 11월 7일 채택된 제2차 세계기후회의각료선언을 주목하며,

　많은 국가가 행한 기후변화에 관한 귀중한 분석 작업과 세계기상기구, 국제연합환경계획 및 국제연합체제안의 그 밖의 기구들, 그리고 그 밖의 국제적 및 정부간 기구가 과학연구결과의 교환과 연구의 조정에서 이룩한 중요한 기여를 의식하고,

　기후변화를 이해하고 이에 대응하기 위해 필요한 조치는 관련 과학적, 기술적 및 경제적 고려에 바탕을 두고 이러한 환경적, 사회적 및

경제적으로 가장 효과적이라는 것을 인식하며,

   기후변화에 대응하기 위한 다양한 조치는 그 자체만으로도 경제적으로 정당화될 수 있으며 또한 그 밖의 환경 문제를 해결하는 데 도움을 줄 수 있음을 인식하고,

   선진국이 온실효과의 증대에 대한 자기나라의 상대적 책임을 정당히 고려하여 세계적, 국가적 그리고 합의되는 경우 지역적 차원에서의 모든 온실가스에 대한 종합대응전략의 첫 단계로서 명확한 우선순위에 입각해 신축성 있게 신속한 조치를 취할 필요성을 또한 인식하며,

   저지대 국가 및 군소 도서국가, 저지대 연안지역, 건조지역, 반건조지역 또는 홍수, 가뭄 및 사막화에 취약한 지역을 가지고 있는 국가, 그리고 연약한 산악생태계를 가지고 있는 개발도상국이 특별히 기후변화의 부정적 효과에 취약하다는 것을 또한 인식하고,

   그 경제가 특별히 화석연료의 생산, 사용 및 수출에 의존하고 있는 국가, 특히 개발도상국이 온실가스 배출을 제한하기 위하여 취한 조치로 인해 겪을 특별한 어려움을 인식하며,

   기후변화에 대한 대응은 사회적 및 경제적 발전에 대한 부정적인 영향을 피하기 위해 특히 개발도상국의 지속적인 경제성장 달성과 빈곤퇴치를 위한 정당하고 우선적인 요구를 충분히 고려해 사회적 및 경제적 발전과 통합적인 방식으로 조정돼야 한다는 것을 확인하고,

   모든 국가, 특히 개발도상국은 지속가능한 사회적 및 경제적 발전을 달성하는 데 필요한 자원에의 접근을 필요로 하며, 개발도상국이 이러한 목적을 달성하기 위해서는 경제적 및 사회적으로 유리한 조건의 신기술의 적용 등을 통해 더 높은 에너지 효율성을 달성하고 온실가스 배출량을 전반적으로 통제할 수 있으리라는 가능성을 고려하는 한편,

   개발도상국의 에너지소비가 증가할 필요가 있음을 인식하며 미래

의 세대를 위해 기후체계를 보호할 것을 결의하여,

다음과 같이 합의했다.

제1조(정의)

이 협약의 목적상,

1. "기후변화의 부정적 효과"라 함은 기후변화에 기인한 물리적 환경 또는 생물상의 변화로서 자연적 생태계 및 관리되는 생태계의 구성, 회복력 또는 생산성, 사회경제체제의 운용 또는 인간의 건강과 복지에 대해 현저히 해로운 효과를 야기하는 것을 말한다.
2. "기후변화"라 함은 인간 활동에 직접 또는 간접으로 기인해 지구대기의 구성을 변화시키는 상당한 기간 동안 관측된 자연적 기후가변성에 추가해 일어나는 기후의 변화를 말한다.
3. "기후체계"라 함은 대기권, 수권, 생물권과 지리권 그리고 이들의 상호작용의 총체를 말한다.
4. "배출"이라 함은 특정지역에 특정기간 동안 온실가스 및 그 전구물질을 대기 중으로 방출하는 것을 말한다.
5. "온실가스"라 함은 적외선을 흡수해 재방출하는 천연 및 인공의 기체성의 대기 구성물을 말한다.
6. "지역경제통합기구"라 함은 이 협약 및 부속의정서가 규율하는 사항에 관해 권한을 가지며, 또한 내부절차에 따라 정당하게 권한을 위임받아 관련문서에 서명, 비준, 수락, 승인 또는 가입할 수 있는 특정 지역의 주권국가들로 구성된 기구를 말한다.
7. "저장소"라 함은 온실가스 또는 그 전구물질이 저장되는 기후 체계의 하나 또는 그 이상의 구성요소들을 말한다.
8. "흡수원"이라 함은 대기로부터 온실가스, 그 연무질 또는 전구물질을 제거하는 모든 과정, 활동 또는 체계를 말한다.
9. "배출원"이라 함은 대기 중으로 온실가스, 그 연무질 또는 전구물질을 방출하는 모든 과정 또는 활동을 말한다.

제2조(목적)

이 협약과 당사자총회가 채택하는 모든 관련 법적문서의 궁극적 목적은 협약의 관련규정에 따라 기후체계가 위험한 인위적 간섭을 받지 않는 수준으로 대기 중 온실가스 농도의 안정화를 달성하는 것이다. 그러한 수준은 생태계가 자연적으로 기후변화에 적응하고 식량생산이 위협받지 않으며 경제개발이 지속가능한 방식으로 진행되도록 할 수 있기에 충분한 기간 내에 달성돼야 한다.

제3조(원칙)

협약의 목적을 달성하고 그 규정을 이행하기 위한 행동에 있어서 당사자는 무엇보다도 다음 원칙을 따른다.

1. 당사자는 형평에 입각하고 공통적이면서도 그 정도에 차이가 나는 책임과 각각의 능력에 따라 인류의 현재 및 미래 세대의 이익을 위해 기후체계를 보호해야 한다. 따라서 선진국인 당사자는 기후변화 및 그 부정적 효과에 대처하는 데 있어 선도적 역할을 해야 한다.
2. 기후변화의 부정적 효과에 특별히 취약한 국가 등 개발도상국인 당사자와 개발도상국인 당사자를 포함해 이 협약에 따라 불균형적이며 지나친 부담을 지게 되는 당사자의 특수한 필요한 특별한 상황은 충분히 고려돼야 한다.
3. 당사자는 기후변화의 원인을 예견, 방지 및 최소화하고 그 부정적 효과를 완화하기 위한 예방조치를 취해야 한다. 심각하거나 회복할 수 없는 손상의 위협이 있는 경우, 충분한 과학적 확실성이 없다는 이유로 이러한 조치를 연기해서는 안 되며 기후변화를 다루는 정책과 조치는 최저비용으로 세계적 이익을 보장할 수 있도록 비용 효과적이어야 한다. 이 목적을 달성하기 위해 이러한 정책과 조치는 서로 다른 사회경제적 상황을 고려해야 하고 종합적이어야 하며 온실가스의 모든 관련 배출원과 흡수원 및 저장소 그리고 적응조치를 포함해야 하며 모든 경제 분야를 포괄해야 한다. 기후변화에 대한 대응 노력은 이해 당사자가 협동해 수행할 수 있다.
4. 당사자는 지속가능한 발전을 증진할 권리를 보유하며 또한 증진해야 한다. 경제발전이 기후변화에 대응하는 조치를 취하는 데 필수적임을 고려해 인간 활동으로 야기된 기후변화로부터 기후체계를 보호하기 위한 정책과 조치는 각 당사자의 특수한 상황에 적절해야 하며 국가개발계획과 통합돼야 한다.
5. 당사자는 모든 당사자, 특히 개발도상국인 당사자가 지속적 경제 성장과 발전을 이룩하고 그럼으로써 기후변화문제에 더 잘 대응할 수 있도록 하는 지지적이며 개방적인 국제경제체제를 촉진하기 위해 협력한다. 일방적 조치를 포함해 기후변화에 대처하기 위해 취한 조치는 국제무역에 대한 자의적 또는 정당화할 수 없는 차별수단이나 위장된 제한수단이 되어서는 안 된다.

제4조(공약)

1. 모든 당사자는 공통적이면서도 그 정도에 차이가 나는 책임과 자기나라의 특수한 국가적, 지역적 개발우선순위, 목적 및 상황을 고려해 다음 사항을 수행한다.

    가. 당사자총회가 합의하는 비교가능한 방법론을 사용해 몬트리올의정서에 의해 규제되지 않는 모든 온실가스의 배출원에 따른 인위적 배출과 흡수원에 따른 제거에 관한 국가 통계를 제12조에 따라 작성, 정기적으로 갱신 및 공표하고 당사자총회에 통보한다.

    나. 몬트리올의정서에 의해 규제되지 않는 모든 온실가스의 배출원에 따른 인위적 배출의 방지와 흡수원에 따른 제거를 통해 기후변화를 완화하는 조치와 기후변화에 충분한 적응을 용이하게 하는 조치를 포함한 국가적 및 적절한 경우 지역적 계획을 수립, 실시, 공표하고 정기적으로 갱신한다.

    다. 에너지, 수송, 산업, 농업, 임업 그리고 폐기물 관리분야를 포함한 모든 관련분야에서 몬트리올의정서에 의해 규제되지 않는 온실가스의 인위적 배출을 규제, 감축 또는 방지하는 기술, 관행 및 공정을 개발 적용하고 이전을 포함해 확산시키는 것을 촉진하고 협력한다.

    라. 생물자원, 산림, 해양과 그 밖의 육상 연안 및 해양 생태계 등 몬트리올의정서에 의해 규제되지 않는 온실가스의 흡수원과 저장소의 지속가능한 관리를 촉진하고 또한 적절한 보존 및 강화를 촉진하며 이를 위해 협력한다.

    마. 기후변화의 영향에 대한 적응을 준비하는 데 협력한다. 즉 연안관리 수자원 및 농업을 위한 계획 그리고 특히 아프리카 등 가뭄 사막화 및 홍수에 의해 영향 받는 지역의 보호와 복구를 위한 적절한 통합계획을 개발하고 발전시킨다.

    바. 관련 사회 경제 및 환경정책과 조치에서 가능한 한 기후변화를 고려하며, 기후변화를 완화하고 이에 적응하기 위해 채택한 사업과 조치가 경제 공중 보건 및 환경의 질에 미치는 부정적 효과를 최소화할 수 있도록, 예를 들어 영향평가와 같은 국가적으로 입안되고 결정된 방법을 사용한다.

    사. 기후변화의 원인, 결과, 규모, 시기 및 여러 대응전략의 경제적 사회적 결과에 관한 이해를 증진시키고 또한 이에 관한 잔존 불확실성을 축소, 제거하기 위해 기후체계와 관련된 과학적, 기술적, 기능적, 사회경제적 및 그 밖의 조사, 체계적 관측 그리고 자료보관소의 설치를 촉진하고 협력한다.

    아. 기후체계와 기후변화, 그리고 여러 대응전략의 경제적, 사회적 결과와 관련된 과학적, 기술적, 기능적, 사회 경제적 및 법률적 정보의 포괄적, 공개적

그리고 신속한 교환을 촉진하고 협력한다.
- 자. 기후변화에 관한 교육, 훈련 및 홍보를 촉진하고 협력하며, 이러한 과정에 비정부간 기구 등의 광범위한 참여를 장려한다.
- 차. 제12조에 따라 이행관련 정보를 당사자총회에 통보한다.

2. 부속서 I 에 포함된 선진국인 당사자와 그 밖의 당사자는 특히 다음에 규정된 사항을 수행할 것에 합의한다.
   - 가. 당사자는 온실가스의 인위적 배출을 제한하고 온실가스의 흡수원과 저장소를 보호, 강화함으로써 기후변화의 완화에 관한 국가정책을 채택하고 이에 상응하는 조치를 취한다. 이러한 정책과 조치를 취함으로써 선진국은 이 협약의 목적에 부합하도록 인위적 배출의 장기적 추세를 수정하는 데 선도적 역할을 수행함을 증명한다. 선진국은 이러한 역할을 수행함에 있어 이산화탄소와 몬트리올의정서에 의해 규제되지 않는 그 밖의 온실가스의 인위적 배출을 1990년대 말까지 종전 수준으로 회복시키는 것이 그러한 수정에 기여함을 인식하고 각 당사자의 출발점 및 접근 방법, 경제구조 그리고 자원기반의 차이, 강력하고 지속가능한 경제성장을 유지할 필요성, 가용기술 그리고 여타 개별적 상황, 아울러 이 목적에 대한 세계적 노력에 각 당사자가 공평하고 적절하게 기여할 필요성을 고려한다. 선진국인 당사자는 그 밖의 당사자와 이러한 정책과 조치를 공동으로 이행할 수 있으며 또한 그 밖의 당사자가 협약의 목적, 특히 본 호의 목적을 달성하는 데 기여하도록 지원할 수 있다.
   - 나. 이러한 목적달성을 촉진하기 위해 당사자는 이산화탄소와 몬트리올의정서에 의해 규제되지 않는 그 밖의 온실가스의 인위적 배출을 개별적 또는 공동으로 1990년 수준으로 회복시키기 위한 목적으로, 가호에 언급된 정책 및 조치에 관한 상세한 정보와 가호에 언급된 기간 동안에 이러한 정책과 조치의 결과로 나타나는 몬트리올의정서에 의해 규제되지 않는 온실가스의 배출원에 따른 인위적 배출과 흡수원에 따른 제거에 관한 상세한 정보를 협약이 자기나라에 대해 발효한 후 6개월 이내에, 또는 그 이후에는 정기적으로 제12조에 따라 통보한다. 당사자총회는 제7조에 따라 제1차 회기에서, 또한 그 이후에는 정기적으로 이러한 정보를 검토한다.
   - 다. 나호의 목적상 온실가스의 배출원에 따른 배출과 흡수원에 따른 제거에 관한 계산은 흡수원의 유효용량 및 기후변화에 대한 가스종별 기여도를 포함하는 최대한으로 이용가능한 과학적 지식을 고려해야 한다. 당사자총회는 제1차 회기에서 이러한 계산방식에 대해 심의, 합의하고 그 이후에는 정기

적으로 이를 검토한다.
라. 당사자총회는 제1차 회기에서 가호와 나호의 조치가 충분한 지를 검토한다. 이러한 검토는 기후변화와 그 영향에 대한 최대한으로 이용가능한 과학적 정보 및 평가와 아울러 관련 기술적, 사회적 및 경제적 정보를 고려해 수행한다. 이러한 검토에 입각해 당사자총회는 적절한 조치를 취하며, 이에는 가호 및 나호의 공약에 대한 개정의 채택이 포함될 수 있다. 당사자총회는 제1차 회기에서 가호에 규정된 공동이행에 관한 기준을 또한 결정한다. 가호와 나호에 대한 제2차 검토는 1998년 12월 31일 이전에 실시하며 그 이후에는 이 협약의 목적이 달성될 때까지 당사자총회가 결정하는 일정한 간격으로 실시한다.
마. 당사자는 다음을 수행한다.
   (1) 협약의 목적을 달성하기 위해 개발된 관련 경제적 및 행정적 수단들을 적절히 그 밖의 당사자와 조정한다.
   (2) 몬트리올의정서에 의해 규제되지 않는 온실가스의 인위적 배출수준의 증가를 초래하는 활동을 조장하는 정책과 관행을 찾아내 정기적으로 검토한다.
바. 당사자총회는 관련 당사자의 승인을 얻어 부속서 I, II의 명단을 적절히 수정할 지를 결정하기 위해 1998년 12월 31일 이전에 이용가능한 정보를 검토한다.
사. 부속서 I에 포함되지 않은 당사자는 비준서, 수락서, 승인서 또는 가입서에서, 그리고 그 이후에는 언제든지 가호와 나호에 구속받고자 하는 의사를 수탁자에게 통고할 수 있다. 수탁자는 그러한 통고를 서명자 또는 당사자에게 통보한다.
3. 부속서 II에 포함된 선진국인 당사자와 그 밖의 선진당사자는 개발도상국이 제12조 제1항에 따른 공약을 이행하는 데에서 부담하는 합의된 만큼의 모든 비용을 충족시키기 위해 새로운 추가적 재원을 제공한다. 이러한 당사자는 또한 기술이전을 위한 비용을 포함해 본 조 제1항에 규정된 것으로서 개발도상국이 제11조에 언급된 국제기구 또는 국제기구들과 합의한 조치를 이행하는 데에서 발생하는 합의된 만큼의 모든 부가비용을 충족시키기 위해 제11조에 따라 개발도상국인 당사자가 필요로 하는 새로운 추가적 재원을 제공한다. 이러한 공약의 이행에는 자금 흐름의 충분성과 예측 가능성 및 선진국인 당사자간의 적절한 부담배분의 중요성을 고려한다.
4. 부속서 II에 포함된, 선진국인 당사자와 그 밖의 선진당사자는 또한 기후변화의

부정적 효과에 특히 취약한 개발도상국인 당사자가 이러한 부정적 효과에 적응하는 비용을 부담할 수 있도록 지원한다.

5. 부속서 II에 포함된 선진국인 당사자와 그 밖의 선진당사자는 다른 당사자, 특히 개발도상국인 당사자가 이 협약의 규정을 이행할 수 있도록 환경적으로 건전한 기술과 노하우의 이전 또는 이에 대한 접근을 적절히 증진, 촉진하며, 그리고 이에 필요한 재원을 제공하기 위한 모든 실행 가능한 조치를 취한다. 이러한 과정에서 선진국인 당사자는 개발도상국인 당사자의 내생적 능력과 기술의 개발 및 향상을 지원한다. 지원할 수 있는 위치에 있는 그 밖의 당사자와 기구도 이러한 기술이전을 용이하게 하도록 지원할 수 있다.

6. 제2항의 공약을 이행하는 데 있어, 부속서 I에 포함된 당사자로서 시장 경제로의 이행과정에 있는 당사자에 대해서는 기후변화에 대응하는 능력을 향상시키도록 당사자총회로부터 어느 정도의 융통성이 허용되며, 이에는 기준으로 선정된 몬트리올의정서에 의해 규제되지 않는 온실가스의 과거 인위적 배출수준에 관한 사항이 포함된다.

7. 개발도상국인 당사자의 협약에 따른 공약의 효과적 이행정도는 선진국인 당사자가 재원 및 기술이전에 관한 협약상의 공약을 얼마나 효과적으로 이행할 지에 달려있으며, 경제적, 사회적 개발과 빈곤 퇴치가 개발도상국의 제1차적이며 가장 앞서는 우선순위임을 충분히 고려한다.

8. 본 조의 공약을 이행하는 데 있어, 당사자는 특히 다음에 열거한 각 지역에 대한 기후변화의 부정적 효과 그리고/또는 대응조치의 이행에 따른 영향으로부터 발생하는 개발도상국인 당사자의 특수한 필요와 관심을 충족시키기 위해 재원제공, 보험 그리고 기술이전과 관련된 조치를 포함해 이 협약에 따라 어떠한 조치가 필요한 지를 충분히 고려한다.

   가. 소도서국가
   나. 저지대 연안을 보유한 국가
   다. 건조 반건조지역, 산림지역 및 산림황폐에 취약한 지역을 보유한 국가
   라. 자연재해에 취약한 지역을 보유한 국가
   마. 가뭄과 사막화에 취약한 지역을 보유한 국가
   바. 도시대기가 고도로 오염된 지역을 보유한 국가
   사. 산악 생태계를 포함해 연약한 생태계 지역을 보유한 국가
   아. 화석연료와 이에 연관된 에너지 집약적 생산품의 생산 가공 및 수출로부터 얻는 소득에, 그리고/또는 화석연료와 이에 연관된 에너지 집약적 생산품의 소비에 크게 의존하는 경제를 보유한 국가

자. 내륙국과 경유국 또한, 당사자총회는 본 항과 관련해 적절한 조치를 취할 수 있다.
9. 당사자는 재원제공 및 기술이전과 관련된 조치에서 최빈국의 특수한 필요와 특별한 상황을 충분히 고려한다.
10. 당사자는 협약의 공약을 이행함에 있어 기후변화에 대응하기 위한 조치의 이행에 따라 발생하는 부정적 효과에 취약한 경제를 가진 당사자, 특히 개발도상국인 당사자의 여건을 제10조에 따라 고려한다. 이는 화석연료와 이에 연관된 에너지 집약적 생산품의 생산 가공 및 수출로부터 발생하는 소득에 크게 의존하는, 그리고/또는 다른 대체에너지로 전환하는 데 심각한 어려움을 갖고 있어 화석 연료 사용에 크게 의존하는 경제를 보유한 당사자에게 특히 적용된다.

제5조

제4조 제1항 사호의 공약을 이행함에 있어 당사자는 다음과 같이 한다.
가. 노력의 중복을 최소화할 필요성을 고려해 자료 수집 및 체계적 관측에 관한 정의수립 실시평가 및 경비지원을 목적으로 하는 국제적 및 정부간 계획, 조직 또는 기구를 적절히 지원하고 더욱 발전시킨다.
나. 특히 개발도상국에 있어 체계적 관측과 국가의 과학 기술 조사역량과 능력을 강화하며, 국가관할권 이원지역에서 획득된 자료 및 그 분석결과에의 접근 및 교환을 촉진하는 국제적 및 정부간 노력을 지원한다.
다. 개발도상국의 특별한 관심과 필요를 고려하며, 가호 및 나호에 언급된 노력에 참여하기 위한 개발도상국의 내생적 역량과 능력을 향상시키는 데 협력한다.

제6조

제4조 제1항 자호의 공약을 이행함에 있어 당사자는 다음과 같이 한다.
가. 국내적 차원 및 적절한 경우 소지역적 및 지역적 차원에서 국내법령에 따라 또한 각자의 능력 안에서 다음 사항을 촉진하고 장려한다.
    (1) 기후변화와 그 효과에 관한 교육 및 홍보계획의 개발과 실시
    (2) 기후변화와 그 효과에 관한 정보에의 공공의 접근
    (3) 기후변화와 그 효과에 대응하고 적절한 대응책을 개발하는 데 대한 공공의 참여
    (4) 과학 기술 및 관리요원의 양성

나. 국제적 차원에서 그리고 적절한 경우 기존기구를 이용해 다음 사항에서 협력하고 이를 촉진한다.
　(1) 기후변화와 그 효과에 관한 교육 및 홍보 자료의 개발과 교환
　(2) 특히 개발도상국을 위해 이 분야의 전문가를 양성할 국내기관의 강화와 요원의 교류 또는 파견을 포함하는 교육 훈련계획의 개발과 실시

제7조(당사자총회)

1. 당사자총회를 이에 설치한다.
2. 당사자총회는 협약의 최고기구로서 협약 및 당사자총회가 채택하는 과년 법적 문서의 이행상황을 정기적으로 검토하며 권한의 범위 안에서 협약의 효과적 이행 촉진에 필요한 결정을 한다. 이를 위해 당사자총회는 다음을 수행한다.
　가. 협약의 목적, 협약의 이행과정에서 얻은 경험 및 과학 기술지식의 발전에 비추어 협약에 따른 당사자의 공약과 제도적 장치를 정기적으로 검토한다.
　나. 당사자의 서로 다른 여건, 책임 및 능력과 협약상의 각자의 공약을 고려해 기후변화와 그 효과에 대응하기 위해 당사자가 채택한 조치에 관한 정보의 교환을 촉진하고 용이하게 한다.
　다. 둘 또는 그 이상의 당사자의 요청이 있는 경우 당사자의 서로 다른 여건, 책임 및 능력과 협약에 따른 각자의 공약을 고려해 기후변화 및 그 효과에 대응하기 위해 당사자가 채택한 조치의 조정을 용이하게 한다.
　라. 협약의 목적과 규정에 따라 특히 온실가스의 배출원에 따른 배출 및 흡수원에 따른 제거에 관한 목록을 작성하고 온실가스의 배출을 제한하고 제거를 강화하는 조치의 유효성을 평가하기 위한 당사자총회에서 합의될 비교가능한 방법론의 개발 및 정기적 개선을 촉진하고 지도한다.
　마. 협약의 규정에 따라 제공된 모든 정보에 입각해 당사자의 협약이행 상황, 협약에 따라 취한 조치의 전반적 효과, 특히 누적적 효과를 포함한 환경적, 경제적, 사회적 효과 및 협약의 목적 성취도를 평가한다.
　바. 협약의 이행에 관한 정기보고서를 심의, 채택하고 공표한다.
　사. 협약의 이행에 필요한 모든 사항에 대해 권고한다.
　아. 제4조 제3항, 제4항, 제5항 및 제11조에 따라 재원의 동원을 추구한다.
　자. 협약의 이행에 필요하다고 판단되는 보조기관을 설치한다.
　차. 보조기관이 제출하는 보고서를 검토하고 지침을 준다.
　카. 총회 및 보조기관의 의사규칙 및 재정규칙을 콘센서스(Consensus, 협약)로 합의해 채택한다.

타. 적절한 경우, 권한 있는 국제기구 정부간 기구 및 비정부간 기구의 지원과 협력 및 이들 기구에 의해 제공되는 정보를 입수해 이용한다.

파. 협약에 따라 부여된 모든 기능과 협약의 목적달성을 위해 요구되는 그 밖의 기능을 수행한다.

3. 당사자총회는 제1차 회기에서 총회 및 협약에 의해 설치되는 보조기관의 의사규칙을 채택하며 이 의사규칙은 협약에 규정된 의사 결정절차에서 다루지 않는 문제에 관한 의사결정절차를 포함한다. 이 절차에는 특별한 결정의 채택에 필요한 특정 의결정족수를 포함할 수 있다.

4. 당사자총회 제1차 회기는 제21조에 규정된 임시사무국이 소집하며 협약·발효 후 1년 이내에 개최한다. 그 이후에는 당사자총회가 달리 결정하지 아니하는 한, 당사자총회 정기회기는 매년 개최된다.

5. 당사자총회 특별회기는 총회가 필요하다고 인정하는 때에 또는 당사자의 서면 요청에 의해 개최한다. 다만 이러한 서면요청은 사무국이 이를 당사자에게 통보한 후 6개월 이내에 최소한 당사자 3분의 1의 지지를 받아야 한다.

6. 국제연합, 국제연합전문기구, 국제원자력기구 및 이들 기구의 회원국 또는 옵서버인 비당사자는 당사자총회 회기에 옵서버로 참석할 수 있다. 협약과 관련된 분야에서 자격을 갖춘 국내적 또는 국제적 기구나 기관 및 정부간 또는 비정부간 기구나 기관이 당사자총회 회기에 옵서버로서 참석할 희망을 사무국에 통보할 경우 최소한 출석 당사자 3분의 1이 반대하지 아니하는 한 참석이 허용될 수 있다. 옵서버의 참석허용 및 회의참가는 당사자총회가 채택한 의사규칙에 따른다.

제8조(사무국)

1. 사무국을 이에 설치한다.
2. 사무국의 기능은 다음과 같다.

   가. 당사자총회 및 협약에 따라 설치되는 총회 보조기관의 회의준비와 이에 필요한 지원 제공

   나. 사무국에 제출된 보고서의 취합 및 전달

   다. 요청이 있을 경우 당사자 특히 개발도상국인 당사자가 협약규정에 따라 요구되는 정보를 취합, 통보하는 데 있어 이에 대한 지원 촉진

   라. 활동보고서의 작성 및 당사자총회에 대한 제출

   마. 다른 유관 국제기구 사무국과의 필요한 협조 확보

   바. 당사자총회의 전반적인 지침에 따라 효과적인 기능 수행에 필요한 행정적

계약적 약정 체결
   사. 협약과 부속의정서에 규정된 그 밖의 사무국 기능과 당사자총회가 결정하는 그 밖의 기능 수행
3. 당사자총회는 제1차 회기에서 상설사무국을 지정하고 그 기능 수행에 필요한 준비를 한다.

제9조(과학기술자문 보조기관)

1. 당사자총회와 적절한 경우 그 밖의 보조기관에 협약과 관련된 과학기술문제에 관한 시의적절한 정보와 자문을 제공하기 위해 과학기술자문 보조기관을 이에 설치한다. 이 기관은 모든 당사자의 참여에 개방되며 여러 전문분야로 이뤄진다. 이 기관은 유관 전문 분야의 권한있는 정부대표로 구성된다. 이 기관은 모든 작업상황에 관해 당사자총회에 정기적으로 보고한다.
2. 당사자총회의 지침에 따라 그리고 권한있는 국제기구의 협력을 얻어 이 기관은 다음 사항을 수행한다.
   가. 기후변화와 그 효과에 관한 과학지식의 현황에 대한 평가를 제공한다.
   나. 협약의 이행과정에서 취한 조치의 효과에 대한 과학적 평가를 준비한다.
   다. 혁신적, 효율적인 첨단기술과 노하우를 파악하고 그러한 기술의 개발 및/또는 이전을 촉진하는 방법과 수단에 관해 자문한다.
   라. 기후변화와 관련된 과학계획 및 연구개발을 위한 국제협력에 관한 자문과 개발도상국의 내생적 역량 형성을 지원하는 방법 및 수단에 관한 자문을 제공한다.
   마. 당사자총회와 그 보조기관이 제기하는 과학적, 기술적 및 방법론적 질문에 답변한다.
3. 이 기관의 기능과 권한은 당사자총회에서 더 구체화할 수 있다.

제10조(이행을 위한 보조기관)

1. 당사자총회가 협약의 효과적 이행상황을 평가하고 검토하는 것을 지원하기 위해 이행을 위한 보조기관을 이에 설치한다. 이 기관은 모든 당사자의 참여에 개방되며 기후변화 분야의 전문가인 정부대표로 구성된다. 이 기관은 모든 작업상황에 관해 당사자총회에 정기적으로 보고한다.
2. 당사자총회의 지침에 따라 이 기관은 다음 사항을 수행한다.
   가. 당사자가 취한 조치의 전반적인 종합적 효과를 평가하기 위해 제12조 제1항에 따라 통보된 정보를 기후변화에 관한 최신의 과학적 평가에 비춰 심

의한다.
나. 당사자총회가 제4조 제2항 나호의 규정에 검토를 수행하는 것을 지원하기 위해 제12조 제2항에 따라 통보된 정보를 심의한다.
다. 적절한 경우 당사자총회가 결의를 준비하고 이행하는 데 있어 이를 지원한다.

제11조(재정지원체제)

1. 기술이전을 포함해 무상 또는 양허성 조건의 재원제공을 위한 지원체제를 이에 규정한다. 이 지원체제는 협약에 관련되는 정책, 계획의 우선순위 및 자격기준을 결정하는 당사자총회의 지침에 따라 기능을 수행하고 총회에 책임을 진다. 그 운영은 하나 또는 그 이상의 기존 국제기구에 위탁된다.
2. 재정지원체제는 투명한 관리제도 안에서 모든 당사자가 공평하고 균형있는 대표성을 갖는다.
3. 당사자총회와 재정지원체제의 운영을 위탁받은 기구는 상기 두 항에 효력을 부여하기 위해 다음 사항을 포함하는 운영요령에 합의한다.
    가. 기후변화를 다루기 위한 재원제공사업이 당사자총회가 마련한 정책, 계획의 우선순위 및 자격기준에 부합하도록 보장하는 방식
    나. 특정 재원제공 결정을 이러한 정책, 계획의 우선순위 및 자격기준에 비춰 재심의하는 방식
    다. 제1항에 규정된 책임요건과 부합하게 운영을 맡은 기구가 재원제공활동에 관한 정기보고서를 당사자총회에 제출하는 것
    라. 예측 가능하고 확인 가능한 방식으로 협약이행에 필요한 이용가능한 재원제공액을 결정하고 이 금액을 정기적으로 검토하는 조건에 관해 결정하는 것
4. 당사자총회는 제21조 제3항에 언급된 임시조치를 검토, 심의해 제1차 회기에서 상기 규정의 이행을 위한 준비를 하고 임시조치의 유지여부를 결정한다. 그로부터 4년 이내에 당사자총회는 재정지원체제에 대해 검토하고 적절한 조치를 취한다.
5. 선진국인 당사자는 또한 협약이행과 관련된 재원을 양자적, 지역적 및 그 밖의 다자적 경로를 통해 제공하고 개발도상국인 당사자는 이를 이용할 수 있다.

제12조(이행관련 정보의 통보)

1. 제4조 제1항에 따라 당사자는 사무국을 통해 다음 사항의 정보를 당사자총회

에 통보한다.
- 가. 당사자총회에서 지지·합의할 비교가능한 방법론을 이용해 능력이 허용하는 한도내에서 작성한 몬트리올의정서에 의해 규제되지 않는 모든 온실가스의 배출원에 따른 인위적 배출과 흡수원에 따른 제거에 관한 국가통계
- 나. 협약이행을 위해 당사자가 취했거나 계획 중인 조치의 일반적인 서술
- 다. 당사자가 협약 목적의 달성에 관련되고 통보에 포함시키는 것이 적합하다고 판단하는 그 밖의 정보. 이는 가능한 경우 세계적 배출추세산출에 관련되는 자료를 포함함

2. 부속서 I에 포함된 선진국인 당사자와 그 밖의 당사자는 통보에 다음 사항의 정보를 포함한다.
- 가. 제4조 제2항 가호, 나호의 공약이행을 위해 채택한 정책 및 조치의 상세한 서술
- 나. 상기 가호에 언급된 정책 및 조치가 제4조 제2항 가호에 언급된 기간동안 온실가스의 배출원에 따른 인위적 배출 및 흡수원에 따른 제거에 미치는 효과에 대한 상세한 평가

3. 또한 부속서 II에 포함된 선진국인 당사자와 그 밖의 선진 당사자는 제4조 제3항, 제4항 및 제5항에 따라 취한 조치의 상세내용을 포함한다.

4. 개발도상국인 당사자는 자발적으로 사업이행에 필요한 특정 기술, 재료, 장비, 공법 또는 관행을 포함하는 재원 제공사업을 제안할 수 있으며 이러한 제안에는 가능한 경우 모든 부가비용에 대한 견적, 온실가스의 배출저감 및 제거증가에 대한 견적 그리고 이로 인한 이익에 대한 평가를 포함한다.

5. 부속서 I에 포함된 선진국인 당사자와 그 밖의 당사자는 그 당사자에 대해 협약이 발효한 후 6개월 이내에 최초의 통보를 행한다. 그 밖의 당사자는 할 수 있는 때로부터 3년 이내에 최초의 통보를 행한다. 최빈국인 당사자는 자신의 재량에 따라 최초의 통보를 행한다. 모든 당사자의 그 후의 통보의 빈도는 당사자총회가 결정하며 이에는 이 항에 규정된 차등적 일정을 고려한다.

6. 사무국은 본 조에 따라 당사자가 통보한 정보를 당사자총회와 유관 보조기관에 가급적 신속히 전달한다. 필요하다면 당사자총회는 정보의 통보절차를 추가로 심의할 수 있다.

7. 당사자총회는 제1차 회기부터 개발도상국인 당사자가 본 조에 따라 정보를 취합 및 통보하고 제4조에 따른 제안사업 및 대응조치와 연관된 기술적, 재정적 소요를 판단하는 데 필요한 기술재정 지원을 요청에 따라 개발도상국인 당사자에게 제공하는 것을 주선한다. 그 밖의 당사자, 권한있는 국제기구 및 사무

국은 적절한 경우 이러한 지원을 제공할 수 있다.
8. 당사자로 구성된 집단은 당사자총회가 채택한 지침에 따르고 당사자총회에 사전통고하는 조건으로 본 조에 따른 공약을 이행하기 위해 공동으로 통보를 행할 수 있다. 단 이러한 통보에는 협약에 따른 각 당사자의 개별적 공약 이행에 관한 정보가 포함되는 것을 조건으로 한다.
9. 사무국이 접수한 정보 중 당사자가 당사자총회에 의해 설정되는 기준에 따라 비밀로 지정한 정보는 정보통보와 검토에 관여하는 기관에 제공되기 전에 비밀보호를 위해 사무국이 취합한다.
10. 제9항에 따를 것을 조건으로 그리고 통보한 정보를 언제든지 공표할 수 있는 당사자의 능력에 영향을 미치지 아니하고 사무국은 본 조에 따라 당사자가 통보한 정보가 당사자총회에 제출되는 시점에 공개적 이용이 가능하도록 한다.

제13조(이행관련 문제의 해결)

당사자총회는 제1차 회기에서 이 협약의 이행관련 문제의 해결을 위해 당사자의 요청으로 이용가능한 다자간 협의절차의 수립을 심의한다.

제14조(분쟁해결)

1. 이 협약의 해석 또는 적용에 관해 둘 또는 그 이상의 당사자간에 분쟁이 있는 경우 관련 당사자는 교섭 또는 스스로 선택하는 그 밖의 평화적 방법을 통해 분쟁의 해결을 모색한다.
2. 이 협약의 비준·수락·승인 또는 가입 시 그리고 그 후 언제든지 지역 경제통합기구가 아닌 당사자는 협약의 해석이나 적용에 관한 분쟁에 있어 동일한 의무를 수락하는 당사자와의 관계에서 다음을 특별한 합의 없이 선언했다는 사실만으로 의무적인 것으로 인정함을 수탁자에게 서면으로 선언할 수 있다.
   가. 분쟁의 국제사법재판소 회부 그리고/또는
   나. 당사자총회가 가능한 한 신속히 중재에 관한 부속서 형태로 채택할 절차에 따른 중재지역 경제통합기구인 당사자는 나호에서 언급된 절차에 따른 중재와 과년해 유사한 효력을 가지는 선언을 행할 수 있다.
3. 제2항에 따라 행해진 선언은 선언의 조건에 따라 기한이 만료될 때까지 또는 서면 철회통고가 수탁자에게 기탁된 후 3개월까지 유효하다.
4. 새로운 선언, 선언의 철회통고 또는 선언의 기한만료는 분쟁당사자가 달리 합의하지 않는 한 국제사법재판소 또는 중재재판소에서 진행 중인 소송에 대해

어떠한 영향도 미치지 않는다.
5. 제2항의 운용에 따를 것을 조건으로 일방 당사자가 타방 당사자에게 그들간에 분쟁이 존재하고 있음을 통고한 후 12개월 동안 분쟁당사자가 제1항에 언급된 수단을 통해 분쟁을 해결하지 못한 경우 그 분쟁은 분쟁당사자 일방의 요청에 의해 조정에 회부된다.
6. 조정위원회는 분쟁당사자 일방의 요청에 따라 설치된다. 위원회는 분쟁당사자 일방의 요청에 따라 설치된다. 위원회는 관련 당사자 각각에 의해 임명된 동수의 위원과 각 당사자에 의해 임명된 위원들이 공동으로 선출한 의장으로 구성된다. 위원회는 권고적 판정을 내리고 당사자는 이를 성실히 고려한다.
7. 당사자총회는 가능한 한 신속히 조정에 관한 부속서 형태로 조정과 관련된 추가절차를 채택한다.
8. 본 조의 규정은 해당문서가 달리 규정하지 않는 한 당사자총회가 채택하는 모든 관련 법적 문서에 적용된다.

제15조(협약의 개정)
1. 모든 당사자는 협약의 개정안을 제안할 수 있다.
2. 협약 개정안은 당사자총회의 정기회기에서 채택된다. 사무국은 제안된 협약개정안을 늦어도 채택회의가 개최되기 6개월 전에 당사자에게 통보한다. 또 사무국은 제안된 개정안을 이 협약 서명자 그리고 참고로 수탁자에게도 통보한다.
3. 당사자는 제안된 협약 개정안이 콘센서스에 의해 합의에 도달하도록 모든 노력을 다한다. 콘센서스를 위한 모든 노력을 다했으나 합의에 도달하지 못한 경우 개정안은 최종적으로 회의에 출석·투표한 당사자 4분의 3의 다수결로 채택된다. 사무국은 채택된 개정안을 수탁자에게 통보하며 수탁자는 수락을 위해 이를 모든 당사자에게 배포한다.
4. 개정안에 대한 수락서는 수탁자에게 기탁된다. 제3항에 따라 채택된 개정안은 최소한 협약당사자 4분의 3의 수락서가 수탁자에게 접수된 후 90일째 되는 날부터 수락한 당사자에 대해 발효한다.
5. 그 밖의 당사자가 그 후에 수탁자에게 수락서를 기탁하는 경우 개정안은 기탁일 후 90일째 되는 날부터 그 당사자에 대해 발효한다.
6. 본 조의 목적상 '출석 투표한 당사자'라 함은 회의에 출석해 찬성 또는 반대 투표를 한 당사자를 말한다.

제16조(부속서의 채택 및 개정)
1. 협약의 부속서는 협약의 불가분의 일부를 구성하며 협약이 언급되는 경우 명시적으로 달리 규정하지 않는 한 이는 동시에 부속서도 언급하는 것으로 본다. 이러한 부속서는 제14조 제2항 나호 및 제7항의 규정에 영향을 미치지 않고 목록 약식 및 과학적, 기술적, 절차적 또는 행정적 특성을 가진 서술적 성격의 그 밖의 자료에 제한된다.
2. 협약의 부속서는 제15조 제2항, 제3항 및 제4항에 규정된 절차에 따라 제안되고 채택된다.
3. 제2항에 따라 채택된 부속서는 수탁자가 부속서의 채택을 당사국에 통보한 날부터 6개월 후에 동 기간 내에 부속서를 수락하지 않음을 수탁자에게 서면으로 통고한 당사자를 제외한 모든 당사자에 대해 발효한다. 부속서는 불수락 통고를 철회한 당사자에 대해 수탁자의 통고철회 접수일 후 90일째 되는 날부터 발효한다.
4. 협약 부속서의 개정안의 제안 채택 및 발효는 제2항 및 제3항에 따른 협약 부속서의 제안 채택 및 발효와 동일한 절차를 따른다.
5. 부속서 또는 부속서 개정안의 채택이 협약의 개정을 수반하는 경우 협약의 개정안이 발효할 때까지 부속서 또는 부속서 개정안은 발효하지 않는다.

제17조(의정서)
1. 당사자총회는 정기회기에서 협약에 대한 의정서를 채택할 수 있다.
2. 사무국은 제안된 의정서의 문안을 늦어도 회기가 개최되기 6개월 전에 당사자에게 통보한다.
3. 의정서의 발효요건은 그 문서에 규정한다.
4. 협약의 당사자만이 의정서의 당사자가 될 수 있다.
5. 의정서에 따른 결정은 관련 의정서의 당사자만이 할 수 있다.

제18조(투표권)
1. 협약의 당사자는 제2항에 규정된 경우를 제외하고는 하나의 투표권을 가진다.
2. 지역경제통합기구는 그 기구의 권한사항에 대해 협약의 당사자인 기구 회원국의 수와 동수의 투표권을 행사한다. 기구 회원국의 어느 한 나라라도 투표권을 행사하는 경우 기구는 투표권을 행사할 수 없으며 그 반대의 경우도 같다.

제19조(수탁자)

국제연합사무총장은 이 협약과 협약 제17조에 따라 채택되는 의정서의 수탁자가 된다.

제20조(서명)

이 협약은 국제연합 환경개발회의 기간 중에는 리우데자네이로에서, 1992년 6월 20일부터 1993년 6월 19일까지는 뉴욕의 국제연합본부에서 국제연합 또는 그 전문기구의 회원국, 국제사법재판소 규정 당사자 및 지역경제통합기구의 서명을 위해 개방된다.

제21조(임시조치)

1. 제8조에 언급된 사무국의 기능은 당사자총회의 제1차 회기종료 시까지는 1990년 12월 21일 국제연합총회결의 45/212호에 의해 설립된 사무국에 의해 임시로 수행된다.
2. 제1항에 언급된 임시사무국의 장은 기후변화에 관한 정부간 협의체가 객관적인 과학적, 기술적 자문의 요구에 따를 수 있도록 하기 위해 협의체와 긴밀히 협력한다. 다른 관련 과학기구들과도 협의할 수 있다.
3. 국제연합개발계획, 국제연합환경계획 및 국제부흥개발은행에 의해 운영되고 있는 지구환경기금은 임시적으로 제11조에 언급된 재정지원체제의 운영을 위탁받는 국제기구가 된다. 이와 관련해 지구환경기금은 제11조의 요건을 충족할 수 있도록 적절히 재구성돼야 하고 그 회원자격을 보편화해야 한다.

제22조(비준 · 수락 · 승인 또는 가입)

1. 협약은 국가 및 지역경제통합기구에 의해 비준 · 수락 · 승인 또는 가입된다. 협약은 서명기간이 종료된 다음 날부터 가입을 위해 개방된다. 비준서, 수락서, 승인서 또는 가입서는 수탁자에게 기탁된다.
2. 협약의 당사자가 되는 지역경제통합기구는 기구 회원국 중 어느 한 국가도 협약의 당사자가 아닌 경우 협약에 따른 모든 의무에 구속된다. 기구의 하나 또는 그 이상의 회원국이 협약의 당사자인 경우 기구와 기구 회원국은 협약에 따른 의무를 수행하기 위한 각각의 책임을 결정한다. 이러한 경우 기구와 기구 회원국은 협약에 따른 권리를 동시에 행사할 수는 없다.
3. 지역경제통합기구는 그 비준서, 수락서, 승인서 또는 가입서에 협약이 규율하는 사항에 관한 기구의 권한범위를 선언한다. 또 기구는 권한범위의 실질적 변동에 관해 수탁자에게 통보하며 수탁자는 이를 당사자에게 통보한다.

제23조(발효)

1. 협약은 50번째의 비준서, 수락서, 승인서 또는 가입서의 기탁일 후 90일째 되는 날부터 발효한다.
2. 50번째의 비준서 수락서 승인서 또는 가입서가 기탁된 후 협약을 비준·수락·승인 또는 가입하는 국가 또는 지역경제통합기구에 대해 협약은 그 국가 또는 지역경제통합기구의 비준서, 수락서, 승인서 또는 가입서 기탁일후 90일째 되는 날부터 발효한다.
3. 제1항 및 제2항의 목적상 지역경제통합기구가 기탁하는 문서는 기구 회원국이 기탁하는 문서에 추가되는 것으로 보지 않는다.

제24조(유보)

협약에 대해 어떤 유보도 행할 수 없다.

제25조(탈퇴)

1. 당사자는 협약이 자기나라에 대해 발효한 날부터 3년이 경과한 후에는 언제든지 수탁자에게 서면통고를 함으로써 협약으로부터 탈퇴할 수 있다.
2. 탈퇴는 수탁자가 탈퇴통고를 접수한 날부터 1년의 기한 만료일 또는 탈퇴통고서에 더 늦은 날짜가 명시된 경우에는 그 늦은 날에 발효한다.
3. 협약으로부터 탈퇴된 당사자는 당사자가 돼 있는 모든 의정서로부터도 탈퇴한 것으로 본다.

제26조

아랍어, 중국어, 영어, 불어, 러시아어 및 서반아어본이 동등하게 정본인 이 협약의 원본은 국제연합사무총장에게 기탁된다.

이상의 증거로 정당하게 권한을 위임받은 아래 서명자가 협약에 서명했다.

1992년 5월 9일 뉴욕에서 작성했다.

기후변화에 관한 국제연합기본협약에 대한 교토의정서

이 의정서의 당사자는 기후변화에 관한 국제연합기본협약(이하 '협약'이라고 한다)의 당사자로서 협약 제2조에 규정된 협약의 궁극적 목적을 추구하고 협약의 규정을 상기하며, 협약 제3조와 협약의 규정에 의한 당사자총회 제1차 회기에서 결정된 1/CP.1호로 채택된 베를린 위임에 따라 다음과 같이 합의하였다.

제1조

이 의정서의 목적상 협약 제1조의 정의규정이 적용된다. 추가로,
1. "당사자총회"라 함은 협약의 규정에 의한 당사자 총회를 말한다.
2. "협약"이라 함은 1992년 5월 9일 뉴욕에서 채택된 기후변화에 관한 국제연합기본협약을 말한다.
3. "기후변화에 관한 정부간 패널"이라 함은 세계기상기구 및 국제연합 환경계획이 1988년에 공동으로 설립한 기후변화에 관한 정부간 패널을 말한다.
4. "몬트리올의정서"라 함은 1987년 9월 16일 몬트리올에서 채택되고 그 이후 조정·개정된 오존층파괴 물질에 관한 몬트리올 의정서를 말한다.
5. "출석하여 투표하는 당사자"라 함은 회의에 출석하여 찬성이나 반대투표를 하는 당사자를 말한다.
6. "당사자"라 함은 문맥상 다른 의미로 사용되지 아니하는 한 이 의정서의 당사자를 말한다.
7. "부속서 I의 당사자"라 함은 협약의 부속서 I(당해 부속서가 개정되는 경우에는 그 개정부속서를 말한다)에 포함된 당사자 및 협약 제4조 제2항 사목에 의하여 통고한 당사자를 말한다.

제2조

1. 부속서 I의 당사자는 제3조의 규정에 의한 수량적 배출량의 제한·감축을 위한 공약을 달성함에 있어 지속가능한 개발을 촉진하기 위하여 다음 각목의 사항을 수행한다.
    가. 자국의 여건에 따라 다음과 같은 정책·조치를 이행하고/이행하거나 더욱 발전시킨다.

(1) 자국 경제의 관련 부문에서 에너지의 효율성을 향상시킬 것
(2) 관련 국제환경협정상 자국의 공약을 고려하면서, 온실가스(몬트리올의정서에 의하여 규제되는 것을 제외한다)의 흡수원 및 저장소를 보호·강화하고, 지속가능한 산림관리작업과 신규조림 및 재조림을 촉진할 것
(3) 기후변화 요소를 고려한 지속가능한 형태의 농업을 촉진할 것
(4) 신규 및 재생가능한 형태의 에너지와 이산화탄소의 격리 기술 및 선진적, 혁신적이며 환경적으로 건전한 기술에 대한 연구, 촉진, 개발 및 그 이용을 증진할 것
(5) 모든 온실가스의 배출부문에 있어서 협약의 목적에 위배되는 시장의 불완전성, 재정적 유인, 세금·관세의 면제 및 보조금 등을 점진적으로 감축하거나 단계적으로 폐지하며, 시장적 기제를 적용할 것
(6) 온실가스(몬트리올의정서에 의하여 규제되는 것을 제외한다)의 배출량을 제한·감축하는 정책 및/또는 조치를 촉진하기 위하여 관련 부문의 적절한 개선을 장려할 것
(7) 수송부문에서 온실가스(몬트리올의정서에 의하여 규제되는 것을 제외한다)의 배출량을 제한 또는 감축하는 조치를 취할 것
(8) 폐기물의 관리와 에너지의 생산·수송·분배 과정에서의 회수 및 사용을 통하여 메탄의 배출량을 제한 및/또는 감축할 것

나. 이 조에서 채택되는 정책 및 조치의 개별적·복합적 효과를 증대하기 위하여 협약 제4조 제2항 마목(1)에 따라 다른 부속서 I의 당사자들과 협력한다. 이를 위하여 이들 당사자는 이러한 정책 및 조치에 관한 경험을 공유하고 정보를 교환하기 위한 조치를 이행하되, 이에는 정책 및 조치의 비교가능성·투명성 및 그 효과를 개선하기 위한 방안의 개발이 포함된다. 이 의정서의 당사자회의의 역할을 수행하는 당사자총회는 제1차 회기 또는 그 이후에 가능한 한 신속히 모든 관련 정보를 고려하여, 이러한 협력을 촉진하기 위한 방안을 검토한다.

2. 부속서 I의 당사자는 국제민간항공기구 및 국제해상기구에서의 활동을 통하여, 항공기용 및 선박용 연료로부터 각각 발생하는 온실가스(몬트리올의정서에 의하여 규제되는 것을 제외한다) 배출량의 제한·감축을 추구한다.

3. 부속서 I의 당사자는 이 조의 규정에 의한 정책 및 조치를 이행하기 위하여 노력하되, 협약 제3조를 고려하여 기후변화의 부정적 효과, 국제통상에 미치는 영향, 다른 당사자들, 특히 개발도상국인 당사자들과 그 중에서도 협약 제4조 제8항 및 제9항에 규정된 당사자들에 대한 사회적·환경적·경제적 영향 등을

포함한 부정적 영향을 최소화하는 방식으로 이행하기 위하여 노력한다. 이 의정서의 당사자회의의 역할을 수행하는 당사자총회는 이행을 촉진하기 위하여 적절한 경우 추가적 조치를 취할 수 있다.
4. 이 의정서의 당사자회의의 역할을 수행하는 당사자총회는 각국의 상이한 여건과 잠재적 영향을 고려하여 제1항 가목의 정책 및 조치를 조정하는 것이 유익하다고 결정하는 경우에는, 이러한 정책 및 조치를 조정하기 위한 방안 및 수단을 검토한다.

제3조

1. 부속서 I의 당사자는 이들 당사자에 의한 부속서 가에 규정된 온실가스의 총 인위적 배출량을 이산화탄소를 기준으로 환산한 배출량에 대하여 이를 2008년부터 2012년까지 공약기간 동안 1990년 수준의 5% 이상 감축하기 위하여 이러한 총 배출량이 이 조 및 부속서 나에 규정된 이들 당사자의 수량적 배출량의 제한·감축을 위한 공약에 따라 계산되는 배출허용량을 초과하지 아니하도록 개별 또는 공동으로 보장한다.
2. 부속서 I의 당사자는 2005년까지 이 의정서 상의 공약을 달성하는 데 따른 가시적 진전을 제시하여야 한다.
3. 인위적·직접적인 토지이용의 변화와 임업활동(1990년 이후의 신규조림·재조림 및 산림전용에 한한다)에 기인하는 온실가스의 배출원에 의한 배출량과 흡수원에 의한 제거량간의 순변화량은 각 공약기간마다 탄소저장량의 검증 가능한 변화량으로 측정되며, 부속서 I의 당사자가 이 조의 공약을 달성하는데 사용된다. 이러한 활동과 연관되는 온실가스의 배출원에 의한 배출량 및 흡수원에 의한 제거량은 투명하고 검증 가능한 방식으로 보고 되며 제7조 및 제8조에 따라 검토된다.
4. 이 의정서의 당사자회의의 역할을 수행하는 당사자총회의 제1차 회기 전에 부속서 I의 당사자는 과학기술자문 보조기관의 검토를 위하여 자국의 1990년도 탄소저장량의 수준을 설정하고, 다음 연도의 탄소저장량의 변화에 대한 추산을 가능하게 하는 자료를 제공한다. 이 의정서의 당사자회의의 역할을 수행하는 당사자총회는 제1차 회기 또는 그 이후에 가능한 한 조속히, 농지·토지이용 변화 및 임업부문에서 온실가스의 배출원에 의한 배출량 및 흡수원에 의한 제거량 변화와 관련된 추가적인 인위적 활동 중 어느 활동을 어떤 방법으로 부속서 I의 당사자의 배출허용량에 추가하거나 공제할 것인지에 관한 방식·규칙 및 지침을 결정한다. 이러한 결정을 함에 있어서는 불확실성, 보고의 투명

성, 검증가능성, 기후변화에 관한 정부간 패널의 방법론적 작업, 제5조에 따른 과학기술자문 보조기관의 자문 및 당사자총회의 결정들이 고려되며, 동 결정은 제2차 공약기간 및 후속의 공약기간에 대하여 적용된다. 당사자는 추가적인 인위적 활동이 1990년 이후에 이루어진 경우에는, 위의 결정을 제1차 공약기간에 대하여 적용하는 것을 선택할 수 있다.

5. 시장경제로의 이행과정에 있는 부속서Ⅰ의 당사자로서 당사자총회 제2차 회기의 결정 9/CP.2에 따라 그 이행의 기준연도 또는 기간이 설정된 당사자는 이 조에 따른 공약을 이행함에 있어 그 기준연도 또는 기간을 사용한다. 시장경제로의 이행과정에 있는 부속서Ⅰ의 당사자로서 협약 제12조에 따른 제1차 국가보고서를 제출하지 아니한 그 밖의 당사자는 이 조에 따른 공약을 이행함에 있어 1990년도 이외의 역사적 기준연도 또는 기간을 사용할 의사가 있음을 이 의정서의 당사자회의의 역할을 수행하는 당사자총회에 통고할 수 있다. 동 당사자총회는 이러한 통고의 수락여부를 결정한다.

6. 이 의정서의 당사자회의의 역할을 수행하는 당사자총회는 협약 제4조 제6항을 고려하여, 시장경제로의 이행과정에 있는 부속서Ⅰ의 당사자에 대하여 이 의정서 상의 공약(이 조에 따른 공약을 제외한다)을 이행함에 있어 일정한 융통성을 허용한다.

7. 제1차 수량적 배출량의 제한ㆍ감축을 위한 공약기간인 2008년부터 2012년까지 부속서Ⅰ의 당사자별 배출허용량은 1990년도나 제5항에 따라 결정된 기준연도 또는 기간에 당해 당사자가 배출한 부속서 가에 규정된 온실가스의 총 인위적 배출량을 이산화탄소를 기준으로 환산한 배출량에 부속서 나에 규정된 당사자별 백분율을 곱한 후 다시 5를 곱하여 산정한다. 토지 이용변화와 임업이 1990년도에 온실가스의 순 배출원을 구성한 부속서Ⅰ의 당사자는 자국의 배출허용량을 산정함에 있어서 1990년도의 토지이용 변화에 기인한, 배출원에 의한 총 인위적 배출량을 이산화탄소를 기준으로 환산한 배출량에서 흡수원에 의한 제거량을 공제한 양을 자국의 1990년도나 기준연도 또는 기간의 배출량에 포함시킨다.

8. 부속서Ⅰ의 당사자는 제7항에 규정된 계산을 위하여 수소불화탄소, 과불화탄소 및 육불화황에 대하여 1995년도를 기준연도로 사용할 수 있다.

9. 후속기간에 대한 부속서Ⅰ의 당사자의 공약은 제21조 제7항에 따라 채택되는 이 의정서 부속서 나의 개정을 통하여 정해지며, 이 의정서의 당사자회의의 역할을 수행하는 당사자총회는 제1항에 규정된 제1차 공약기간이 종료하기 최소 7년 전에 이러한 공약에 대한 검토를 개시한다.

10. 제6조 또는 제17조의 규정에 따라 일방당사자가 타방당사자로부터 취득하는 배출량의 감축단위 또는 배출허용량의 일부는 이를 취득하는 당사자의 배출허용량에 추가된다.
11. 제6조 또는 제17조의 규정에 따라 일방당사자가 타방당사자에게 이전하는 배출량의 감축단위 또는 배출허용량의 일부는 이를 이전하는 당사자의 배출허용량에서 공제된다.
12. 제12조의 규정에 따라 일방당사자가 타방당사자로부터 취득하는 인증받은 배출감축량은 이를 취득하는 당사자의 배출허용량에 추가된다.
13. 일정 공약기간 동안 부속서 I 의 당사자의 배출량이 이 조에 따른 배출허용량보다 적을 경우, 그 차이는 당해 당사자의 요청에 따라 동 당사자의 후속 공약기간의 배출허용량에 추가된다.
14. 부속서 I 의 당사자는 제1항에 규정된 공약을 이행함에 있어서 개발도상국인 당사자들, 특히 협약 제4조 제8항 및 제9항에 규정된 당사자들에게 미치는 사회적·환경적·경제적인 부정적 영향을 최소화하는 방식으로 이행하기 위하여 노력하여야 한다. 협약 제4조 제8항 및 제9항의 이행에 관한 당사자총회의 관련 결정들에 따라, 이 의정서의 당사자회의의 역할을 수행하는 당사자총회는 제1차 회기에서 협약 제4조 제8항 및 제9항에 규정된 당사자들에 대하여 기후변화의 부정적 효과 및/또는 대응조치의 영향을 최소화하기 위하여 어떠한 조치가 필요한 지를 검토하며, 그 검토 사항에는 기금의 설립, 보험 및 기술이전이 포함된다.

제4조

1. 제3조 상의 공약을 공동으로 이행하기로 합의한 부속서 I 의 당사자들은 이들 당사자에 의한 부속서 가에 규정된 온실가스의 총 인위적 배출량을 이산화탄소 기준으로 환산하여 합산한 총 배출량이 제3조 및 부속서 나에 규정된 수량적 배출량의 제한·감축을 위한 공약에 따라 계산된 그들의 배출허용량을 초과하지 아니하는 경우에는, 당해 공약을 이행한 것으로 간주된다. 그러한 합의를 한 각 당사자의 배출허용량의 수준은 그 합의에서 정하여진다.
2. 그러한 합의를 한 당사자들은 이 의정서의 비준서, 수락서, 승인서 또는 가입서의 기탁일에 합의된 내용을 사무국에 통고한다. 사무국은 협약의 당사자 및 서명자에게 그 합의된 내용을 통보한다.
3. 그러한 합의는 제3조 제7항에 명시된 공약기간 동안에만 유효하다.
4. 공동으로 공약을 이행하는 당사자들이 지역경제통합기구의 틀 안에서 동 기구

와 함께 공약을 이행하는 경우, 이 의정서의 채택 이후에 이루어지는 동 기구 구성상의 변동은 동 의정서 상의 기존 공약에 아무런 영향을 미치지 아니한다. 지역경제통합기구의 구성상의 모든 변동은 그 변동 이후에 채택되는 제3조 상의 공약에 대하여만 적용된다.
5. 그러한 합의의 당사자들이 그들 각각의 배출감축량을 합산한 감축량 수준을 달성하지 못하는 때에는 그러한 합의를 한 각 당사자는 그 합의에서 정하여진 자국의 배출량 수준에 대하여 책임을 진다.
6. 공동으로 공약을 이행하는 당사자들이 이 의정서의 당사자인 지역경제통합기구의 틀 안에서 동 기구와 함께 공약을 이행하는 경우, 그들 각각의 배출감축량을 합산한 감축량 수준을 달성하지 못하는 때에는 지역경제통합기구의 각 회원국은 개별적으로 또한 제24조에 따라 행동하는 지역경제통합기구와 함께 이 조에 따라 통고된 자국의 배출량 수준에 대하여 책임을 진다.

제5조
1. 부속서 I 의 당사자는 늦어도 제1차 공약기간이 개시되기 1년 전까지 모든 온실가스(몬트리올의정서에 의하여 규제되는 것을 제외한다)의 배출원에 의한 인위적 배출량과 흡수원에 의한 제거량을 추산하기 위한 국가제도를 마련한다. 이 의정서의 당사자회의의 역할을 수행하는 당사자총회는 제1차 회기에서 제2항에 규정된 방법론이 반영된 국가제도에 관한 지침을 결정한다.
2. 모든 온실가스(몬트리올의정서에 의하여 규제되는 것을 제외한다)의 배출원에 의한 인위적 배출량과 흡수원에 의한 제거량을 추산하기 위한 방법론은 기후변화에 관한 정부간 패널이 수락하고 당사자총회가 제3차 회기에서 합의한 것으로 한다. 이러한 방법론이 사용되지 아니하는 경우에는, 이 의정서의 당사자회의의 역할을 수행하는 당사자총회가 제1차 회기에서 합의한 방법론에 따른 적절한 조정이 적용된다. 이 의정서의 당사자회의의 역할을 수행하는 당사자총회는 특히 기후변화에 관한 정부간 패널의 작업과 과학기술자문 보조기관의 자문에 기초하고 당사자총회의 관련 결정들을 충분히 고려하여 이러한 방법론과 조정을 정기적으로 검토하고 적절한 경우에는 이를 수정한다. 이러한 방법론과 조정에 대한 수정은 그러한 수정 이후에 채택되는 제3조 상의 공약의 준수를 확인하기 위하여만 사용된다.
3. 부속서 가에 규정된 온실가스의 배출원에 의한 인위적 배출량과 흡수원에 의한 제거량에 대하여 이산화탄소를 기준으로 한 환산치를 계산하는데 사용되는 지구온난화지수는 기후변화에 관한 정부간 패널이 수락하고 당사자총회가 제3

차 회기에서 합의한 것으로 한다. 이 의정서의 당사자회의의 역할을 수행하는 당사자총회는 특히 기후변화에 관한 정부간 패널의 작업과 과학기술자문 보조기관의 자문에 기초하고 당사자총회의 관련 결정들을 충분히 고려하여, 각 온실가스의 지구온난화지수를 정기적으로 검토하고 적절한 경우에는 이를 수정한다. 지구온난화지수에 대한 수정은 그러한 수정 이후에 채택되는 제3조 상의 공약에 대하여만 적용된다.

제6조

1. 부속서 I 의 당사자는 제3조 상의 공약을 이행하기 위하여, 모든 경제 부문에서 온실가스의 배출원에 의한 인위적 배출량의 감축이나 흡수원에 의한 인위적 제거량의 증대를 목표로 하는 사업으로부터 발생하는 배출량의 감축단위를 다른 부속서 I 의 당사자에게 이전하거나 그들로부터 취득할 수 있다. 이 경우 다음 각 목의 요건을 충족하여야 한다.
    가. 이러한 사업에 대하여 관련 당사자들의 승인이 있을 것
    나. 이러한 사업은 그 사업이 시행되지 아니하는 경우에 대비하여 배출원에 의한 배출량의 추가적인 감축이나 흡수원에 의한 제거량의 추가적 증대를 제공할 것
    다. 당사자가 제5조 및 제7조 상의 의무를 준수하지 아니하는 경우, 그 당사자는 배출량의 감축단위를 취득하지 못하도록 할 것
    라. 배출량의 감축단위의 취득은 제3조 상의 공약의 이행을 위한 국내 조치의 보조수단으로 활용되어야 할 것
2. 이 의정서의 당사자회의의 역할을 수행하는 당사자총회는 제1차 회기 또는 그 이후에 가능한 한 조속히 이 조의 검증·보고 및 이행을 위한 지침을 더욱 발전시킬 수 있다.
3. 부속서 I 의 당사자는 자국의 책임 하에 법인이 이 조의 규정에 의한 배출량의 감축단위의 발생·이전 및 취득을 초래하는 활동에 참여하는 것을 허가할 수 있다.
4. 부속서 I 의 당사자에 의한 이 조에 규정된 요건의 이행문제가 제8조의 관련 규정에 따라 확인되는 경우, 배출량의 감축단위의 이전과 취득은 그러한 문제가 확인된 이후에도 계속 이루어질 수 있다. 다만, 당사자는 준수에 관한 모든 문제가 해결될 때까지는 이러한 감축단위를 제3조 상의 공약을 이행하는 데 사용할 수 없다.

제7조

1. 부속서 I의 당사자는 당사자총회의 관련 결정에 따라 제출하는 온실가스(몬트리올의정서에 의하여 규제되는 것을 제외한다)의 배출원에 의한 인위적 배출량과 흡수원에 의한 제거량에 관한 자국의 연례통계목록에 제3조의 준수를 보장하기 위하여 필요한 보충정보로서 제4항에 따라 결정되는 것을 포함시킨다.
2. 부속서 I의 당사자는 협약 제12조에 따라 제출하는 자국의 국가보고서에 이 의정서 상의 공약의 준수를 증명하기 위하여 필요한 보충정보로서 제4항에 따라 결정되는 것을 포함시킨다.
3. 부속서 I의 당사자는 이 의정서가 자국에 대하여 발효한 이후의 공약기간의 첫째 연도에 대하여 협약 상 제출하여야 하는 제1차 통계목록을 시작으로 제1항에서 요구하는 정보를 매년 제출한다. 동 당사자는 이 의정서가 자국에 대하여 발효하고 제4항에 규정된 지침이 채택된 이후에 협약 상 제출하여야하는 제1차 국가보고서의 일부로서 제2항에서 요구하는 정보를 제출한다. 이 조에서 요구하는 정보의 후속 제출빈도는 당사자총회에서 결정되는 국가보고서의 제출일정을 고려하여 이 의정서의 당사자총회의 역할을 수행하는 당사자총회가 결정한다.
4. 이 의정서의 당사자회의의 역할을 수행하는 당사자총회는 제1차 회기에서 당사자총회에서 채택되는 부속서 I의 당사자의 국가보고서 작성을 위한 지침을 고려하여 이 조에서 요구하는 정보의 작성지침을 채택하고, 그 후 정기적으로 이를 검토한다. 또한 이 의정서의 당사자회의의 역할을 수행하는 당사자총회는 제1차 공약기간 이전에 배출허용량의 계산방식을 결정한다.

제8조

1. 부속서 I의 당사자가 제7조에 따라 제출하는 정보에 대하여는 당사자총회의 관련 결정들과 이 의정서의 당사자회의의 역할을 수행하는 당사자총회가 제8항의 규정에 의하여 그 목적을 위하여 채택한 지침에 따라 전문가 검토반이 이를 검토한다. 부속서 I의 당사자가 제7조 제1항에 따라 제출하는 정보는 배출량의 통계목록과 배출허용량의 연례 취합 및 계산의 일부로서 검토된다. 추가적으로 부속서 I의 당사자가 제7조 제2항에 따라 제출하는 정보는 보고서 검토의 일부로서 검토된다.
2. 전문가 검토반은 당사자총회가 정한 방침에 따라 사무국에 의하여 조정되며 협약의 당사자가 적절한 경우에는 정부간 기구가 지명하는 인사 중에서 선정되는 전문가로 구성된다.

3. 검토과정에서는 이 의정서의 당사자에 의한 이행의 모든 측면에 대하여 철저하고 포괄적인 기술적 평가가 이루어진다. 전문가 검토반은 당사자의 공약이행을 평가하고, 그 이행과정에 있어서의 모든 잠재적 문제점과 공약의 이행에 영향을 미치는 모든 요소들을 확인하여, 이 의정서의 당사자회의의 역할을 수행하는 당사자총회에 제출할 보고서를 작성한다. 사무국은 이러한 보고서를 협약의 모든 당사자에게 배포하는 한편, 이 의정서의 당사자회의의 역할을 수행하는 당사자총회가 보다 심층적으로 이를 검토할 수 있도록 그 보고서에서 지적된 이행 상의 문제점을 목록화한다.
4. 이 의정서의 당사자회의의 역할을 수행하는 당사자총회는 제1차 회기에서 당사자총회의 관련 결정들을 고려하여 전문가 검토반이 이 의정서의 이행을 검토하기 위한 지침을 채택하고 그 후 정기적으로 이를 검토한다.
5. 이 의정서의 당사자회의의 역할을 수행하는 당사자총회는 이행보조기관, 적절한 경우에는 과학기술자문 보조기관의 지원을 받아 다음 사항을 검토한다.
   가. 당사자가 제7조에 따라 제출한 정보 및 이 조의 규정에 의하여 그 정보에 대하여 행하여진 전문가의 검토보고서
   나. 사무국이 제3항에 따라 목록화한 이행 상의 문제점 및 당사자가 제기한 모든 문제점
6. 이 의정서의 당사자회의의 역할을 수행하는 당사자총회는 제5항에 규정된 정보에 대한 검토에 따라 이 의정서의 이행을 위하여 필요한 모든 사항에 관하여 결정한다.

제9조
1. 이 의정서의 당사자회의의 역할을 수행하는 당사자총회는 기후변화와 그 영향에 대하여 이용가능한 최선의 과학적 정보평가와 기술적·사회적·경제적 관련 정보에 비추어 이 의정서를 정기적으로 검토한다. 이러한 검토는 협약 상의 관련 검토 특히 협약 제4조 제2항 라목 및 제7조 제2항 가목에서 요구되는 관련 검토와 조정된다. 이 의정서의 당사자회의의 역할을 수행하는 당사자총회는 이러한 검토에 기초해 적절한 조치를 취한다.
2. 제1차 검토는 이 의정서의 당사자회의의 역할을 수행하는 당사자총회의 제2차 회기에서 이루어진다. 추가적 검토는 적절한 방식에 의해 정기적으로 이루어진다.

제10조

모든 당사자는 공통적이지만 그 정도에는 차이가 있다. 각자의 책임과 국가 및 지역에 고유한 개발우선순위·목적·상황을 고려하고 부속서 I에 포함되지 아니한 당사자에 대하여는 어떠한 새로운 공약도 도입하지 아니하나 협약 제4조 제1항의 기존 공약에 대하여는 이를 재확인하며 지속가능한 개발을 달성하기 위해 이들 공약의 이해를 계속 진전시키고 협약 제4조 제3항, 제5항 및 제7항을 고려해 다음 사항을 수행한다.

 가. 당사자총회가 채택한 국가보고서의 작성을 위한 지침을 부합하고 당사자총회가 합의한 비교가능한 방법론을 사용해 모든 온실가스(몬트리올 의정서에 의해 규제되는 것을 제외한다)의 배출원에 의한 인위적 배출량과 흡수원에 의한 제거량에 관한 국가통계목록을 작성하고 이를 정기적으로 갱신하기 위해 각 당사자의 사회·경제적 여건을 반영하는 국내배출요소, 활동자료 및/또는 모델의 질을 개선하기 위한 비용효율적인 국가적 계획, 적절한 경우에는 지역적 계획을 타당하고 가능한 범위 안에서 수립할 것

 나. 기후변화를 완화하는 조치와 기후변화에 대한 충분한 적응을 용이하게 하는 조치를 그 내용으로 하는 국가적 계획, 적절한 경우에는 지역적 계획을 수립·실시·공표하고 정기적으로 이를 갱신할 것

  (1) 이러한 계획은 특히 에너지, 수송, 산업, 농업, 임원 및 폐기물관리에 관한 것이며, 적응기술 및 국토관리계획을 개선하기 위한 방법은 기후변화에 대한 적응을 향상시킨다.

  (2) 부속서 I의 당사자는 제7조에 따라 국가적 계획과 이 의정서에 따른 조치에 관한 정보를 제출한다. 그 밖의 당사자는 기후변화 및 그 부정적 영향에 대한 대응에 기여하리라고 생각되는 조치(온실가스 배출량의 증가 완화, 흡수원의 증진 및 흡수원에 의한 제거, 능력형성 및 적응조치를 포함한다)를 내용으로 하는 계획에 관한 정보를 자국의 국가보고서에 적절히 포함시키도록 노력한다.

 다. 기후변화와 관련된 환경적으로 건전한 기술, 노하우, 관행 및 공정의 개발, 적용, 확산을 위한 효과적인 방식을 증진하는 데 협력한다. 특히 개발도상국에 대하여 기후변화와 관련된 환경적으로 건전한 기술, 노하우, 관행 및 공정의 이전이나 이에 대한 접근을 적절히 증진, 촉진하며, 이에 필요한 재원을 제공하기 위하여 실행가능한 모든 조치를 행한다. 이러한 조치는 공공 소유 또는 사적 권리가 소멸된 환경적으로 건전한 기술의 효과적인 이전을 위한 정책 및 계획의 수립과 민간부문으로 하여금 환경적으로 건전한 기술의 이전과 이에 대한 접근을 증진하고 향상시킬 수 있도록

하는 환경의 조성을 포함한다.
라. 협약 제5조를 고려하여, 기후체계 및 기후변화의 부정적 영향이나 다양한 대응전략의 경제적, 사회적 영향에 관한 불확실성을 줄이기 위하여 과학적, 기술적 연구에서 협력하고, 체계적 관측체제의 유지, 발전 및 자료보관제도의 정비를 증진하며, 연구 및 체계적 관측에 관한 국가간 및 정부간 노력, 계획 및 협력망에 참여하기 위한 고유한 역량과 능력의 개발, 강화를 증진한다.
마. 국제적 차원에서 적절한 경우에는 기존 기구를 활용하여 교육, 훈련계획(국가적 능력, 특히 인적·제도적 능력향성의 강화, 특히 개발도상국에 있어서 이 분야의 전문가를 양성할 요원의 교류나 파견에 관한 것을 포함한다)의 개발, 실시에 협력하고 이를 증진한다. 국가적 차원에서 기후변화에 관한 공중의 인식을 제고하고 관련 정보에 대한 공중의 접근을 용이하게 한다. 이러한 활동을 수행하기 위한 적절한 방식은 협약 제6조를 고려하여 이 협약의 관련기구를 통하여 개발된다.
바. 당사자총회의 관련 결정들에 따라 이 조에 의하여 수행한 계획 및 활동에 관한 정보를 자국의 국가보고서에 포함시킨다.
사. 이 조의 공약을 이행함에 있어서 협약 제4조 제8항을 충분히 고려한다.

제11조

1. 제10조의 이행에 있어 당사자는 협약 제4조 제4항, 제5항 및 제7항 내지 제9항의 규정을 고려한다.
2. 협약 제4조 제1항의 이행과 관련하여 협약 부속서 2의 선진국인 당사자와 그 밖의 선진당사자는 협약 제4조 제3항 및 제11조와 협약의 재정지원체제의 운영을 위임받은 기구를 통하여 다음을 행한다.
    가. 협약 제4조 제1항 가목의 규정에 의한 기존 공약으로서 제10조 가목에 규정된 사항의 이행을 진전시키기 위하여 개발도상국인 당사자가 부담하는 합의된 총 비용을 충당하기 위하여 신규의 추가적 재원을 제공할 것
    나. 협약 제4조 제1항의 규정에 의한 기존 공약으로서 제10조에 규정되어 있고 개발도상국인 당사자와 협약 제11조에 규정된 국제기구간에 합의된 사항의 이행을 진전시키는데 소요되는 합의된 총 증가비용을 개발도상국인 당사자가 충당하는데 필요한 신규의 추가적 재원(기술이전을 위한 재원을 포함한다)을 제11조에 따라 제공할 것
이러한 기존 공약의 이행에는 자금 흐름의 적정성 및 예측가능성이 필요하다는

점과 선진국인 당사자간에 적절한 부담배분이 중요하다는 점이 고려되어야 한다. 이 의정서의 채택 이전에 합의된 결정을 포함하여 당사자총회의 관련 결정에서 협약상의 재정지원체제를 운영하도록 위임받은 기구에 대한 지침은 이 항의 규정에 준용한다.
3. 협약 부속서 2의 선진국인 당사자와 그 밖의 선진당사자는 양자적·지역적 및 그 밖의 다자적 경로를 통하여 제10조의 이행을 위한 재원을 제공할 수 있고, 개발도상국인 당사자는 이를 이용할 수 있다.

제12조
1. 청정개발체제를 이에 규정한다.
2. 청정개발체제는 부속서 I에 포함되지 아니한 당사자가 지속가능한 개발을 달성하고 협약의 궁극적 목적에 기여할 수 있도록 지원하며, 부속서 I의 당사자가 제3조의 규정에 의한 수량적 배출량의 제한, 감축을 위한 공약을 준수할 수 있도록 지원하는 것을 목적으로 한다.
3. 청정개발체제하에서,
   가. 부속서 I에 포함되지 아니한 당사자는 인증 받은 배출감축량을 발생시키는 사업 활동으로부터 이익을 얻는다.
   나. 부속서 I의 당사자는 제3조의 규정에 의한 수량적 배출량의 제한, 감축을 위한 공약의 일부 준수에 기여하기 위하여 이러한 사업 활동으로부터 발생하는 인증 받은 배출감축량을 이 의정서의 당사자회의의 역할을 수행하는 당사자총회가 결정하는 바에 따라 사용할 수 있다.
4. 청정개발체제는 이 의정서의 당사자회의의 역할을 수행하는 당사자총회의 권한 및 지도에 따르며 청정개발체제 집행이사회의 감독을 받는다.
5. 각 사업 활동으로부터 발생하는 배출감축량은 다음에 기초하여 이 의정서의 당사자회의의 역할을 수행하는 당사자총회가 지정하는 운영기구에 의하여 인증 받는다.
   가. 관련 각 당사자가 승인한 자발적 참여
   나. 기후변화의 완화와 관련되는 실질적이고 측정가능한 장기적 이익
   다. 인증 받은 사업 활동이 없는 경우에 발생하는 배출량의 감축에 추가적인 배출량의 감축
6. 청정개발체제는 필요한 경우 인증 받은 사업 활동을 위한 재원조달을 지원한다.
7. 이 의정서의 당사자회의의 역할을 수행하는 당사자총회는 제1차 회기에서 사

업 활동에 대한 독립적 감사, 검증을 통하여 투명성·효율성 및 책임성을 보장하기 위한 방식 및 절차를 발전시킨다.
8. 이 의정서의 당사자회의의 역할을 수행하는 당사자총회는 인증 받은 사업 활동의 수익 중 일부가 행정경비로 지불되고, 기후변화의 부정적 효과에 특히 취약한 개발도상국인 당사자의 적응비용의 충당을 지원하는데 사용되도록 보장한다.
9. 청정개발체제에의 참여(제3항 가목에 규정된 활동에의 참여 및 인증 받은 배출감축량의 취득에의 참여를 포함한다)는 민간 및/또는 공공 기구를 관여시킬 수 있으며, 이러한 참여는 청정개발체제의 집행이사회가 제공하는 지침에 따라 이루어진다.
10. 2000년부터 제1차 공약기간 개시 전의 기간동안 취득된 인증 받은 배출감축량은 제1차 공약기간 동안의 공약준수를 지원하기 위하여 사용될 수 있다.

제13조

1. 협약의 최고기관인 당사자총회는 이 의정서의 당사자회의의 역할을 수행한다.
2. 이 의정서의 당사자가 아닌 협약의 당사자는 이 의정서의 당사자회의의 역할을 수행하는 당사자총회의 모든 회의의 심의에 참관인으로 참여할 수 있다. 당사자총회가 이 의정서의 당사자회의의 역할을 수행하는 경우, 이 의정서에 따른 결정은 이 의정서의 당사자만이 할 수 있다.
3. 당사자총회가 이 의정서의 당사자회의의 역할을 수행하는 경우, 그 당시 이 의정서의 당사자가 아닌 협약의 당사자를 대표하는 자가 당사자총회의 의장단의 구성원인 때에는 동 구성원은 이 의정서의 당사자들이 그들 중에서 선출한 추가구성원으로 대체된다.
4. 이 의정서의 당사자회의의 역할을 수행하는 당사자총회는 이 의정서의 이행상황을 정기적으로 검토하고, 그 권한의 범위 안에서 이 의정서의 효과적 이행의 증진에 필요한 결정을 한다. 당사자총회는 이 의정서에 의하여 부여된 기능을 수행하며 다음을 행한다.
    가. 이 의정서의 규정에 따라 제공되는 이용가능한 모든 정보에 입각하여, 당사자의 의정서 이행상황, 이 의정서에 따라 행한 조치의 전반적 효과, 특히 환경적·경제적·사회적 효과 및 이의 누적적 효과와 협약의 목적 성취도를 평가할 것
    나. 협약 제4조 제2항 라목 및 제7조 제2항에서 요구되는 모든 검토를 충분히 고려하고, 협약의 목적 및 협약의 이행과정에서 얻은 경험과 과학기술지식의

발전에 비추어 이 의정서에 따른 당사자의 의무를 정기적으로 검토하고, 이러한 측면에서 이 의정서의 이행에 관한 정기보고서를 심의·채택할 것

다. 당사자의 서로 다른 여건, 책임 및 능력과 이 의정서 상의 각자의 공약을 고려하여, 기후변화와 그 효과에 대응하기 위하여 당사자가 채택한 조치에 관한 정보의 교환을 촉진하고 용이하게 할 것

라. 둘 이상의 당사자의 요청이 있는 경우, 각 당사자의 서로 다른 여건, 책임 및 능력과 이 의정서 상의 각자의 공약을 고려하여 기후변화와 그 효과에 대응하기 위하여 당사자가 채택한 조치의 조정을 용이하게 할 것

마. 협약의 목적 및 이 의정서의 규정에 따라 그리고 당사자총회의 관련 결정을 충분히 고려하여 이 의정서의 당사자회의의 역할을 수행하는 당사자총회가 합의한 방법론으로서 이 의정서의 효과적인 이행을 위한 비교가능한 방법론의 발전과 정기적인 개선을 촉진, 지도할 것

바. 이 의정서의 이행에 필요한 사항에 대하여 권고할 것

사. 제11조 제2항에 따라 추가적 재원의 동원을 위하여 노력할 것

아. 이 의정서의 이행에 필요하다고 판단되는 보조기관을 설치할 것

자. 적절한 경우 권한 있는 국제기구, 정부간기구 및 비정부간기구로부터의 지원, 협력 및 정보제공을 구하고 이를 활용할 것

차. 이 의정서의 이행을 위하여 필요한 그 밖의 기능을 수행하고, 당사자총회의 결정에 의하여 부여되는 모든 과제를 심의할 것

5. 이 의정서의 당사자회의의 역할을 수행하는 당사자총회가 컨센서스(consensus, 합의)로 달리 결정하는 경우를 제외하고는 당사자총회의 의사규칙 및 협약 상 적용되는 재정절차는 이 의정서에 준용한다.

6. 이 의정서의 당사자회의의 역할을 수행하는 당사자총회의 제1차 회기는 사무국에 의하여 이 의정서의 발효일 이후에 예정되어 있는 당사자총회의 첫째 회기와 함께 소집된다. 이 의정서의 당사자회의의 역할을 수행하는 당사자총회의 후속 정기회기는 동 당사자총회가 달리 결정하지 아니하는 한, 당사자총회의 정기회기와 함께 매년 개최된다.

7. 이 의정서의 당사자회의의 역할을 수행하는 당사자총회의 특별회의는 동 당사자총회가 필요하다고 인정하거나 당사자의 서면요청이 있는 때에 개최된다. 다만, 이러한 서면요청은 사무국이 이를 당사자들에게 통보한 후 6개월 이내에 최소한 당사자 3분의 1 이상의 지지를 받아야 한다.

8. 국제연합, 국제연합전문기구, 국제원자력기구 및 이들 기구의 회원국이나 참관인인 협약의 비당사자는 이 의정서의 당사자회의 역할을 수행하는 당사자총회

의 회기에 참관인으로 참석할 수 있다. 국내적, 국제적 또는 정부간, 비정부간 기구나 기관을 불문하고 이 의정서가 규율하는 사항에 대하여 전문성을 갖는 기구나 기관이 이 의정서의 당사자회의의 역할을 수행하는 당사자총회의 회기에 참관인으로 참석하고자 하는 의사를 사무국에 통보하는 경우, 출석당사자의 3분의 1 이상이 반대하지 아니하는 한 그 참석이 허용될 수 있다. 참관인의 참석 허용 및 회의 참가는 제5항에 규정된 의사규칙에 따라 이루어진다.

제14조
1. 협약 제8조에 의하여 설치되는 사무국은 이 의정서의 사무국의 역할을 수행한다.
2. 사무국의 기능에 관하여 규정하고 있는 협약 제8조 제2항 및 사무국의 기능수행에 필요한 준비에 관하여 규정하고 있는 협약 제8조 제3항은 이 의정서에 준용한다. 또한 사무국은 이 의정서에 의하여 부여된 기능을 수행한다.

제15조
1. 협약 제9조 및 제10조에 의하여 설치된 과학기술자문 보조기관 및 이행을 위한 보조기관은 각각 이 의정서의 과학기술자문 보조기관 및 이행을 위한 보조기관의 역할을 수행한다. 과학기술자문 보조기관 및 이행을 위한 보조기관의 기능수행에 관한 협약의 규정은 이 의정서에 준용한다. 이 의정서의 과학기술자문 보조기관 및 이행을 위한 보조기관 회의의 회기는 각각 협약의 과학기술 보조기관 및 이행을 위한 보조기관의 회의와 함께 개최된다.
2. 이 의정서의 당사자가 아닌 협약의 당사자는 보조기관의 모든 회기의 심의에 참관인으로 참여할 수 있다. 보조기관이 이 의정서의 보조기관의 역할을 수행하는 경우, 이 의정서에 따른 결정은 이 의정서의 당사자만이 할 수 있다.
3. 협약 제9조 및 제10조에 의하여 설치된 보조기관이 이 의정서와 관련된 사항에 대하여 그 기능을 수행하는 경우 그 당시 이 의정서의 당사자가 아닌 협약의 당사자를 대표하여 보조기구의 의장단의 구성원인 때에는 동 구성원은 이 의정서의 당사자들이 그들 중에서 선출한 추가 구성원으로 대체된다.

제16조
이 의정서의 당사자회의의 역할을 수행하는 당사자총회는 당사자총회가 채택한 모든 관련 결정에 비추어 가능한 한 조속히 협약 제13조에 규정된 다자간 협의절차를 이 의정서에 적용하는 문제를 심의하고 적절한 경우에는 이를 수정한다. 이 의정서에 적용될 수 있는 모든 다자간 협의절차는 제18조에 따라 마련된 절차 및 체제에 영향을 미치지 아니하도록 운영된다.

제17조
당사자총회는 특히 검증·보고·책임 등에 관한 것을 비롯하여, 배출량거래에 관한 원칙·방식·규칙·지침을 규정한다. 부속서 나의 당사자는 제3조의 규정에 의한 공약을 이행하기 위하여 배출량거래에 참여할 수 있다. 이러한 모든 거래는 제3조의 규정에 의한 수량적 배출량의 제한·감축을 위한 공약의 이행을 위한 국내조치의 보조수단으로 활용되어야 한다.

제18조
이 의정서의 당사자회의의 역할을 수행하는 당사자총회는 제1차 회기에서 이 의정서가 준수되지 아니하는 원인, 형태, 정도 및 빈도를 고려하여, 그 결과에 관한 예시목록의 개발 등 그 사례를 결정하고 이를 대응하기 위한 적절하고 효과적인 절차 및 체제를 승인한다. 이 조의 규정에 의한 절차 및 체제로서 가속력있는 결과를 수반하는 것은 이 의정서의 개정에 의하여 채택된다.

제19조
분쟁해결에 관한 협약 제14조의 규정은 이 의정서에 준용한다.

제20조
1. 모든 당사자는 이 의정서의 개정안을 제안할 수 있다.
2. 이 의정서의 개정안은 이 의정서의 당사자회의의 역할을 수행하는 당사자총회의 정기회기에서 채택된다. 사무국은 개정안의 채택여부가 상정되는 정기회기가 개최되기 최소 6개월 전에 동 개정안을 당사자에게 통보하고 협약의 당사자와 그 서명자에게도 통보하며 참고용으로 수탁자에게도 통보한다.
3. 당사자는 이 의정서의 개정안에 대하여 컨센서스에 의한 합의에 도달하도록 모든 노력을 다한다. 컨센서스를 위한 모든 노력을 다하였으나 합의에 도달하지 못한 경우, 동 개정안은 최종적으로 회의에 출석하여 투표하는 당사자의 4분의 3 이상의 다수결로 채택된다. 사무국은 채택된 개정안을 수탁자에게 통보하며 수탁자는 동 개정안의 수락을 위하여 이를 모든 당사자에게 배포한다.
4. 개정안에 대한 수락서는 수탁자에게 기탁된다. 제3항에 따라 채택된 개정안은 이 의정서의 당사자중 최소 4분의 3 이상의 수락서가 수탁자에게 접수된 날부

터 90일째 되는 날에 수락한 당사자에 대하여 발효한다.
5. 그 밖의 당사자가 그 후에 수탁자에게 수락서를 기탁한 경우에는 그 개정안은 수락서를 기탁한 날부터 90일째 되는 날에 동 당사자에게 대하여 발효한다.

제21조

1. 이 의정서의 부속서는 의정서의 불가분의 일부를 구성하며, 명시적으로 달리 규정하지 아니하는 한 이 의정서에 관한 언급은 동시에 그 부속서도 언급하는 것으로 본다. 이 의정서의 발효 이후에 채택되는 모든 부속서는 목록·양식이나 과학적·기술적, 절차적, 행정적 특성을 갖는 서술적 성격의 자료에 국한된다.
2. 모든 당사자는 이 의정서의 부속서안이나 이 의정서의 부속서의 개정안을 제안할 수 있다.
3. 이 의정서의 부속서안 및 이 의정서의 부속서의 개정안은 이 의정서의 당사자회의의 역할을 수행하는 당사자총회의 정기회기에서 채택된다. 사무국은 제안된 부속서안 또는 부속서의 개정안의 채택여부가 상정되는 정기회기가 개최되기 최소 6개월 전에 동 부속서안 또는 부속서의 개정안을 당사자들에게 통보하고 협약의 당사자와 그 서명자에게도 통보하며 참고용으로 수탁자에게도 통보한다.
4. 당사자는 부속서안 또는 부속서의 개정안에 대해 컨센서스에 의한 합의에 도달하도록 모든 노력을 다한다. 컨센서스를 위한 노력을 다하였으나 합의에 도달하지 못한 경우 부속서안 또는 부속서의 개정안은 최종적으로 회의에 출석하여 투표하는 당사자의 4분의 3 이상의 다수결로 채택된다. 사무국은 채택된 부속서안 또는 부속서의 개정안을 수탁자에게 통보하며 수탁자는 수락을 위하여 이를 모든 당사자에게 배포한다.
5. 제3항과 제4항에 따라 채택된 부속서안 또는 부속서(부속서 가 또는 나를 제외한다)의 개정안은 수탁자가 동 부속서안 또는 부속서의 개정안의 채택을 당사자에게 통보한 날부터 6개월 후에 이 의정서의 모든 당사자(동 기간 내에 이를 수락하지 아니함을 수탁자에게 서면으로 통고한 당사자를 제외한다)에 대하여 발효한다. 부속서안 또는 부속서의 개정안을 수락하지 아니한다는 서면 통고를 한 당사자가 이를 철회한 경우에는 동 당사자에 대하여는 그 철회통고가 수탁자에게 접수된 날부터 90일째 되는 날에 발효한다.
6. 부속서안 또는 부속서의 개정안의 채택이 이 의정서의 개정을 수반하는 경우에는 그 부속서안 또는 부속서의 개정안은 이 의정서의 개정안이 발효할 때까

지 발효하지 아니한다.
7. 이 의정서의 부속서 가 및 나의 개정안은 제20조에 규정된 절차에 따라 채택되고 발효한다. 다만, 부속서 나의 개정안은 관련 당사자의 서면동의가 있는 경우에만 채택된다.

제22조
1. 각 당사자는 제2항에 규정된 경우를 제외하고는 하나의 투표권을 가진다.
2. 지역경제통합기구는 그 기구의 권한사항에 대하여 이 의정서의 당사자인 기구 회원국의 수와 동수의 투표권을 행사한다. 기구 회원국 중 어느 한 국가라도 투표권을 행사하는 경우 기구는 투표권을 행사하지 아니하며 그 반대의 경우도 또한 같다.

제23조
국제연합사무총장은 이 의정서의 수탁자가 된다.

제24조
1. 이 의정서는 협약의 당사자인 국가와 지역경제통합기구의 서명을 위하여 개방되며, 이들에 의하여 비준·수락·승인된다. 이 의정서는 1998년 3월 16일부터 1999년 3월 15일까지 뉴욕의 국제연합본부에서 서명을 위하여 개방되며, 그 서명기간이 종료한 다음 날부터 가입을 위하여 개방된다. 비준서, 수락서, 승인서, 가입서는 수탁자에게 기탁된다.
2. 이 의정서의 당사자가 되는 지역경제통합기구는 기구 회원국 중 어느 한 국가도 이 의정서의 당사자가 아닌 경우에도 이 의정서 상의 모든 의무에 구속된다. 기구의 1 이상의 회원국이 이 의정서의 당사자인 경우, 기구와 그 회원국은 이 의정서 상의 의무를 수행하기 위한 각각의 책임을 결정한다. 이 경우 기구와 그 회원국은 이 의정서 상의 권리를 동시에 행사할 수 없다.
3. 지역경제통합기구는 그 비준서, 수락서, 승인서, 가입서에서 이 의정서가 규율하는 사항에 관한 기구의 권한 범위를 선언한다. 또한, 기구는 그 권한 범위의 실질적 변동에 관하여 수탁자에게 통보하며 수탁자는 이를 당사자에게 통보한다.

제25조
1. 이 의정서는 부속서 I 의 당사자들의 1990년 이산화탄소 총 배출량 중 55% 이

상을 차지하는 부속서Ⅰ의 당사자를 포함하여 55 이상의 협약의 당사자가 비준서, 수락서, 승인서, 가입서를 기탁한 날부터 90일째 되는 날에 발효한다.
2. 이 조의 목적상 "부속서Ⅰ의 당사자들의 1990년도 이산화탄소 총 배출량"이라 함은 부속서Ⅰ의 당사자들이 이 의정서의 채택일 또는 그 이전에 협약 제12조에 따라 제출한 제1차 국가보고서에서 통보한 양을 말한다.
3. 발효에 관한 제1항의 조건이 충족된 후 이 의정서를 비준·수락·승인·가입하는 국가 또는 지역경제통합기구의 경우에는 그 비준서, 수락서, 승인서, 가입서가 기탁된 날부터 90일째 되는 날에 동 국가 또는 기구에 대하여 발효한다.
4. 이 조의 목적상 지역경제통합기구가 기탁하는 문서는 기구의 회원국이 기탁하는 문서에 추가되는 것으로 계산되지 아니한다.

제26조
이 의정서에 대하여는 어떠한 유보도 행할 수 없다.

제27조
1. 당사자는 의정서가 자신에 대하여 발효한 날부터 3년이 경과한 후에는 언제나 수탁자에게 서면통보를 함으로써 이 의정서로부터 탈퇴할 수 있다.
2. 탈퇴는 수탁자가 탈퇴 통고를 접수한 날부터 1년이 경과한 날이나 탈퇴 통고서에 이보다 더 늦은 날짜가 명시된 경우에는 그 늦은 날에 발효한다.
3. 협약으로부터 탈퇴한 당사자는 이 의정서로부터도 탈퇴한 것으로 본다.

제28조
아랍어, 중국어, 영어, 불어, 러시아어 및 서반아어 본이 동등하게 정본인 이 의정서의 원본은 국제연합 사무총장에게 기탁된다.

이상의 증거로 정당하게 권한을 위임받은 아래 서명자가 명시된 일자에 이 의정서에 서명하였다.

1997년 12월 11일에 교토에서 작성하였다.